成本制胜

微利时代再造房企核心竞争力

［第二版］

明源地产研究院◎编著

中信出版集团 · CHINACITICPRESS · 北京

图书在版编目（CIP）数据

成本制胜：微利时代再造房企核心竞争力 / 明源地产研究院编著 . --2 版 -- 北京：中信出版社，2016.10（2022.5 重印）
（明源地产研究系列丛书）
ISBN 978-7-5086-6772-0

I. ① 成… II. ①明… Ⅲ. ①房地产企业 – 企业竞争 – 研究 – 中国 Ⅳ. ① F299.233.3

中国版本图书馆 CIP 数据核字（2016）第 237734 号

成本制胜：微利时代再造房企核心竞争力（第二版）

编　　著：明源地产研究院
策划推广：中信出版社（China CITIC Press）
出版发行：中信出版集团股份有限公司
（北京市朝阳区惠新东街甲 4 号富盛大厦 2 座　邮编　100029）
（CITIC Publishing Group）
承 印 者：中国电影出版社印刷厂

开　　本：787mm×1092mm　1/16　　印　　张：22.75　　字　　数：270 千字
版　　次：2016 年 10 月第 2 版　　印　　次：2022 年 5 月第 19 次印刷
书　　号：ISBN 978-7-5086-6772-0
定　　价：58.00 元

第二版序

近年来，房地产行业整体得到了极大的发展，行业整体规模和集中度在不断增大，国家调控政策也从原来的单向调控转化为分化管理，针对一线城市依然采取较强的调控政策，而对于三四线城市则采取去库存政策，这样就使得不同类型的房企在成本管理政策上采取了不同的策略。在客户层面，随着 85 后、90 后成为购房的主力军，客户意识在不断觉醒，对产品生活、居住属性产生了前所未有的关注度，如何做好成本策划，将更多的成本投入客户关注点上成为行业成本管理的重点。同时自 2015 年起互联网革命带来的信息透明、技术进步促使企业在内部管理和外部链接上进行更多的管理与业务创新，如今这已经成为一种行业潮流。国家推行的营改增政策更是将行业的上下游紧密地联系在一起。综合来看，行业在不断发展，客户意识逐渐觉醒，移动互联网技术开始普及，税收政策发生了变化，因此各标杆企业在成本管理上也做了不少创新。

采购管理创新：开放共赢

链接上下游已经成为房地产企业的关键举措，许多标杆企业将内部流程向外延伸，也将内部流程向外开放，整合更多的外部资源来提升内部的管理效率。比如，在合同管理链条中引入手机应用让外部供应商发起内部流程（签证、请款、评估），并将内部流程的部分节点和信息向外部供应商开放，这种开放的姿态是打通内外部成本协同，构筑成本优势的新举措，有效地降低了整体管理成本。

供应商链接创新：信息对称

信用对称是成本管理优化的重要环节，在房地产行业中流行着这样一句话："有什么样的供应商就有什么样的成本结构。"可以说，拥有一支值得信赖，在关键时刻能够靠得住、顶得上的供应商队伍是房地产企业制胜的法宝，当前已经有不少开发商和供应商借助互联网平台，进行供需双方的信息对称、信用对称。行业中各企业利用共享思维，进行联合招募与联合采购，从而提升了采购的竞争性。

营改增的影响

2016 年 5 月，国家在房地产和建筑行业推行营改增。对于房地产成本管理来说，这带来了新的挑战，一方面在进行采购与合同管理时需要关注不含税成本，还需要关注能否获得足额的进项税额；另一方面在目标成本设定、动态成本管理、数据沉淀方面也需要同时关注这两个维度。总的来说，成本管理不但需要关注价格，还需要关注成本管理体系和业务流程的改进。

合约规划新思路

合约规划作为目标成本落地管理的创新手段，这几年在绝大部分房地产企业中得以实践，在实践中发展出契合不同企业应用的管理模式，有的企业采用合约规划与目标成本直接挂钩的方式，有的企业采用科目与合约规划分别进行管理的方式，这两种方式的实践在管理精细化程度上有不同的要求。

给成长型房企的建议

在实践中，我们发现行业中成本管理的发展水平参差不齐，为了让更多的企业能够快速改进管理体系，我们特意在每一章的最后加入了“给成长型房企的建议”，希望把每一个环节中最简单、最容易出效果的做法列举出来，供企业参考。

小结

成本管理，方兴未艾，标杆企业和明源对之的探索也一直在路上，但无论后期理念如何演变，我们始终坚守如下准则：成本管理能够实现客户赢、供应商赢、公司自身赢，乃至社会层面（节能减排，绿色建筑）赢的多赢共荣局面，才是国内房地产成本管理的终极目标。

明源地产研究院院长　徐颖

2016 年 7 月 13 日

第一版序

未来房企竞争是供应链的竞争

红海竞争的加剧以及地产微利时代的来临，很大程度上促进了国内房地产企业对成本管理的关注和重视。在最近十多年的国内房地产成本管理实践中，管理思路和模式都发生了深刻的演变：从 2003 年开始，形成以万科为代表的核算型成本管理方法，到 2006 年后，形成以合约规划为事前控制的目标成本控制方法，再到 2009 年，形成以成本策划与成本控制耦合的管理新理念。由此也可以看出，国内房地产成本管理理念一直在创新。

后调控时代，成本管理理念继续在演变，表现出典型的三大特征：走出狭义的目标成本，从收益视角审视目标成本的调整与追加；走出狭隘的建筑成本，以全成本视角进行全局管控；走出狭隘的企业本位主义，换之以客户视角优化成本投放。这三大转变逐渐成为最近几年国内房企成本管理的新思维。

从收益、全成本与客户视角做好成本管控

首先，从成本价值来看，应该从收益的视角去审视成本管理。目前，房地产项目投资收益管理存在前期投资环节与后期开发环节的管控脱节问题，房地产企业往往在前期投资阶段做了详尽的收益计算和审批，但在后期开发过程中就忽略

了投资收益的管控，导致最终项目结算下来，才发现成本大大超支，期初投资收益失败。因此，针对项目后期开发阶段的成本管理，房地产企业需要站在收益视角进行监控，而不只是针对目标成本的准确性进行审核。我们也清楚地看到，一大批卓越的房地产企业开始将其投资拓展部和运营管理部合并在一起，以便在项目投资和开发全阶段，以收益视角去审视目标成本的调剂和追加，最终保证项目收益的有效达成。

其次，从成本范围来看，成本实践者需要具备全成本视角。这句话的意思在于，我们不能一味强调建筑成本最低，更要关注和考量后期的服务成本、使用成本和维修成本等，它们的总和才是全成本概念。拿个最简单的例子来说，如果空调采购价很低，但耗电量很大，你在采购时就得考虑空调的全成本了。又比如房企在项目分期时就得考虑后期财务与税务问题，这才是全成本视角下的成本最优，即开发成本、财务成本和税费总成本最优。

再次，从成本优化来看，成本的投放一定要“好钢用在刀刃上”，做好成本的不均衡分布。这种不均衡的导向，就是以客户需求为出发点，将更多的成本投向客户关注尤其是客户有明显偏好的地方，这样才能实现成本价值最大化。比如华润置地提出“将成本投放到客户看得见的地方”，比如深圳某房企强调写字楼建设的“四明成本”（明电梯、明大堂、明走廊、明办公间）的成本投放策略。

面向未来，房地产成本管理又将何去何从？

向外看：供应链竞争赢未来

未来房企的竞争将是供应链的竞争，而不单纯是房企自身的竞争。在供应链上，企业有什么样的供应商，供应商结构如何，以及供应链整体竞争力如何，将直接决定企业成本管理的好坏。在某种程度上，未来万科和恒大成本管理的竞争，将不再简单是成本控制水平的竞争，而是转变为各自合作供应商的数量、资质、结构和合作深度的整体竞争。

目前，大多数成长型房企对供应链管理缺乏关注和投入，但标杆房企早已行动。它们在构建成本管理控制平台和管理规范后，整个成本管理开始向上下游产业延伸，打造基于项目全价值链的供应链成本管理体系。这种供应链成本管理，核心思想在于以开发企业自身为核心，在坚持客户多重需求得到满足和总成本节约的前提下，合理规划和整合供应商资源，坚持品质、服务、成本和合作信任等综合最优而非单一成本最优，最终以较低的总成本满足客户各种诉求，尤其是客户最为看重的核心价值。

面向未来，房企供应链成本管理，需要打破甲乙方思维，将供应商和开发商平等地视为项目价值链上的不同部门，彼此合作将由过去的短期合作向长期合作方向迈进，最终建立和培育企业与供应商合作的深度和信任度，以双赢赢得未来。比如，标杆企业龙湖地产早已将供应商统称为“同路人”，其对供应商的态度和商业理念，可见一斑。

向内看：管理前置实现成本优化

房地产企业成本管理，向外看要做好供应链成本管理，向内看则需要做好前置管理。

从房地产企业实战来讲，将业务和管理前置是风险管理与进度控制的有效对策，实施很多“救火业务”就是因为没有做好事前沟通和前置管理。在某种程度上，前置、前置、再前置，已经成为未来成本管理和优化的必然趋势。

众所周知，设计阶段决定了项目成本的70%甚至更多，但却没有多少房企真正有针对性地在该阶段进行规范和精细的成本控制。但我们也看到一部分标杆房企，已开始推行设计阶段的前置管理。它们在设计的不同阶段确定相应的成本控制要点，实现了成本的事前控制。具体而言，在概念设计阶段强调货值最大化，成本管控主要通过对四大设计方案——产品组合方案、路网布置方案、停车布置方案、场地标高方案的管控审批来落地；在方案阶段，则强调基于指标进行限额设计，具体会针对建筑方案、安装方案、结构方案、精装修方案、地下室方案、景观方案、建筑节能方案等形成标准化的管控；在扩初阶段，则关注客户体验，企业成本管理尽可能站在客户视角去做好成本整体的不均衡分布。这种在设计阶段规范化的成本管理前置，有效地实现了对成本整体进行更高层级的控制。

小结

成本管理，方兴未艾，标杆企业和明源对之的探索也一直在路上，但无论后期理念如何演变，我们始终坚守如下准则：成本管理能够实现客户赢、供应商赢、公司自身赢，乃至社会层面（节能减排，绿色建筑）赢的多赢共荣局面，才是国内房地产成本管理的终极目标。

明源地产研究院院长　姚武

2013 年 3 月 20 日

目录

第五章

第4站：合同管理站

第六章

第5站：动态成本站

第三部分 两大加油库

第七章

第1库：供应商资源库

第一部分

成本趋势

第一章

走向策划与控制的耦合管理时代

在企业内部，只有成本。

——美国管理大师彼得·德鲁克

彼得·德鲁克的这句名言告诉我们，企业管理的一个根本任务就是不断降低成本。树立全方位的成本意识、加强成本控制与管理、提高企业竞争力是企业最紧迫、最核心的任务之一。

第一节　房地产成本管理三大阶段及趋势

高房价、超高利润的房地产时代，在很大程度上削弱了中国房地产企业对成本管理的重视，也催生了房企普遍“重开源（营销）、轻节流（成本）”的短视观念，导致目前国内房地产成本管理水平整体相对落后。不过，国内也有一大批标杆房地产企业在成本管理中进行了积极的探索与实践，走出了一条创新之路，并经历了中国房地产成本管理的三大典型阶段：2003～2006 年的以成本核算为主的阶段、2006～2010 年的以成本控制为主的阶段，以及从 2010 年起开始逐步流行的成本策划阶段。

这三大阶段的成本管理各有侧重：成本核算阶段重在核算，属于事后管控型，追求算得快、算得准；成本控制阶段强调对目标成本的过程进行严控，希望通过多版本目标成本、合约规划、成本预警强控、动态成本管控等手段，保障目标成本不被突破，属于典型的事中管控型；而成本策划阶段强调的是成本投放效果最大化，通过项目成本、建造成本的合理策划，保证成本收益的最大化，也就是我们通常所说的“好钢用在刀刃上”“花小钱办大事”，追求成本结构的最优化。房地产成本管理的三大阶段具体如图 1－1 所示。

一、成本核算阶段——关注造价，强调算得快、算得准

之所以当前很多房地产企业的成本管理还停留在财务核算的初级阶段，除了

图 1－1　房地产成本管理的三大阶段

整个行业对成本管理的重视度不够之外，更直接的原因是，缺乏一批真正具备先进管理经验的成本管理人才。目前，国内大多数成本管理人员源自工程造价领域，主要进行目标成本阶段的成本测算、过程变更签证的算量核价、结算过程中的成本核算等工作，纯粹是以管控工程量、单价为主；另外，还与行业的整体发展水平存在很大的关系，房地产行业上游施工单位的内部管理水平以及房地产行业的整体监管水平都有很大的规范空间，所以，导致成本管理人员的日常工作都是在与施工单位和其他供应商玩“猫捉老鼠”的游戏，不断地基于多变的图纸和现场施工状况来算量、核价，最终导致成本管理一度陷入了“懂技术比懂管理更重要”的怪圈。

成本核算阶段的成本管理以建安成本为主要管理对象，以核算为重点，强调算得快、算得准，对预算人员的造价能力要求很高。同时，处于此成本管理阶段的成本管理人员受制于图纸多变、错漏碰缺多、现场变更签证多、合同结算扯皮多等问题，从而在审量、核价工作中耗费了巨大的精力。业内有一首打油诗可以形象地形容此阶段成本从业人员的工作窘境：“锄禾日当午，预算真辛苦；对着施工图，一算一下午；算了一下午，图纸还在补；图纸刚补完，方案又重组，苦苦苦！”受制于这一点，成本从业人员很难再有多余的精力从更高的层面来统筹整体的成本管理，从而使得目标成本的合理性考量不足，同时，过程中也缺乏有效的手段对成本进行事前管控，导致风险无法提前预判，进而使得成本容易失控。成本核算阶段是很多企业的必经之路，一般而言，项目个数不多，且公司整体运营管理处于刚起步阶段的房地产企业经常会采用这种管理模式。成本核算阶段的特征具体如1－2所示。

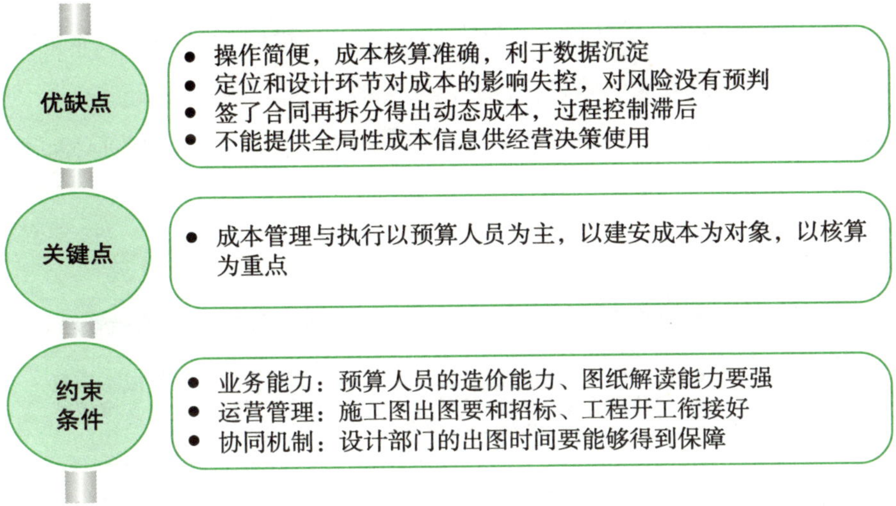

图1－2　成本核算阶段的成本管理特征

二、成本控制阶段——关注目标，强调目标成本控得住

随着房企跨区域、多项目发展，成本核算管控模式会带来越来越多的成本失控、成本超支等问题，不少房企开始引入更多的手段来提升成本控制水平，希望能够保障目标成本不被突破。这就使得房地产企业逐渐向事中的成本控制转型，这就进入成本管理的第二大阶段——成本控制阶段。成本控制阶段的核心在于，

构建基于合约规划的目标成本控制体系，强调实际成本管理过程中对动态成本进行实时纠偏，通过目标成本管控、合约规划管控、动态成本回顾、成本月报体系等手段，保证目标成本不被突破。这种控制方法属于典型的事中管控型。

成本控制型管控思路适合已经有一定项目成本管控经验和成本指标的沉淀的企业，同时，其成本相关业务的流程都有一定的章程，业务管理水平具备一定基础。这种管控模式对成本管理人员的整体统筹能力与设计工程的横向协同能力、内部成本管理体系规范度等方面有一定的要求。整个企业的运营要能够基本保证“目标成本及时明确、合约规划提前明确、合约规划指导招标、基于业务管理合约规划余量”这几个基本要点，并且在项目推进过程中通过动态成本的回顾机制，找出成本异常的原因，修正目标并落实整改，尽量找到成本超支的原因并防微杜渐，保证目标成本真正能够落地。成本控制型管控思路的特征具体如图 1 – 3 所示。

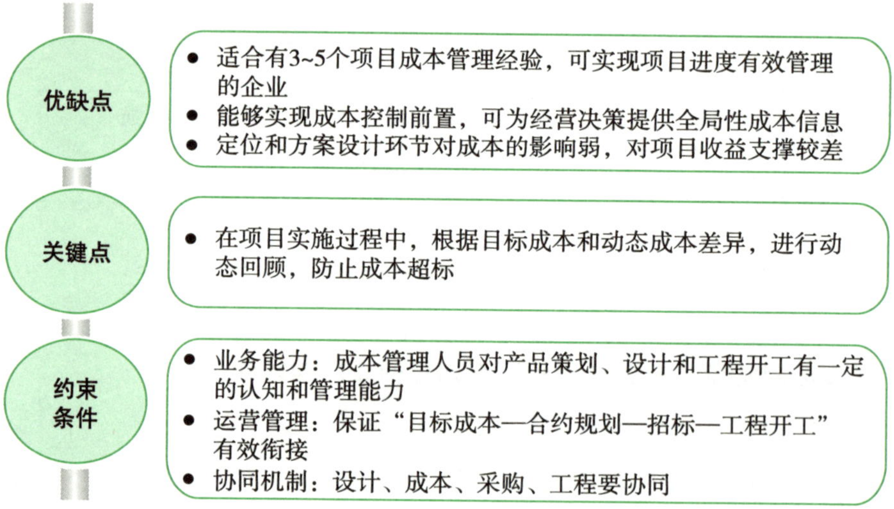

图 1 –3　成本控制型管控思路的特征

三、成本策划阶段——关注收益，强调成本结构的不均衡分布

成本策划管理思路是最近几年来房地产成本管理领域提出的新概念，是房地产成本管理走向成熟的表现。成本策划的思路基于价值工程的概念，非常强调成本的投入产出比，要求成本管控的时间点尽可能地前置。在具体操作上，成本策划必须考虑客户视角的成本投放的价值体现，而不再是简单地基于既定的方案和实际施工情况来算量核价。在成本策划管理思路中，首先需要保证项目收益最大化，其次，在成本总额有限的情况下，优先保障客户关注度高的那部分的成本投放。

成本策划型管理思路属于成本管理的高阶段位，成本管控的时间点会从施工图出图这个节点前置到方案阶段，甚至有的企业会前置到定位、启动会阶段来对目标成本进行整体筹划，以确保整个方案的收益最大化。同时，对产品的标准化程度、成本数据库的成熟度、投资收益测算模型成熟度、内部运营管控体系成熟度等方面都有很高的要求。该阶段的成本管理不再是单纯的成本核算的算量核价，也不是单纯成本视角的成本控制，而是跳出成本专业限制，真正站在公司整体运营的视角，对项目、产品、局部进行策划，真正实现项目收益最大化、单体成本收益最大化。策划型成本管理思路的特征具体如图 1 –4 所示。

四、房地产成本管理的趋势

1. 进入“三全”成本管理阶段

从当前标杆房企成本管理实践和行业发展趋势来看，未来房企将进入“全成本管理、全员成本管理、全过程成本管理”的“三全”发展阶段。

“全成本管理”意味着房企不再只是将成本管理的范畴局限在建安成本方

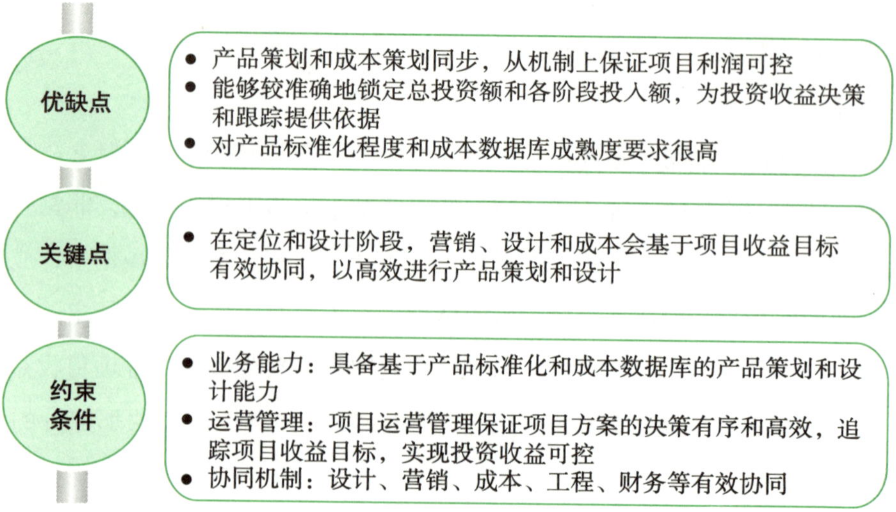

图 1 –4　策划型成本管理的特征

面，而应站在项目视角，甚至是公司视角，考虑整个项目的开发成本，还应该考虑营销费用、管理费用、财务费用的管理，将以前单一成本工程视角的成本管理上升到企业层面的“全成本管理”上来。

“全员成本管理”相对好理解，但在实施过程中，对公司各方面的要求很高。全员成本管理意味着成本管理的权责范围的进一步延伸，所以，要求成本部门与其他部门如设计部、营销部、财务部、人力资源部进行充分的沟通协作，还需要有强有力的运营管理制度作为保障，只有这样，“全员成本管理”才能真正落到实处。

“全过程成本管理”指的是成本管理须覆盖项目开发的全生命周期，而不再局限于施工环节，真正从项目拿地、设计方案确定、项目销售定价、竣备交房、客户服务等环节来整体统筹成本管理。

2. 走向“先策后控”的成本耦合管理时代

从国内房地产企业的成本管理实践来看，随着管理理念和软件、硬件的进一步发展，做好成本核算已经是基本要求，多数房企已经开始从成本核算阶段向成本控制阶段转型，一些标杆企业则开始聚焦成本策划和成本控制的耦合管理模式，正慢慢走出一条“先策后控”的新型成本耦合管理模式（如图1－5所示）。

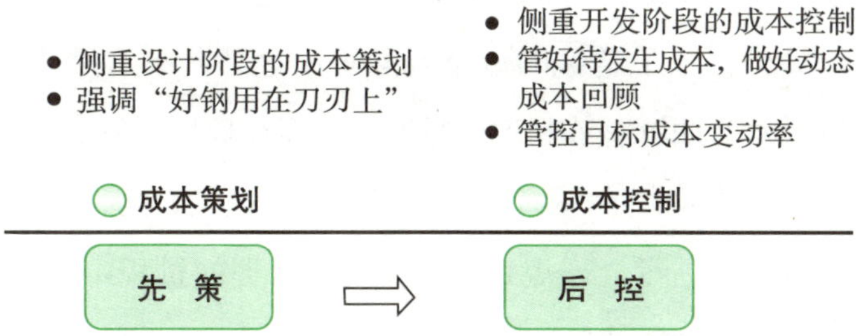

图1－5　先策后控的成本耦合管理模式

所谓“先策后控”，就是强调设计阶段的成本策划以及设计阶段之后的成本控制。成本策划属于成本的规划阶段，重点解决目标成本的合理性问题，重点保障项目成本、单体成本的收益最大化，强调“好钢用在刀刃上”。通过精心的成本策划，可以得出更合理的目标成本，此时，再运用目标成本控制阶段常用的管理手段，来保证目标成本总额及成本结构不被突破。这样就能够保障目标成本符合公司整体利益，且可以切实落地。

对于目标成本的控制，港资背景的房地产企业非常强调目标成本管控体系的严肃性，除非发生重大事件，否则目标成本轻易不能被突破。国内标杆房企的目标成本管控体系也相当完善，甚至很多标杆企业的成本管控水平已经远远超过港资背景的房地产企业。而造成这种差别的原因主要在于不同的企业对成本的定位不同，而且精品项目和快周转项目对成本控制的要求也是不一样的。

从成本控制的指标来看，房地产企业主要通过目标成本变动率［目标成本变动率＝（动态成本－目标成本）/目标成本×100%］指标来进行管控。由于土地金额大，且不受后端各业务环节控制，所以，为了使此指标反映的结果更加灵敏，一般企业会采用扣除地价后的目标成本作为基数进行计算和管控。另外，房企还需要关注产品动态单方指标，因为这是进行竞品分析和销售定价的关键支撑指标。

从成本控制的策略来看，绝非目标成本越低越好，而是目标成本变动率的偏差越小越好。在行业内，正负1.5%的偏差率代表了高阶水平，正负3%的偏差率意味着良好。另外，除了总额的偏差要足够小之外，成本投放的结构也要合理，不能在项目开发前期没有节制地进行投入，而在项目开发后期才想起要控目标成本，否则就会导致成本结构失衡，进而导致公司、客户都不满意。所以，要对目标成本的投放结构进行合理规划，并在成本管理的过程中及时回顾、纠偏、整改，从而保证成本的投放结构达到预定的目标。

第二节　成本策划的不均衡策略

一、成本的两大策划：项目策划与产品策划

成本策划是房地产企业成本管理的高阶管理模式，特别是在未来房地产企业利润越来越低、同质化产品越来越少的趋势下，成本策划所体现的价值显得更为重要。

成本策划所涉及专业领域的范围甚广，但从实践要点上来讲，主要表现为两轮策划：首轮宏观项目视角的项目级成本策划和第二轮微观产品视角的产品级成本策划（具体如图1-6所示）。

1. 项目级成本策划：基于收益最大化视角进行总图级规划

对于房地产企业而言，如果能够尽早在前期概念方案阶段对项目的整体货值进行盘点，基于不同的产品组合，根据市场行情对销售价格进行预估，盘点对比

图 1-6 成本策划的两大策略

得出其货值最大化的方案，那么在项目前期即可锁定最大化收益。

在成本策划过程中，重点是对项目的整体方案进行不同业态组合背景下的收益对比，最终得出最优的方案（具体如表 1-1 所示）。这个策划的过程，需要真正站在项目总视角来整体审视项目整体收益，因此往往只是公司决策层和投资部门比较关注，以往的成本管理很少涉及。

2. 产品级成本策划：聚集成本的有效投放

“好钢用在刀刃上”“强调花好每一分钱”是产品级成本策划的关键所在，很多标杆企业针对成本合理性这一管理目标，按照“改变可以改变的，维持不可改变或很难改变的”管控逻辑，将项目成本划分为“急需成本控制的成本项”“影响客户体验的成本项”“可通过前期决策优化的成本项”“必须支出的成本项”和“调整空间不大的成本项”，其中的前二者，往往成为房地产企业进行管控的重点，因为它们一个是可以优化的成本项，能够降低项目的无效成本支出，一个是必须保障投入的成本项，可以保障项目的销售溢价，不影响项目的整体货值目标。

表 1－1　基于项目收益最大化来选择产品组合

		方案一	方案二	方案三	方案四	方案五	方案六	方案七
产品构成	产品形态构成	全部 11 层小高层	全部 18 层小高层	11 层小高层 + 联排别墅	11 层小高层 + 18 层小高层 + 联排别墅	11 层小高层 + 18 层小高层	18 层小高层 + 联排别墅	18 层小高层 + 情景洋房 + 联排别墅
	总容积率	2	2	2	2	2	2	2
财务指标比较	综合单方成本(元)	2 693.60	2 773.07	2 671.35	2 748.10	2 773.85	2 747.43	2 809.38
	单方净利润（元）	549.82	496.57	597.36	554.50	506.69	548.00	498.99
	项目净利润（万元）	28 976.53	28 169.75	31 481.81	29 222.72	26 701.72	28 879.53	26 294.39
	项目 IRR（内部收益率）	30.00%	28.16%	31.60%	30.16%	28.53%	29.92%	28.23%

知识加油站：“五步法” 建立基于客户需求的产品分级体系

在成本策划之后，后期目标成本若被突破，一个重要原因就是前期的产品定位有问题。前期定位由于没能抓住客户的关注点，使得后期物业类型发生了颠覆性变化，目标成本自然就会被突破和调整。而解决产品定位问题的前提是，企业有比较成熟的基于客户需求的产品分级体系，通过该体系可以解决土地、客户和产品三者之间的匹配关系。三者的有效匹配也正是项目策划与产品策划必须遵守的准则。

如何做好基于客户需求的产品分级体系呢？从标杆房地产企业的实践来看，我们可以简要总结为“五步走”策略，具体如图 1－7 所示。

第一步：分析土地属性，圈定主打产品

土地作为一种特殊资源，具有稀缺性、不可再生性，优质的土地资源具有

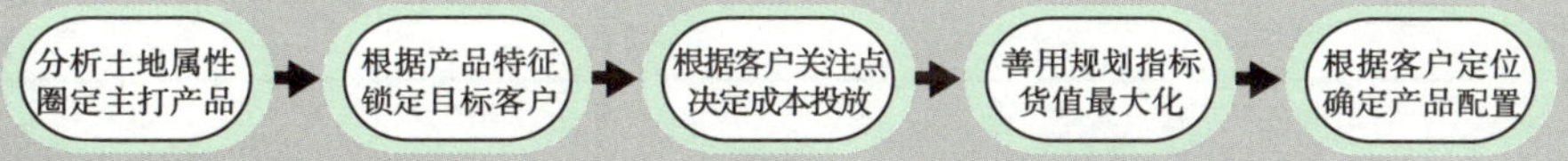

图 1-7　土地、客户和产品耦合五步走

不可替代性，同样的房子在不同的地区，价格会有几倍的差异。所以可以说，很多项目卖的就是土地本身的位置。通常来说，房地产企业的投资逻辑是：有关领导或部门（有规模的企业是投资发展部门）到很多地方看地，如果看到一块合适的土地就会进行投资论证，决定是否拿这块地，通过招拍挂流程拿到土地后，就会挑选项目团队操盘并制定项目收益指标。这里的关键环节是投资论证，这个环节的重点是分析土地属性，具体包括位置、地段、技术指标、土地现状、周边环境和市政配套、周边楼盘情况、土地出让条件等，进而根据土地属性，圈定项目主打产品。一般来说，必须保证用 A 类的土地做出 A 类的产品，不能出现用 A 类的土地做出了 B 类的产品，这样的决策失误应该避免。

第二步：根据产品特征，锁定目标客户

在明确了做什么类型的产品后，要重点考虑这类产品的主要消费群体，通过分析消费者的核心诉求（面积、户型、配套等）及购买力等因素，锁定占比最高的客户为重点客户，并进一步分析重点客户的关注点及项目价值点。基于产品特征锁定目标客户的具体方法如表 1-2 所示。

表 1-2　基于产品特征锁定目标客户

土地	板块名称				
	品类	G1	G2	G3	
	市场容量（套数）				
	市场均价				
	容积率				

续表

客户	市场客户分布（%）	青年之家	商务人士								
		青年持家									
		小太阳									
		后小太阳									
		孩子三代									
		老人一二三代									
		务实之家/中年之家									
		合计									
	重点客户	比例（%）									
		家庭生命周期		孩子三代	后小太阳	小太阳	老人一代	青年之家	青年持家		
	市场容量（套数）										
	客户背景特征	年龄									
		职业									
		家庭收入									
		学历									
	置业动机［首次（栖居）、改善、空巢、投资］										
	客户关注价值点	离公交站点距离									
		关注教育（中学、小学、幼儿园）									
		大超市									
		医院									
		其他									

续表

产品	总价区间										
	产品物理属性	产品形态									
		户型结构									
		户型面积									
	社区内部配套	会所									
		幼儿园									
		小超市									
		室外泳地									
		儿童活动场地									
		老人活动场地									
		车位									
	产品价值点（定性描述）										
	景观描述（定性描述）										

第三步：根据目标客户关注点（价值排序），决定成本投放重点

根据目标客户关注点的价值排序，加大对客户敏感点方面的投入，实现成本的不均衡投放，真正做到“好钢用在刀刃上”，具体如表1－3所示。

第四步：善用规划指标，掏干用尽，使货值最大化

在设计工作开展之前，结合营销定位报告，组织对概念设计多方案组合的初选和相应成本匡算，通过对各类型产品的成本配置模块进行经济性测算和比选，找出盈利最大的产品组合。

第五步：根据客户定位，确定产品配置

根据客户价值排序，逐级细化产品的配置，并结合成本适配性，多方案对比寻找最佳组合，最终根据选定的组合明确项目的建造标准。基于客户导向的产品配置方案，主要考虑四大方面，具体如图1－8所示。

表 1－3　基于客户关注点决定成本投放重点

<table>
<tr><td rowspan="10">目标客户群定位</td><td>目标客户特征</td><td colspan="2">资金情况说明、消费特征和消费观念说明</td></tr>
<tr><td>目标客户定位</td><td colspan="2">职业说明、大致所处区域划分</td></tr>
<tr><td rowspan="8">客户关注点价值排序</td><td>一级模块（计权重%）</td><td>二级模块（按价值高低降序排列，以优先次序限用 1～5 数字编号（由先到后，譬如数字 1 代表首选），且每个数字在各模块项内只限出现一次）</td></tr>
<tr><td>园林景观（计权重%）</td><td>□硬景　□软景　□水景　□健身设施　□运动场地</td></tr>
<tr><td>安防智能（计权重%）</td><td>□门禁对讲　□紧急报警　□红外线探测报警　□燃气泄漏报警　□主入口防尾随　□远程感应车闸　□闭路监控　□信息发布　□背景音乐　□信息发布电子屏　□周界防范　□设备防雷　□电子巡更　□宽带网络　□自动抄表</td></tr>
<tr><td>设备性能（计权重%）</td><td>□电梯　□空调　□高低压变配电　□自动加压生活水泵　□备用发电机　□机械停车</td></tr>
<tr><td>住宅建筑质感（计权重%）</td><td>□外立面　□车库大堂装修　□架空层装修　□大堂装修　□售楼部装修　□样板间装修　□电梯厅及轿厢装修　□走道装修　□消防楼体间装修　□户内精装修（毛坯交楼除外）　□阳台露台装修　□入户门　□阳台栏杆　□消防楼体栏杆　□低窗护栏　□铝合金或塑钢门窗　□楼体闸门　□信报箱　□空调百叶</td></tr>
<tr><td>住宅结构（计权重%）</td><td>□附加面积　□赠送设备（空调或热水器）　□层高　□结构类型　□一梯户数　□开间尺度</td></tr>
<tr><td>小区环保及舒适功能（计权重%）</td><td>□外墙保温　□楼板隔音　□中水利用　□垃圾回收　□太阳能　□地缘空调　□直饮水　□雨水收集　□新风系统　□地暖系统　□中央吸尘系统</td></tr>
<tr><td>小区（政府规定外）配套（计权重%）</td><td>□车位比　□地下车库　□阳光车库　□游泳池　□会所</td></tr>
</table>

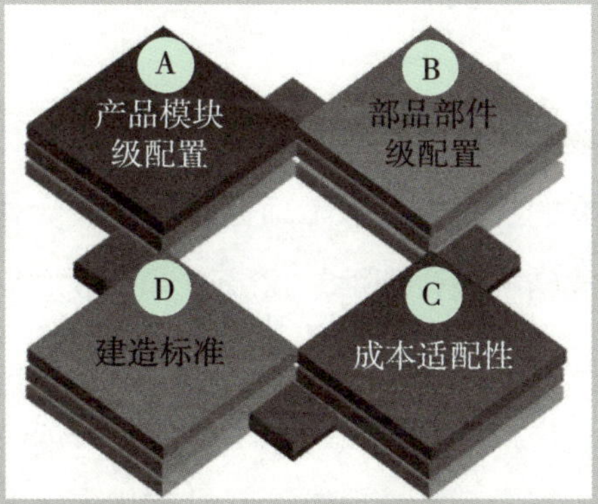

图 1-8　基于客户导向的产品配置

首先，需要确定产品模块级的配置。所谓产品模块，是指产品的单项工程，包括主体结构、外墙、电梯等。产品模块的配置标准，以电梯为例，分为三个版本：标准版、提升版和品质版，其中标准版的提升速度为 2m/s，提升版为 2.5m/s，品质版为 3m/s。

其次，需要细化部品部件级的配置，包括墙地面、入户门、铝合金门窗、阳台栏杆等，即根据客户价值排序，选择相应的部品部件配置标准。以阳台栏杆为例，分为三个版本：标准版、提升版和品质版，其中标准版采用镀锌钢制栏杆，提升版采用铝合金栏杆，品质版采用铝合金 + 玻璃护栏。

最后，将上述配置结果指标输入成本适配测算表，通过多轮调整实现最佳方案组合，并在此基础上得出项目的建造标准。

建立基于客户需求的产品分级体系，通过层层分解，实现准确的产品定位，并明确产品配置要求，让决策过程更加科学，杜绝后期产品定位出现大调整，避免目标成本成为“无本之木”。

二、成本投放的二次不均衡分布

前面强调，在进行成本策划时，首先必须站在公司整体项目视角，通过项目级的成本策划，确保方案的经济性，保障项目收益的最大化。在此基础上，进一步思考如何保障成本投放结构的合理性，这就会涉及成本投放的二次不均衡分布的概念。

第一次不均衡分布是指，在整体产品成本层面，将成本分成三大部分，分别是结构性成本、敏感性成本、功能性成本，其投放优先级及管控思路各不相同。

（1）结构性成本

结构性成本是指针对随建筑荷载、起支撑作用的空间体系所投入的成本，如桩基、基础、柱、梁、板、墙等。这部分成本往往不太受业主关注和重视，但属于建筑物的必备要素，一般会通过钢筋含量、混凝土含量、横板含量、砌体含量、窗地比等技术经济指标来进行管控。

（2）敏感性成本

敏感性成本是指房地产企业的客户群体容易直观感知到投放价值的成本，如样板间、建筑外立面、园林景观、公共部位精装修、智能化工程、大堂及电梯厅等，业主很容易在看房阶段通过这些部位的成本投入来判断项目的品质。

（3）功能性成本

功能性成本主要是指为了匹配项目定位而需合理配置的成本。不同档次定位的产品的特定部位的成本投放必须合理，不能超标，否则就会形成功能性浪费。

不均衡分布的成本投放理念关键在于贯彻“好钢用在刀刃上”的管理思路，在成本总额受限的情况下，能够用更好的成本投入，让客户获得更好的产品体验。

将整体项目成本分成这三类成本之后，其管理目标各不一样，而其具体落地的思路也各不相同。一般而言，结构性成本要严控，敏感性成本要足量，功能性成本要匹配。具体如图 1－9 所示。

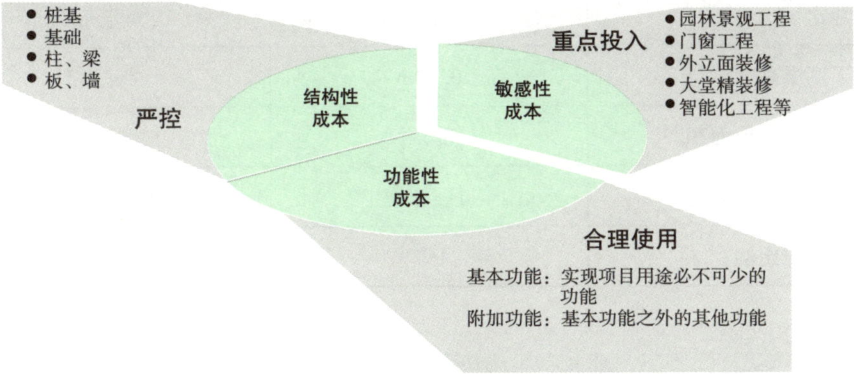

图 1－9　不均衡策略实现成本的差异化投放

1. 结构性成本：在保障安全的前提下严控

结构性成本所依附的对象即为建筑物必备要素，但房地产企业的客户却对其较少关注，因此，对于此类成本应在保障安全的前提下进行严控。少数标杆房企能够做到对成本的七大结构性指标进行全面严控，这七大指标具体为“标准层钢筋含量、标准层混凝土含量、窗地比、地下室层高、地下车位平均面积、地下室钢筋含量、硬景面积比例”（如表 1－4 所示）。实践中，这七个指标中的任何一个只要能够得以严控，都可以带来相应程度的成本节约。比如，软景面积比例每提升 1%，成本就会节约大约 0.62 元/m^2。如果对这七个指标进行整体严控和优化，项目单方成本就可减少 145～260 元/㎡。如果按照开发量 500 万平方米来计算，则可以降低成本约 10 亿元。这正是成本策划的价值之一。

表 1－4　七大管理指标的成本价值

七大成本指标	指标改良	成本节约量
标准层钢筋含量	1kg/m^2	6 元/m^2
标准层混凝土含量	0.01m^3/m^2	7 元/m^2
窗地比	0.01m^2/m^2	5 元/m^2
地下室层高	0.10m	5 元/m^2
地下车位平均面积	1m^2/个	12.5 元/m^2
地下室钢筋含量	1kg/m^2	1.2 元/m^2
硬景面积比例	1%	0.62 元/m^2

案例： 某成长型房企在结构性成本中的变通

从实践来看，如果在房地产企业的结构性成本管理中全部推进七大指标的控制，其难度较大，成长型房企可以根据企业特色先易后难，先选择三四个简单的指标进行控制。比如，某家百亿元级房企 F，在成本管理优化中，务实地选择了两个指标，并考虑到不同区域设计院资质和一线成本控制能力的差异，灵活地推行了两套方案：一套偏稳健，一套偏激进（即与标杆企业项目结构含量水平相比，前者取最中间数值，后者取最低数值）。

稳健型：以 F 房企与标杆企业项目结构含量水平相比，取中间数值，此方案较稳健。具体如表 1－5 所示。

激进型：以 F 房企与标杆企业项目结构含量水平相比，取最低数值，此方案控制偏紧。具体如表 1－6 所示。

表 1 –5 稳健型的指标选择

	建筑物类型	结构部分	钢筋含量方案二			砼含量方案二		
			抗震烈度 6 度	抗震烈度 7 度	抗震烈度 8 度	抗震烈度 6 度	抗震烈度 7 度	抗震烈度 8 度
			钢筋 kg/m^2	钢筋 kg/m^2	钢筋 kg/m^2	砼 m^3/m^2	砼 m^3/m^2	砼 m^3/m^2
住宅类	独栋	独栋地上结构	43	53	53	0.40	0.40	0.42
		独栋自带全埋的地下室	160	162	162	0.80	0.80	0.80
	联排	联排地上结构	43	53	53	0.40	0.40	0.42
		联排自带全埋的地下室	160	162	162	0.80	0.80	0.80
	叠加	叠加地上结构	43	51	53	0.40	0.40	0.42
		叠加自带全埋的地下室	160	162	162	0.80	0.80	0.80
	双拼	双拼地上结构	43	53	52	0.40	0.40	0.42
		双拼自带全埋的地下室	160	162	162	0.80	0.80	0.80
	多层（5～8 层）	多层地上结构	38	44	46	0.31	0.34	0.36
		多层自带全埋的地下室	140	162	162	0.80	0.80	0.80
	小高层（9～17 层）	小高层地上结构	37	45	51	0.30	0.35	0.40
		小高层自带全埋的地下室一层结构	120	130	175	0.80	0.80	0.80
	高层（18～32 层）	高层地上结构	44	48	56	0.36	0.36	0.39
		高层自带全埋的地下室一层结构	140	180	180	1.40	1.50	1.60
	超高层（33 层以上）	超高层地上结构	46	61	61	0.39	0.39	0.39
		超高层自带全埋的地下室一层结构	175	185	185	1.80	1.80	1.85

表 1-6　激进型的指标选择

			钢筋含量方案一			砼含量方案一		
	建筑物类型	结构部分	抗震烈度 6 度 钢筋 kg/m^2	抗震烈度 7 度 钢筋 kg/m^2	抗震烈度 8 度 钢筋 kg/m^2	抗震烈度 6 度 砼 m^3/m^2	抗震烈度 7 度 砼 m^3/m^2	抗震烈度 8 度 砼 m^3/m^2
住宅类	独栋	独栋地上结构	42	49	51	0.42	0.42	0.42
		独栋自带全埋的地下室	90	95	95	0.80	0.80	0.80
	联排	联排地上结构	42	49	51	0.41	0.41	0.42
		联排自带全埋的地下室	90	95	95	0.80	0.80	0.80
	叠加	叠加地上结构	42	49	51	0.41	0.41	0.42
		叠加自带全埋的地下室	90	95	95	0.80	0.80	0.80
	双拼	双拼地上结构	42	49	51	0.41	0.41	0.42
		双拼自带全埋的地下室	90	95	95	0.80	0.80	0.80
	多层（5~8 层）	多层地上结构	37	39	45	0.29	0.32	0.35
		多层自带全埋的地下室	100	105	105	0.80	0.80	0.80
	小高层（9~17 层）	小高层地上结构	36	43	48	0.29	0.29	0.38
		小高层自带全埋的地下室一层结构	110	115	120	0.80	0.80	0.80
	高层（18~32 层）	高层地上结构	42	44	52	0.35	0.36	0.39
		高层自带全埋的地下室一层结构	130	140	140	1.30	1.30	1.54
	超高层（33 层以上）	超高层地上结构	45	49	58	0.37	0.38	0.39
		超高层自带全埋的地下室一层结构	130	130	130	1.80	1.80	1.85

2. 敏感性成本：基于客户视角加大投入

敏感性成本的核心在于，基于客户视角的“敏感”二字，房地产企业成本策划的重要导向是将成本投放在客户愿意买单的地方，让客户看得见、感受得到。比如，要针对客户经常出入的大堂装修，以及外立面、入户门等增大成本投入，让客户感受到“华丽、精致和细节”，从而实现产品的溢价。因此，有企业总结出的经验是“把成本腾挪到客户看得见的地方”。

在实践中，我们梳理出“客户关注项”和“一般常规项”两大成本投放模块，以此识别出客户感知较高的模块，并对高等级的客户关注项进行成本追加。具体如表1－7所示。

表1－7　基于客户关注度的项目模块梳理

分　项	部位划分	模块分类	属性划分	客户感知等级
公共部分	总平面	室外景观工程	客户关注项	高
		室外智能工程	客户关注项	中
		室外管网工程（水、电、气、暖等）	一般常规项	低
		总体规划（可售比、停车率、出入口等）	客户关注项	高
	配套设施	公共地下室及停车场	客户关注项	中
		架空层	客户关注项	中
		营销卖场	客户关注项	高
单体工程	主体结构	单体土建结构工程（结构类型、砼、钢筋、围护等）	一般常规项	低
		单体建筑层高	客户关注项	中
	外立面	外墙饰面工程	客户关注项	高
		栏杆工程	客户关注项	中
		外墙窗工程	客户关注项	高
		幕墙工程	客户关注项	中
		分户门工程	客户关注项	高
		外装饰构件工程	客户关注项	中

续表

分　项	部位划分	模块分类	属性划分	客户感知等级
单体工程	室内装修	大堂及电梯厅（包括地下室及首层）	客户关注项	高
		标准层电梯厅及走廊	客户关注项	
		电梯轿厢二次装修	客户关注项	
		标准层功能房（客房、办公室、洗手间、会议室、餐厅、展示厅、商务中心、康乐中心、物业管理中心等）	客户关注项	
	管线及设备安装	电梯工程	客户关注项	高
		自动控制智能化（楼宇、信息、通信、办公、消防）	客户关注项	高
		节能环保	客户关注项	中
		通风空调	客户关注项	中
		楼体外部灯光	客户关注项	中
		音响设备	客户关注项	中
		备用电源	客户关注项	中
		热水系统（锅炉设备、桑拿设备）	客户关注项	中
		洗衣设备	客户关注项	中
		一般水、电、气及消防管线	一般常规项	低

根据众多房地产企业敏感性成本投放的经验总结，对客户购买具有决定性影响的成本约占总成本的20%，企业对敏感性成本的管理就是要在客户感知度最高的这20%成本上下功夫。具体如图1－10所示。

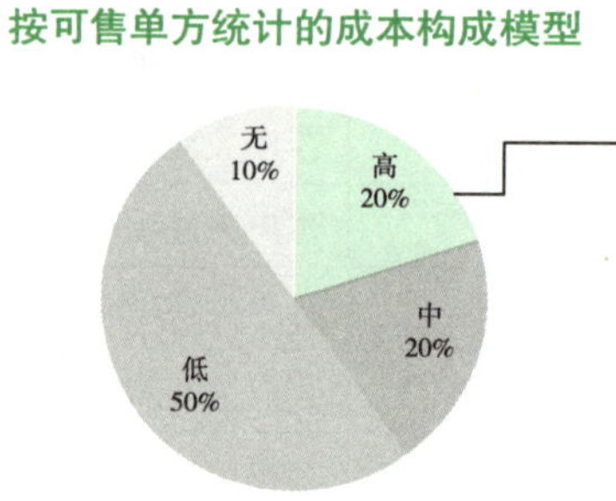

客户感知度	描　述
高	客户可以明显接触和观察到，并对购买决策具有决定性影响的内容
中	会对客户决策产生影响，但客户的敏感度稍低
低	需要客户具备一定专业知识才可以察觉，或对产品长期使用有一定影响的内容
无	客户难以察觉或无法观察到的构造或配置

图1－10　基于客户感知度的成本构成占比

某标杆房地产企业基于客户视角，梳理出了敏感性成本的八大关键部位，即公寓楼室内精装、园林环境、铝合金门窗、入户门、电梯厅精装、大堂精装、外墙、栏杆，并对每个关键部位的建造标准和投入成本进行了约束，以保证对此部分成本的有效投入，具体建造标准如表1－8所示。

表1－8　基于客户关注部位的建造标准

项　目	客户关注部位建造标准
公寓楼室内精装	1 000元/m^2
园林环境	景观面积494元/m^2
铝合金门窗	粉末喷涂铝合金型材，单层白玻，350元/m^2
入户门	住宅1 500元/樘，公寓楼3 000元/樘
电梯厅精装	住宅500元/m^2，酒店公寓楼1 000元/m^2
大堂精装	住宅1 500元/m^2，酒店公寓楼3 000元/m^2
外墙	住宅10%石材＋40%面砖＋50%质感涂料，酒店公寓楼20%石材＋80%面砖，商业楼10%玻璃幕墙＋25%石材＋65%质感涂料
栏杆	住宅铝合金玻璃栏板400元/m^2，酒店公寓楼全玻玻璃栏板450元/m^2

在实践中，有了建造标准之后，还需要强化过程中的严格执行。有标准无执行，往往随着项目的推进，会出现某些成本配置标准过高的问题。比如，某企业的一个项目消防管全都采用了不锈钢材质，这就导致在项目接近尾声时，成本大幅超支，为了保住总目标不超，最终不得不降低景观等级，这样一来，反而影响了敏感性成本的价值最大化。

如何适当加大敏感性成本的投入呢？比如，在首层大堂的地面及墙面使用抛光砖，一面使用木格栅，整体成本约1 000元/m^2，而对于小区客人不去或业主不经常光顾的地方，装修可就简。具体可参照图1－11中对敏感性与非敏感性部位处理的情况对比。

对于敏感性成本，我们或多或少知道要加大投入，也会规定成本的下限，

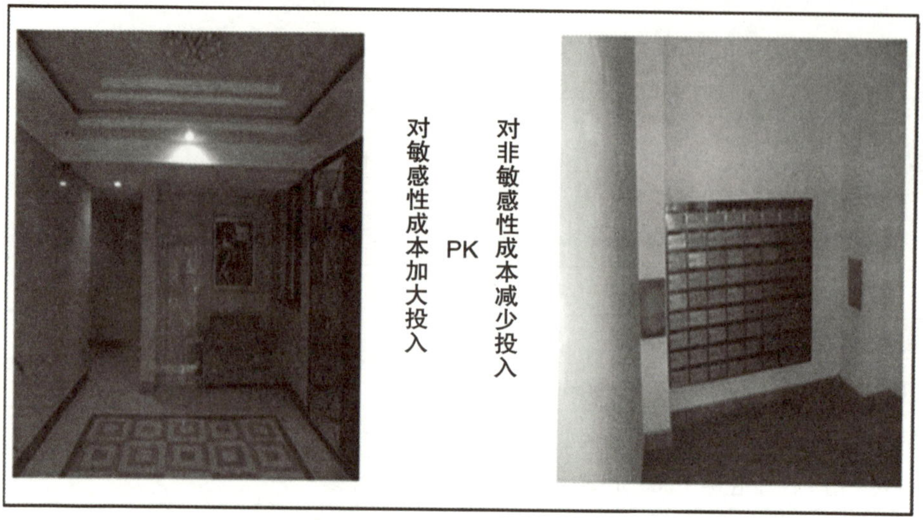

图 1－11　基于敏感性成本的差异化投入

例如将园林景观建造标准的下限定为 500 元/m^2，但这还不够，不具有操作指导性，因为同样 500 元/m^2 的造价，不同的企业做出的景观效果可能差异很大。因此，我们还需要往下分解，自上而下地分解到可以操作的地步。让我们看看下面这个案例。

案例：基于景观成本的二次不均衡分布

上文提到，站在整体产品成本角度，需要按照成本不均衡分布的思路，将整体成本分成三大块，分别是结构性成本、敏感性成本和功能性成本，这三部分成本的管理目标和落地思路各不相同。而具体到每一个分部分项工程而言，仍需按照不均衡分布的思路来进行管控。

以景观成本为例，不同项目的景观成本的投放标准各不相同，但是，只是控到项目、分期级的景观成本指标是远远不够的，因为我们知道，即使绿化面积和投放总成本差不多，最终景观效果也会存在很多的差别。例如，小区的景观不一定要栽大树，我们曾参观过某标杆企业（以下简称 M 企业）完工的社区，发现该小区一棵大树都没有，但整个小区景观给人的整体感觉却非常不错。这就需要我们进行新的思考：房地产企业在推行成本管理时，如何才能在指标限额之内，实现最好的景观效果呢？

M 企业的做法包括这样三步：首先，针对景观成本按照软景、硬景、水景的比例进行合理筹划，完成第一次的景观成本的不均衡分配，这个软硬景的比例可以基于历史项目的经验，也可以基于对竞品楼盘的踩盘；其次，需要对软景、硬景等的下一级成本进一步细分，如软景可以再细分为大乔、小乔、大灌、小灌、草坪，根据历史最优经验或标杆企业的项目数据来确定其各自占比；最后，按照小区的不同区位和产品建筑的不同部位，对景观成本进行合理的分布，进一步明确植被的间距、密度等，从而从最细节的层面固化园林景观的效果。

景观成本的二次不均衡分布的管控思路基本按照"整体比例""二级分配""微观搭配"三步进行，过程中需要适当借鉴自身历史项目的经验数据或标杆企业的成本数据，才能在景观成本指标限额背景下，保证景观成本的最终效果。具体如图 1－12 所示。

基于二次不均衡成本分布策略，M 企业核心区景观指标的最终分配结果具体如表 1－9 所示。经过以上两轮不均衡分布优化后，就可形成项目各个区位的成本分布平面图，具体如图 1－13 所示。

经过敏感性成本优化后，M 企业创造了五重景观体系和堆坡造景方式（如图 1－14 所示），在高容积率地块内大幅度提高了社区绿化率，形成了高低错落有致的立体景观，有效提升了社区的档次和居住舒适度。

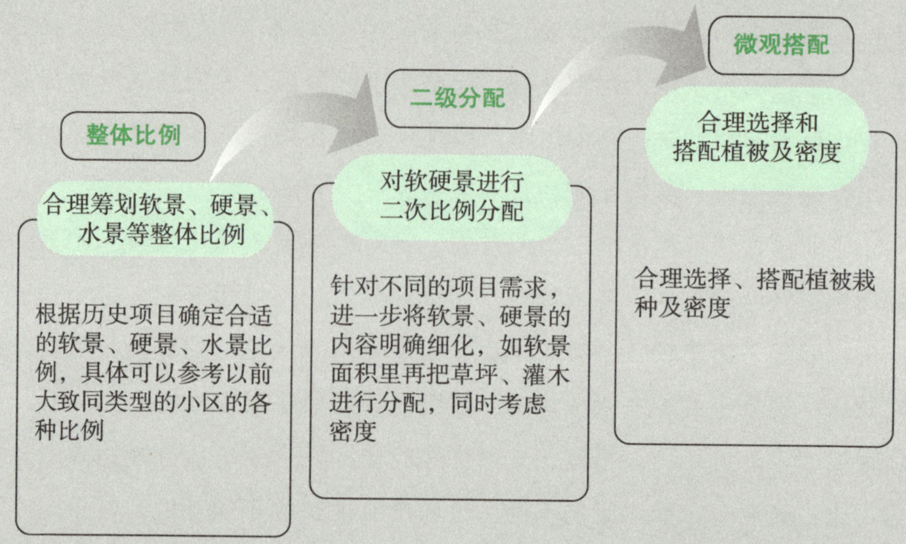

图 1－12　基于二次不均衡分布的景观成本投放

表 1－9　某企业核心区景观成本指标分配

核心区景观指标								
总占地（m²）	建筑用地（m²）	建筑物占地（m²）	景观面积（m²）	软景面积比率	硬景面积比率	道路面积比率	围墙长度（m）	
27 312	27 312	3 149	18 163	65%	27%	8%	300	
软景面积（m²）				硬景面积（m²）			道路面积（m²）	水景面积（m²）
11 806. 03				4 904. 04			1 453. 05	0
草坪面积比率	灌木面积比率	大乔木密度（棵/m²）	中小乔木密度（棵/m²）	石材面积比率	洗石米面积比率	建菱砖、瓷砖铺贴面积比率	木材面积（m²）	新建水景面积（m²）
60%	40%	130	40	50%	5%	45%	200	500
草坪面积（m²）	灌木面积（m²）	大乔木（棵）	中小乔木（棵）	石材面积（m²）	洗石米面积（m²）	建菱砖、瓷砖铺贴面积（m²）	泳池面积（m²）	原水景面积（m²）
7 084	4 722	140	454	2 452	245	2 207	0	

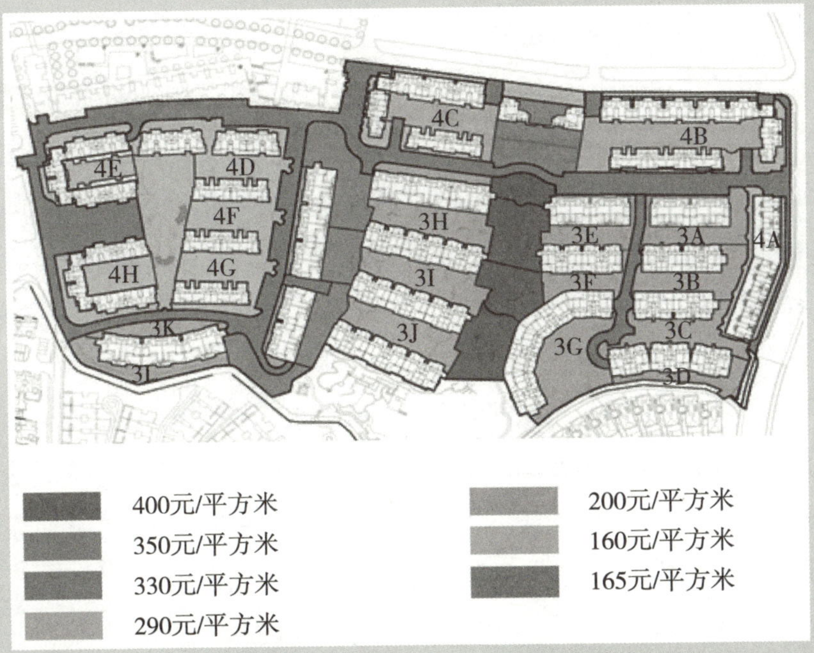

图1－13　项目各区域的成本分布图

图1－14　项目五重景观图片

3. 功能性成本：强调合理投放

前面介绍了“功能性”，即项目的“基本功能”和“附加功能”，对于功能性成本的投入，一般多强调它的合理性。需要提醒的是，对于基本功能之外的附加功能而言，如果它还属于敏感性成本，则可形成销售卖点，以增加产品附加值并支撑销售溢价及快速去化，同时还能产生品牌效应，提高投资回报率。

功能性成本是高品质楼盘例行关注的点，当关注的点也能成为销售卖点时，功能性成本便可以向敏感性成本转化。比如，北京星河湾针对入户大门这个功能性材料例行选取时，没有沿用星河湾常用的黑核桃、麦哥利等名贵木材，而是特别选用了更为名贵的胡桃木制的两扇子母门，比普通大门加厚了30%，达到7厘米，宽度达到了1.3米，但丝毫不让人觉得笨重，开合非常自如，从而最大限度地保证了安全与噪声隔绝，客户一看就知道是专为豪宅定制。

第三节　三大成本管理模式比较

上文提到的三种成本管理模式各有侧重，下文我们将通过几个具体的案例来对比这三种成本管理模式的优劣。我们分别列举了三家比较有代表性的房地产企业的成本管理流程：一是以Z企业为代表的成本核算型管理流程，二是以L企业为代表的成本控制型管理流程，三是以X企业为代表的成本策划型管理流程。

一、核算型（Z企）：强调成本算得快、算得准

成本核算的管理重点一般是成本管理全生命周期的一头一尾，即事前的成本测算和事后的成本核算。事前的成本测算用于确定项目的成本目标、招标的标底，事后的成本核算用于核算和沉淀项目各分部分项的实际成本和各技术经济指

标的完成情况，并进一步沉淀项目的目标成本数据，为后续的项目成本管理提供测算依据。因此，此阶段的管理要点在于“算得快、算得准”。

成本核算主要是以“造价”的思维，一般按照“建安类”“非建安类”进行自下而上的汇总，核算每个指标项的含量和单价信息，测算的层级越深，颗粒度越细，成本核算的精确度才会越高。

从 Z 企的成本管理流程（如图 1－15 所示）可以看出，虽然其中也有动态成本的概念，但是动态成本主要基于已发生的成本来进行计算，体现的是已发生、已拆分的合同金额，对于“待发生”成本项的管理还处于缺位状态。所以，这种模式仍然是一种事后核算的管控模式，事前控制的管控思路相对缺乏。

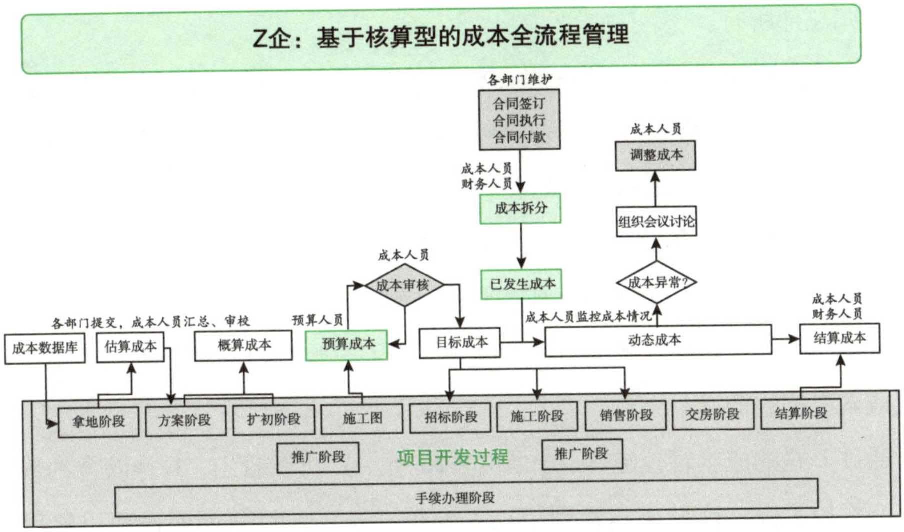

图 1－15　基于核算型的成本全流程管理

二、控制型（L 企）：基于目标成本进行管理，强调控得住

成本控制的管理重点一般是在有一个相对合理的目标成本的前提下，运用各

种管理手段，使得目标成本不被突破，真正确保“控得住、控得牢”。成本控制的具体运作包括：构建基于合约规划的目标成本控制体系，强调实际成本管理过程中对动态成本进行实时纠偏，通过目标成本管控、合约规划管控、动态成本回顾、成本月报体系等手段，保证成本目标不被突破。

在此需要强调的是，目标成本在分解为“合约规划”的时候，一般都会留存一定的“余量”。随着合同的实际执行，这个“余量”会根据实际成本的发生情况进行动态的调整，就像一个反映动态成本的“晴雨表”或“蓄水池”。“余量”的管理权限需要根据企业的实际情况进行适当的控制，需要在总部和项目之间取得一个合理的平衡：对于成本管理水平较高的项目，授予一线项目的权限也相应较大，而对于成本管理水平较差的项目，合约规划“余量”的管控权限一般会收归总部所有。

对于房地产项目而言，所有的成本管控都与合同密切相关。在引入“合约规划”的管控思路之后，一方面不再受制于方案出具的时间较晚或方案经常变更（导致目标成本不断变化），可以直接根据过往历史同类型项目的经验值对目标成本进行合理预估；另一方面，还可以详细界定该合同中“已明确”和“待明确”的详细组成情况，便于后续成本管控过程中的实时纠偏。这样，就可以解决实际成本与目标成本存在较大偏差的问题，既不影响项目的推进，又不至于出现重大成本失控的情况。

通过L企的成本管控流程（如图1－16所示）可以看出，L企以合约规划作为核心管控手段。这种成本管理模式主要是，先在项目前期明确项目的目标成本，再将目标成本分解成预计要签订的合同，即合约规划，然后通过合约规划来指导业务的开展。在执行的过程中，基于“合约规划”和“余量”来对成本进行周期性回顾，为目标成本和动态成本提供更精确的指导，确保目标成本的合理性和最终控制的效果。

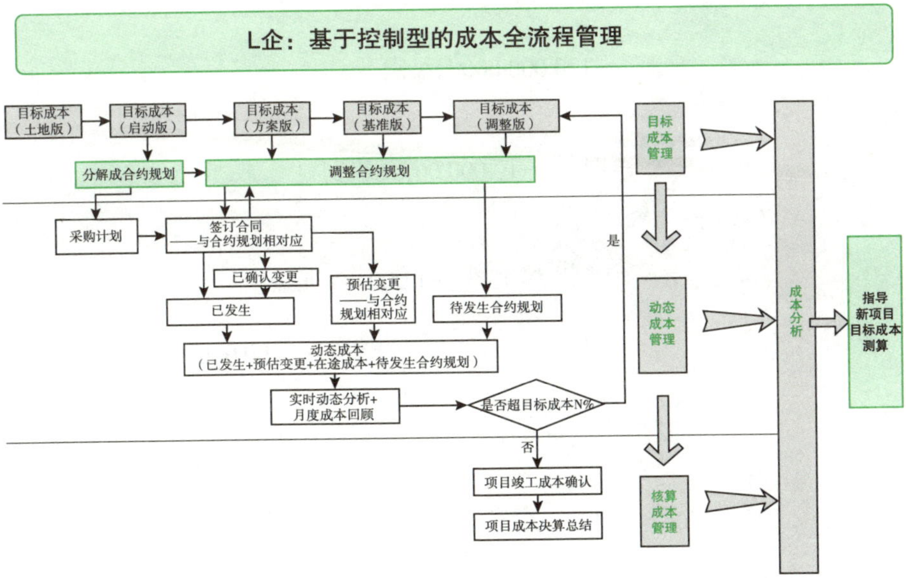

图 1－16　基于控制型的成本全流程管理

三、策划型（X 企）：强调前置管控的管理思路，先策后控

策划型成本管控思路主要发力于项目开发的前期，强调目标成本的前置管控，成本控制的点越前置，带来的收益就越大，相应地，对公司成本管控的精细化要求也越高。一般来说，在拿地阶段进行成本管控，能够节约的成本以“亿元”计；如果在总图阶段即启动成本管控，能够节约的成本以“千万元”计；如果在施工图阶段才启动成本管控，能够节约的成本只能以“百万元”计。具体如图 1－17 所示。

策划型成本管控思路对公司的“标准化”运营体系要求甚高，需要有相对成熟、稳定的产品系列，需要有相对准确、全面的成本数据库，才能支撑目标成本的前置管控，管理要点如图 1－18 所示。

策划型成本管控是每个房地产企业所追求的，但是，其要求较高，需要站在

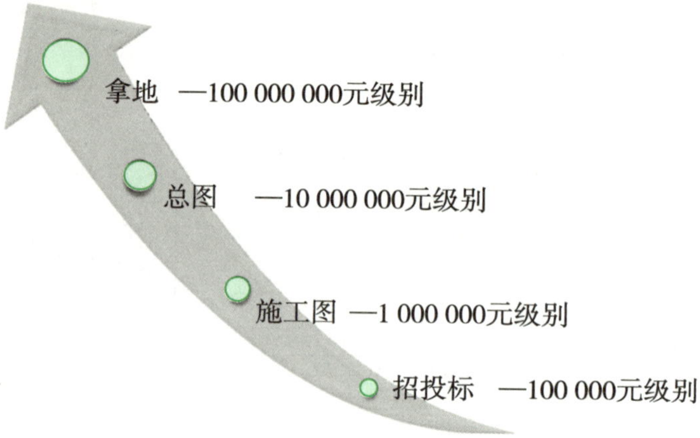

图 1－17　成本控制的点越前置，收益越大

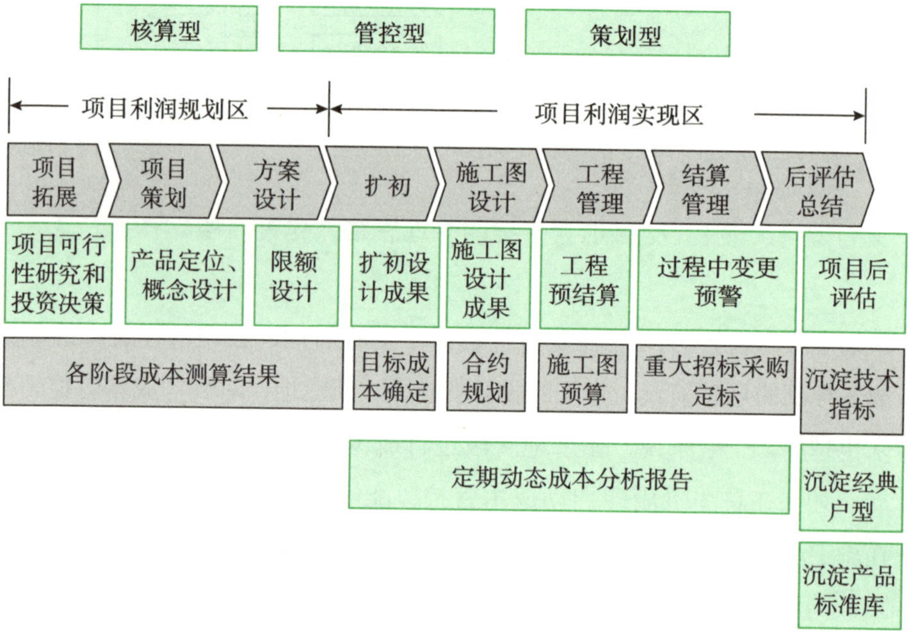

图 1－18　策划型成本管控思路对公司的要求甚高

公司整体经营管理的角度来进行，而不能只站在单一成本专业线的视角。所以，对于房地产企业而言，实现成本策划管控体系的落地，任重而道远。

四、三种成本管控思路对比分析

从上文可以看出，Z 企属于典型的成本核算型，L 企是属于典型的成本控制型，这两种管理模型的差异如图 1－19 所示：

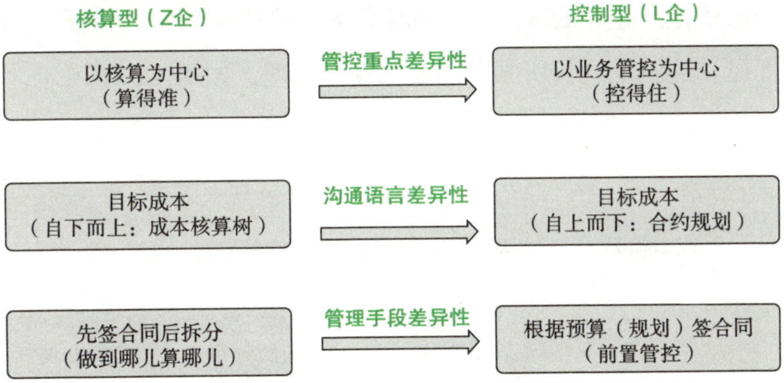

图 1－19　核算型与控制型成本管理模式的比较

综合对比这三种成本管控模式，其优势、劣势汇总如图 1－20 所示：

		核算型	管控型	策划型
观念	观念	· 基于“造价”的视角	➢ 基于“目标”的视角	✓ 基于“收益”的视角
职能	能力要求 管控范围 管控要点 职责分工	· 造价审算，招标采购 · 建安成本：目标成本容易与成本执行脱节 · 合同招投标阶段 · 偏造价，欠缺成控	➢ 掌握成本管控手段和方法（监控预警、分解责任成本） ➢ 开发成本（建安+非建安） ➢ 目标成本（方案阶段）、合约规划、动态成本回顾（偏预测） ➢ 职能完备，造价、采招、成控分离	✓ 精通产品、客户定位 ✓ 项目综合目标视角，全成本（含费用） ✓ 参与投资拿地避免成本断裂，配合设计进行成本投放策划 ✓ 关注一头一尾，设计阶段的成本策划和成本数据沉淀
保障	制度流程 运营水平 绩效考核 知识沉淀	· 偏采招和合同管理 · 欠缺顺畅的运营体系，依赖出图计划，三边工程多 · 不考核目标成本 · 缺乏沉淀，依靠能人的经验	➢ 有完善的制度和作业指引 ➢ 有顺畅的运营体系，出图、采购计划达成率高 ➢ 考核目标成本 ➢ 做项目后评估，进行部分成本数据沉淀	✓ 有完善的制度和作业指引 ✓ 成本是运营的一部分 ✓ 考核目标成本和利润 ✓ 产品标准化程度高，历史成本数据库沉淀到位，可复用度高

图 1－20　三种成本管控模式的综合对比

本章小结：给成长型房企成本管理的实战建议

1. 成本耦合管理

任何一家房地产企业的成本管理都会涉及三个管理阶段，只是各阶段所占的比重不同而已，这就是我们所强调的成本耦合管理，如图 1－21 所示。

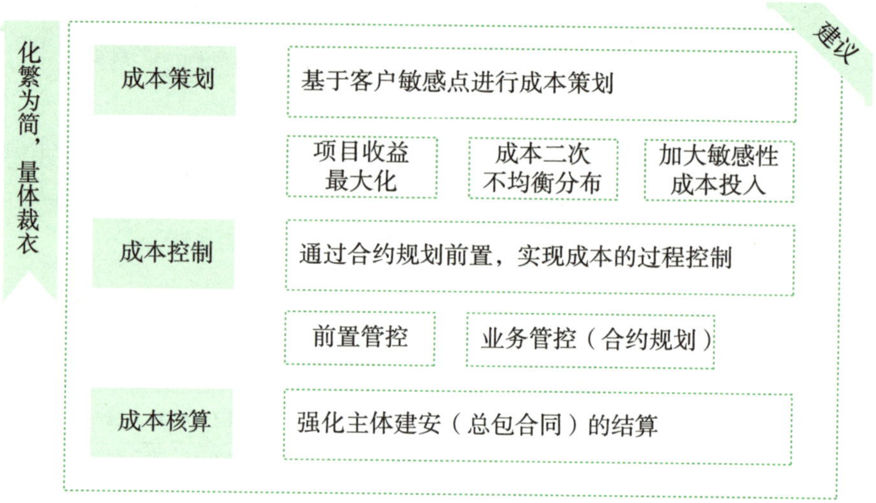

图 1－21 给成长型房企成本管理的实战建议

2. 什么样的房企适合“成本核算”管控方式？

对于深耕单一城市、项目不多的房地产企业而言，可以以“成本核算”管控方式为主，按部就班地推动成本管理。在以成本核算为成本管控主要手段的企业中，成本管控的范围以“工程成本管理”为主，成本管控的内容以“目标成本测算”“合同标底测算”“合同变更的算量核价”“合同结算”和“成本核算”

为主。对成本人员的要求也是单一工程成本管理的“造价”视角。

3. 什么样的房企适合“成本控制”管控方式？

对于跨区域布局、多项目并行推动的房地产企业而言，可以以“成本控制”管控方式为主，强调通过各种管控方式，确保目标成本不被突破，最终保障项目收益。在以“成本控制”为成本管控主要手段的企业中，成本管控的核心在于，构建基于合约规划的目标成本控制体系，强调实际成本管理过程中对动态成本进行实时纠偏，通过目标成本管控、合约规划管控、动态成本回顾、成本月报体系等手段，保证成本目标不被突破。

4. 什么样的房企适合“成本策划”管控方式？

对于发展到一定规模，已经形成自己的品牌，并且有获得市场认可的成熟的产品系列的规模房企，需要在前两种管控思路都成熟的基础上，引入“成本策划”管控方式。在确保项目收益的同时，房企能够基于自身对市场、客户和产品的理解，优化成本投入的方式，使得整体成本投入的价值最大化。这种管控方式需要重点关注“梳理成熟的产品系列”“建立自身的产品标准化体系”“建立设计标准化体系”“建立部品采购标准化体系”“建立成本管控标准化体系”。这就要求规模房企能够花较大的精力来建设“项目后评估体系”和“成本数据库体系”。只有这样，才能真正实现不仅成本管控的时间点可以前置，而且管理效果仍然有保障，从而使得“成本策划”管理体系真正落地。

| 第二部分 |

五大加速站

第二章

第1站：目标成本站

经营管理，成本分析，要追根究底，分析到最后一点。

——台塑集团董事长王永庆

“成本分析，要追根究底，分析到最后一点”，这反映了成本管理的精细化要求。对于目标成本的管理，当前优秀房企从投资拿地到项目后评估，实现了土地版、启动版、定位版、方案版、扩初版和施工图版等多版本的管理模式，并通过对各个版本的对比分析，实现了目标成本的精细化管理。

第二章

第1站：目标成本站

目标成本是公司基于市场状况，并结合公司的经营计划，根据预期售价和目标利润进行预先确定，最终通过努力所要实现的成本指标。它是成本测算与目标管理方法相结合的产物，是成本执行过程中检查、预警及考核的主要依据。建立目标成本的整个过程应体现“以最经济合理的成本提升产品的竞争力，并形成行业成本优势”的管理宗旨。

在房地产企业成本管理实践中，我们发现很多企业总是抱怨成本屡屡失控，却又无从应对。经过对这些企业深刻研究之后，我们知悉其失控的一个重要原因就是，它们想通过目标管理法进行成本管理，却事先没有建立明确的目标成本，部分房企即便有，也只是一个粗线条，没有经过详细的推演测算，所以导致目标成本在执行时，才发现无法作为项目的控制线。这种粗线条的“目标”实际上是“假目标”，结果自然导致企业在后期“走一步看一步”“拍脑袋做决策”，项目成本最终失控也就不足为怪了。

目标成本究竟是如何形成的？在设计各个阶段该如何渐进明细？如何从经营和收益视角来看待目标成本的合理性？如何进行目标成本的调整与审批？又该如何实现目标成本的测算、编制、评审和调整？作为成本管理加速站的第1站，本章将为您解读目标成本管理的加速之道！

第一节　目标成本的形成

一、目标成本形成的两大原则

1. 原则一：营销、设计、成本等多部门协同与整合

明确各专业线之间的分工，是高效、准确编制目标成本的前提。主流房地产企业目标成本编制的分工如图 2－1 所示。

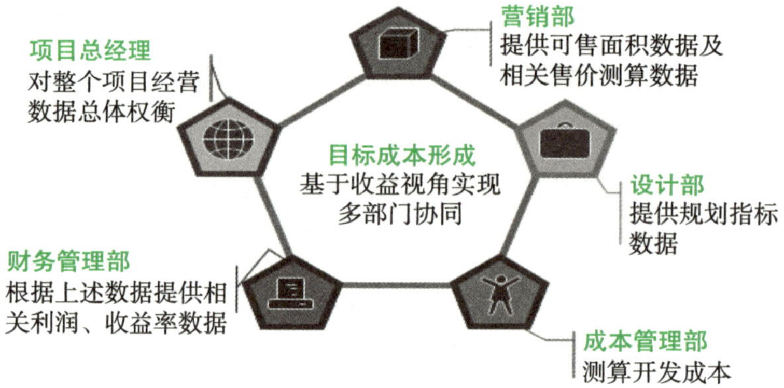

图 2－1　目标成本编制的多部门协同

明确分工是为了确保专业的人做专业的事，而在分工基础上的协同，是"全员、全过程、全成本"三全成本高效落地的保证。在执行中，房地产企业特别需要建立营销、设计、成本三大专业部门之间协同的工作机制，形成设计牵头、营销主导、成本监督的管控机制，实现三个部门的有机联动，从源头保证目标成本制定的客观、准确和合理性。首先，营销与设计要基于客户需求，在产品定位层面达成一致。也就是说，明确到底需要生产什么样的产品来满足这些客户。其次，营销与成本要基于客户关注价值点达成一致。也就是说，要

识别目标客户的敏感点并按照由高到低的顺序排列，以指导成本的具体投放。最后，设计与成本要基于客户需求及客户敏感点，在限额设计方面达成一致。也就是说，将项目目标成本转换为可以在设计阶段操作的指标限额，保证成本目标的可执行性。可以说，限额设计是营销、成本在产品中兑现的桥梁。具体如图 2 -2 所示。

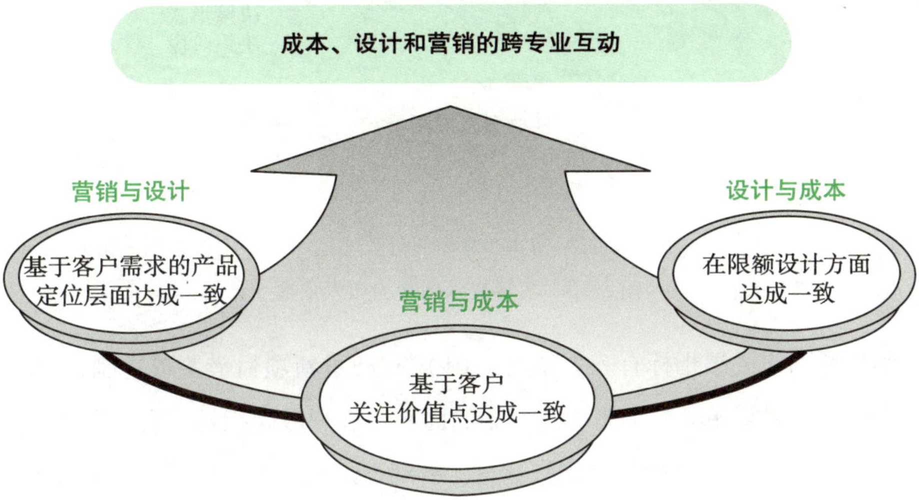

图 2 -2　成本、设计和营销的跨专业互动

2. 原则二：明确编制依据，形成成果指标，确定决策模型

目标成本编制，在坚持多部门协同的同时，还需要确定目标成本各个版本的编制依据和标准，以统一规范一线人员对目标成本的编制工作。针对编制依据，具体需要明确四大内容，即产品经济性内容、相关成果及成果指标、决策模式和参与部门，具体如图 2 -3 所示。

以“项目产品组合”为例，其成果是“最盈利的产品组合”，评审的成果指标是“盈利能力对比表”，参与部门是“设计、成本和营销”，时间是“在概念规划初期”。

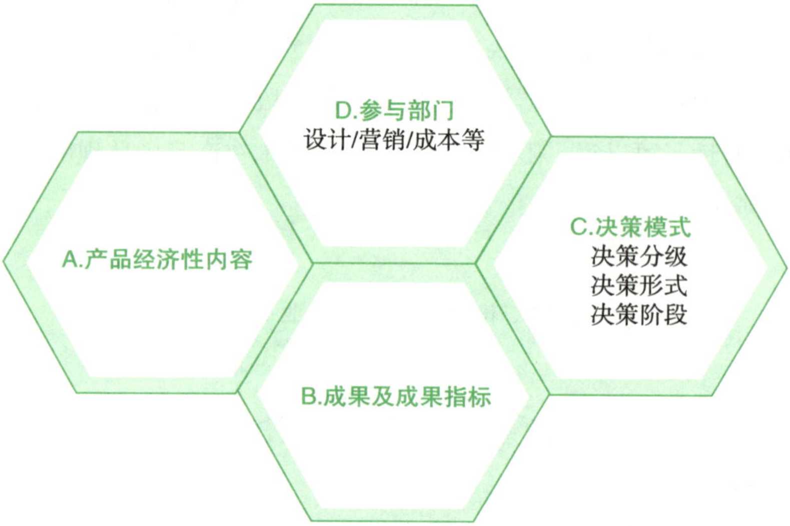

图 2-3　目标成本编制的四大依据

细化和固化成果指标有三大作用：（1）有利于新项目借鉴或复制；（2）固化的指标不是科目单方，而是更为基础的面积比、户数等指标，有利于多部门语言统一；（3）明确关键的规划指标信息，有利于编制准确的阶段性目标成本。

二、成本测算的要点：聚焦价量原则，关注系数和综合造价

案例：　项目测算关键在于系数和综合造价

在项目测算时，如果我们要测算门窗工程的目标造价，首先应通过“建筑面积”乘以“窗地比”得到门窗面积（“建筑面积”为“门窗面积”的原始指标，“窗地比”为“计算系数”），然后再通过“门窗面积”乘以“单价”得到目标造价。具体可参见表 2-1 中示例。这里关键的事项有三个：建筑面积、计算系数和单价。建筑面积是设计能否用足地块的指标，而且在各个阶段

的设计中对于建筑指标要能有效地进行传递和继承；计算系数则来自企业的历史项目沉淀或者对于客户需求的解读；单价则考验的是企业成本人员对于市场的理解和历史项目的总结。

表2-1　项目测算关键在于系数和综合造价

成本项目	原始指标	系数	工程量	单价（元）	合价（万元）	可售单方
入户门	户数		56.00	2 025.00	11.34	9.85
户内门	户数				0.00	
窗、阳台门	建筑面积	0.35	14 859.11	430.00	223.63	194.33
公共部位装修					**311.33**	**270.54**
大堂精装修	单元数				0.00	
电梯厅装修	电梯厅数				0.00	
外立面涂料装修	建筑面积	1.57	14 859.11	40.00	93.32	81.09
外立面面砖装修	每户面积	26.37	56.00	90.00	13.29	11.55
外立面文化石	每户面积	13.61	56.00	220.00	16.77	14.57
院墙结构	每户面积	29.83	56.00	100.00	16.70	14.52
院墙涂料	每户面积	48.10	56.00	48.00	12.93	11.24
院墙文化石	每户面积	10.45	56.00	220.00	12.87	11.19

目标成本是基于市场状况，并结合公司的经营需要，同时根据项目收益要求而预先确定的，需要经过努力才能实现的成本目标，它是成本执行过程中检查、预警以及考核的主要依据。而成本测算是目标成本的开始，在成本测算实践中，房地产企业主要采用“价量原则”（“量”即工程量），通过建筑面积乘以系数得出。例如，门窗工程日标造价的计算公式如图2-4所示。

举个例子，如果我们要估计门窗工程的目标造价，就需要根据沉淀的系数乘以建筑面积得到工程量，再用工程量乘以类似同期的单价，即可估算出对应的总

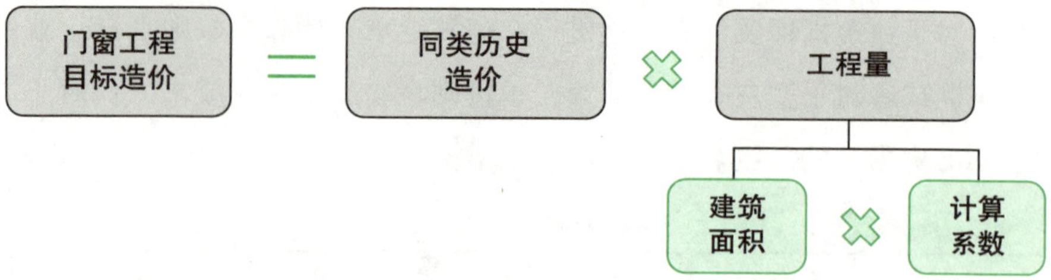

图 2－4　门窗工程目标造价计算公式

造价。这是行业内常见的做法，其中“系数”和“单价”是难点，后面“成本数据库”的相关章节会提到“系数”和“单价”的沉淀方法。

就目标成本测算而言，其过程并不复杂，一般来说分为以下五步：

第一步：依据本阶段总平面图及技术指标形成“项目规划指标表”。

第二步：与设计及营销等相关部门，通过会议形式讨论沟通，形成“产品建造标准”，此时的要点是各种技术指标和系数的确定。

第三步：依据相关指标和信息，按照产品测算建安费用，此时的要点是确认市场认可的单价。

第四步：依据相关指标和信息，测算非建安费用。

第五步：汇总建安费用和非建安费用，形成目标成本汇总表。

三、目标成本合理性：基于项目收益与不均衡分布两大视角

目标成本的合理性主要从两个方面进行考察，一是总额是否合理；二是分项是否合理。其中，目标成本总额的合理性一定是站在收益视角来评价，不能简单评判是高了或低了，且不能离开产品和客户两个方面的约束。其逻辑是：目标客户是谁？他们能够承受的售价是多少？我们提供什么样的产品和产品配置？在这样的配置（建造标准）下，我们的目标成本应该是多少？所以，目标成本总额的合理性不是由营销、设计、成本某一个部门说了算，而应站在项目

收益的视角来评价，它是企业的经营问题，而不是专业的管理问题。在实操中，往往在目标成本测算完成后，还要看每个业态的收益（毛利）情况，如果不满足收益目标就得重新调整配置，甚至进行产品组合调整，从而达到既定的收益指标。

分项的合理性体现了成本的高效投放：同样是 1 亿元的成本，不同的投放策略会带来不同的效果。所以，保证成本有效投放的原则是采用多次不均衡策略！前提是基于客户购买决策点，对目标成本中各个构成项进行类型划分，并识别出产品中的结构性成本、敏感性成本和功能性成本，对不同类型的成本采用不同的投入策略。一般来说，大部分企业都会在保障安全的前提下，采用严控结构性成本，重点投入敏感性成本，合理投入功能性成本的策略（此点我们在第一章已做详细介绍，在此不再赘述）。

第二节 目标成本的编制

在目标成本的实际编制过程中，由于受到企业经验沉淀程度、产品成熟度等客观因素的影响，不同企业编制目标成本的颗粒度和准确度差异较大。在项目开发的前期存在很多不确定因素，如早期房地产企业经常期望能够突破土地的经济技术指标，也会尝试各种产品组合方案以谋求最佳的项目收益，对于资金和进度的安排也存在实质性的难点。从成本角度来看，要在早期即建立起准确、合理的目标成本是有困难的。因此，行业的惯常做法是将整个成本编制分为匡算、估算、概算、预算、结算等阶段，同时明确每个阶段的编制重点、要求、粗细程度等，从而降低编制难度。其中，施工阶段的预算是企业签署成本责任书的依据。为了进行成本的约束，往往会在理论上提出管理要求，如结算不能超过预算、预算不能超过概算、概算不能超过估算等。从整个成本的演变过程看，伴随图纸设计的深入和完善，整个成本编制是一个由粗到细的过程。具体如图 2－5 所示。

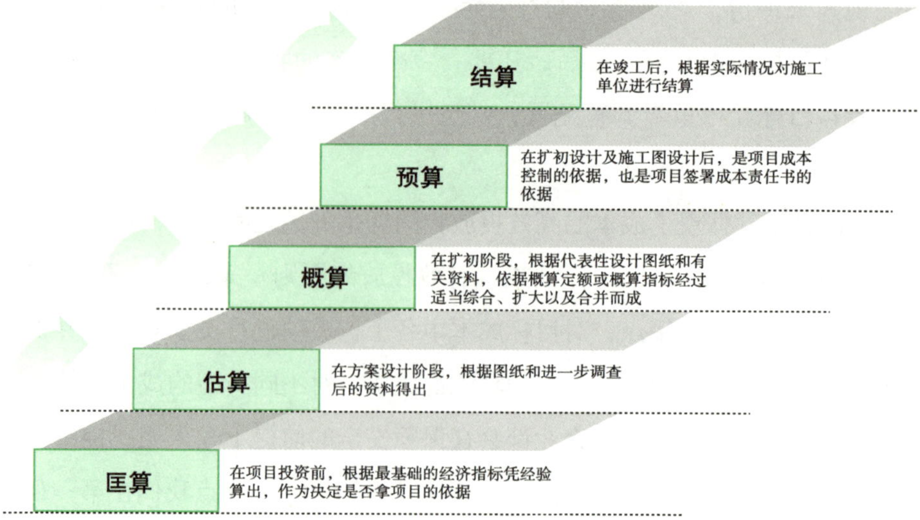

图 2－5　成本编制的 5 个阶段

采用这种传统的做法虽然解决了成本编制本身的难题，但也带来了经营的难题，因为房地产企业普遍存在三边工程，大部分企业的施工图出具得都相对较晚，而很多前期的工程费、设计费等都已经发生，如果等到施工图预算出来才进行目标成本的确认，对于企业来说是比较难接受的。在房地产行业中，众所周知的一句话是“当施工图纸出来时，就已经决定了 90% 的成本”。

从当前优秀房地产企业目标成本编制的实践来看，为了更好地进行成本的前置管理，现在已形成了一个比较可行的目标成本管理机制。它的第一个特征是，将原来的“匡估概预结”进行了名词修订，统一为管理名词“目标成本”，即不管哪个阶段，测算出来的成本，都定义为目标成本，如土地版目标成本、启动版目标成本、定位版目标成本、方案版目标成本、扩初版目标成本和施工图版目标成本等（具体如图 2－6 所示）。

第二个特征是，从原来的以自测算科目向上汇总形成为主，变成当前的以自上而下分解为主，强调总成本目标向各个科目分配、分解。主要的处理方式是将

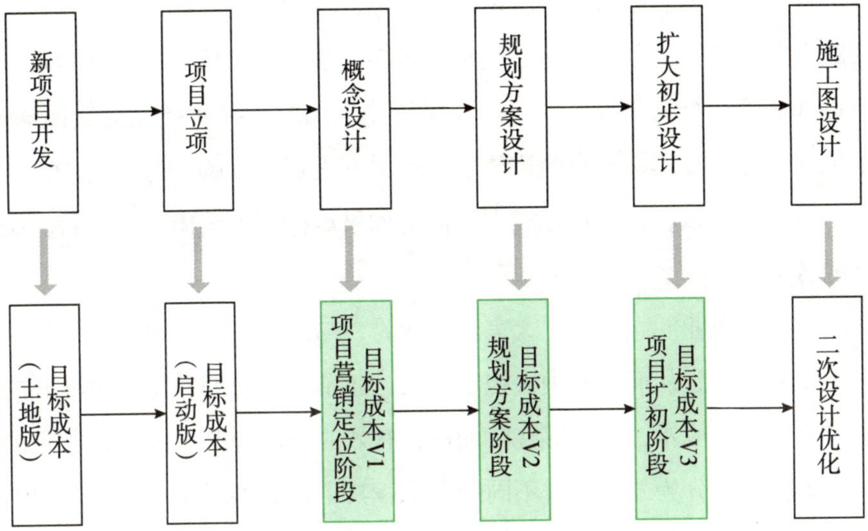

图2-6　目标成本的多版本管控

原来一体的成本科目在管理上划分为成本控制科目和成本核算（测算）科目，将成本管理与造价管理进行一定程度的分离。

第三个特征是，针对每一个版本目标成本的形成，给出明确规定，包括参与部门、编制的重点、成果指标等。在实践中，对于土地版、启动版的目标成本，各个企业的差异并不明显，但是定位、方案、扩初等3个阶段是企业目标成本形成的关键点，进行精细化成本管理的企业往往将这3个版本的成本测算与控制的要点锁死。企业目标成本管理的有效性在这3个版本上的表现最为明显。我们将在下文具体分析其目标成本编制的要点。为了便于阐述，我们将这3个版本称为目标成本的V1、V2、V3版。

一、成本科目是目标成本的载体

在传统的房地产企业中，常见的做法是将成本科目设置到6级甚至7级，尽可能地进行细化，然后给每一个科目一个金额，并用于对成本进行过程控制。但是在实践中，往往因为科目的精细化程度较高，很难在项目开始时就对每一个科目进行详细测算，特别是很多科目必须得到施工图的支撑才能完成金额的测算，如对于单元门与入户门，没有经过施工图的详细设置和采购的选型定版，造价部门根本不可能给出该科目的目标成本，但是如果等待施工图出来，该科目又会失去控制的意义。

所以在标杆企业的实践中，大家普遍认为，与其为了追求目标成本的精确而在时间上无限期拖延从而导致失去控制意义，还不如在前期保持一定准确的基础上，快速形成目标成本，以能够在前期进行有效的成本控制。因此，常见的做法是，将成本科目一分为二以应对不同的需求，其中控制科目是目标成本的主要落实单位，即在制定目标成本时，明确每一个控制科目究竟有多少钱。而核算（测算）科目则主要用于造价测算，根据明确的技术指标、设计参数、市场单价来进行详细测算。控制科目实际上是下级测算科目的金额汇总。这种科目分离方法是实现目标成本前置的有效方法和重要载体，具体如表 2－2 所示。

表 2－2　控制科目与成本科目

序号	控制科目	核算（测算）科目	科目含义	备注
三	主体建筑工程费			
1	基础工程			
1.1		基坑土石方		
1.2		护壁（坡）		
1.3		基础工程		
1.3.1		桩基础		

续表

序号	控制科目	核算（测算）科目	科目含义	备注
1.3.2		桩基检测费用		
1.3.3		基础结构		
2	结构及粗装修工程			
2.1		上部结构及粗装修		
2.1.1		主体结构砼		
2.1.2		主体结构钢筋		
2.1.3		砌体（加气砼砌块）		
3	门窗工程			
3.1		单元门		
3.2		入户门		
3.3		窗、阳台门		
4	公共部位精装修			
4.1		首层大堂精装修		
4.2		楼梯间精装修		
4.3		屋面精装修		
4.4		外立面精装修		

二、概念设计阶段重策划，强调货值最大化

1. 概念设计阶段目标成本 V1 版的策划

在概念设计阶段，目标成本的制定需要强调策划思想，其核心在于通过项目策划及产品策划，实现货值的最大化。在具体执行中，产品策划强调在设计工作开展之前，结合营销定位报告，形成多种产品组合方案，通过对各种类型产品的成本配置模块进行经济性测算和比选，找出盈利最大化的产品组合。同时形成对下一步设计工作的限额控制指标。具体流程如图 2－7 所示。在此流程中常见的难点是成本部门难以深入参与，难以形成产品组合方案决策所需的成本数据，甚至有些企业成本部门都不参与该环节的业务。

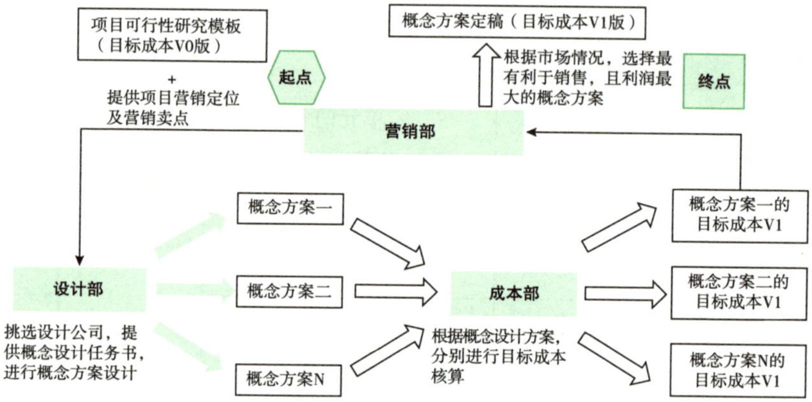

图 2－7　概念设计阶段成本策划思想

2. 概念设计阶段目标成本编制要点与依据

该阶段的目标成本编制如下：一般会在营销定位后 10 个工作日内，提供成本测算初稿，以供决策参考；项目定位通过后 5 个工作日内，编制完成概念设计阶段的目标成本（V1 版）正式稿。

这个阶段的目标成本测算的关键点在于，对产品组合方案、路网布置方案、停车布置方案、场地标高方案等四大方案进行管控（具体如图2－8所示）。只要控制了这四大方案的相关指标，概念设计阶段的目标成本编制就基本不会有太大的偏差。在实际编制过程中，需要设计、工程、营销、物业和客服等部门共同参与。

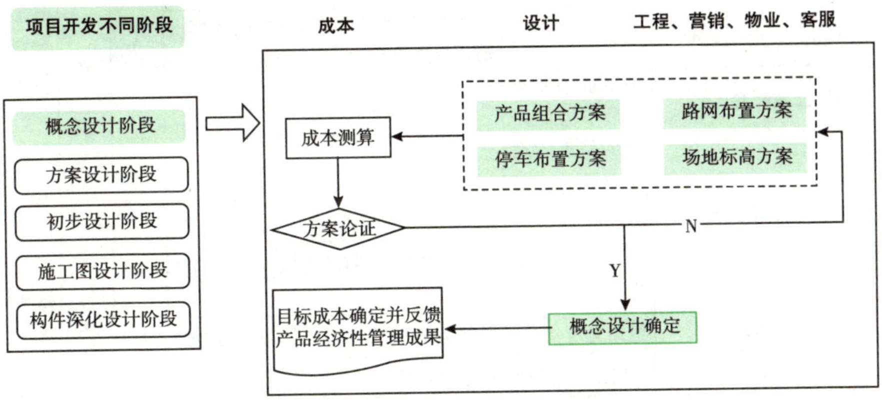

图2－8　概念设计阶段目标成本编制要点

（1）重点控制对象

控制对象如表2－3中所列，关注的指标主要涉及交通、功能分区、景观分析等，以及对建筑物平面、户型结构、主要设备、停车方式及比率等的可行性及经济性进行预研究。

（2）编制依据

- 项目地块红线内外情况、政府规划要点等信息
- 客户品类、产品类型、面积指标、户型配比、预期售价等信息
- 区域内同档次或相似产品的成本构成及价格水平
- 已结算类似项目的含量及造价数据
- 项目风格及主题、重大技术解决方案
- 成本配置标准化规划体系

表2-3　概念设计阶段重点控制对象

<table>
<tr><th>序号</th><th colspan="2">产品经济性内容</th><th>成　果</th><th>成果指标
（包含但不限）</th><th>参与部门</th><th>决策分级</th><th>决策形式</th><th>决策阶段</th><th>会议时间</th></tr>
<tr><td>1</td><td colspan="2">项目产品组合</td><td>最盈利的产品组合</td><td>盈利能力对比表</td><td>设计、成本、营销</td><td rowspan="5">A</td><td rowspan="17">专项评审会议或结合公司相关决策节点</td><td rowspan="5">概念规划初期</td><td rowspan="5">0.5d</td></tr>
<tr><td>2</td><td colspan="2">成熟产品运用</td><td>标准化率高</td><td>成熟产品面积比率</td><td>设计、营销、成本</td></tr>
<tr><td>3</td><td colspan="2">可售比</td><td>—</td><td>可售面积/建筑面积；赠送建造面积比</td><td>设计、营销、成本</td></tr>
<tr><td>4</td><td colspan="2">项目公建配套</td><td>满足规划要求的最小化面积</td><td>配套面积户数比</td><td rowspan="2">设计、营销、成本、客服、物业</td></tr>
<tr><td>5</td><td colspan="2">配套商业</td><td>满足需求的商业面积</td><td>商业面积户数比</td></tr>
<tr><td rowspan="3">6</td><td rowspan="3">路网布置</td><td>路网设计</td><td>路网简洁合理</td><td>道路/占地面积比</td><td rowspan="2">设计、成本、客服、物业</td><td rowspan="5">B</td><td rowspan="5">路网设计方案初稿</td><td rowspan="5">0.5d</td></tr>
<tr><td>项目出入口</td><td>出入口数量优化</td><td>出入口数量/消防规范数量</td></tr>
<tr><td>道路宽度</td><td>道路宽度优化</td><td>道路宽度/规范宽度</td><td>设计、成本</td></tr>
<tr><td rowspan="2">7</td><td rowspan="2">组团布置</td><td>单组团大小</td><td>单组团大小合理</td><td>单组团户数</td><td rowspan="2">设计、成本、客服、物业</td></tr>
<tr><td>单组团出入口</td><td>出入口数量最少</td><td>单组团出入口数量/消防规范数量</td></tr>
<tr><td rowspan="5">8</td><td rowspan="5">停车布置</td><td>地面利用</td><td>地面车位数量最大化</td><td>实际地面车位比/规划地面车位比；地面车位面积/项目占地面积</td><td rowspan="5">设计、成本</td><td rowspan="5">B</td><td rowspan="5">停车设计方案初稿</td><td rowspan="5">0.5d</td></tr>
<tr><td>停车方式</td><td>停车方式合理化</td><td>车位面积，人防车位面积</td></tr>
<tr><td>车位大小</td><td>因地制宜设适量小车位</td><td>小车位数量/车位总数</td></tr>
<tr><td>地下车库设置与面积</td><td>地下车库集中设置及面积最小</td><td>项目地下车库数量，单车位占地下室面积</td></tr>
<tr><td>机械车位</td><td>机械车可行性分析</td><td>机械/非机械车位分析报告</td></tr>
<tr><td rowspan="2">9</td><td rowspan="2">土方工程</td><td>按原有地势规划产品排布及设计场地标高</td><td>动土量最少</td><td>单位占地面积动土量、场地标高平均降低/增加值</td><td>设计、工程、成本</td><td rowspan="2">B</td><td rowspan="2">场地标高方案初稿</td><td rowspan="2">0.5d</td></tr>
<tr><td>排水方案</td><td>排水坡度合理，减少填方</td><td>排水坡度值、排水泵站分析报告</td><td>设计、工程、成本</td></tr>
</table>

（3）编制步骤

营销建议→根据产品组合盈利方案快速进行成本测算→项目定位→成本适配测算→设计指引→概念设计方案→目标成本（V1版）。

（4）用途

在设计工作开展之前，按项目总体经营要求和市场定位，给出一个相对宽松的成本控制区间，以便于营销形成设计指引，并对概念设计单位交底。

三、规划方案设计阶段重指标，限额设计是关键

1. 规划方案设计阶段目标成本V2版的策划

规划方案设计阶段的目标成本编制，要强调对概念阶段所确定指标的承接，其中，做好限额设计是关键。在该阶段，成本策划应该事先下达上一阶段所形成的限额设计指标，并列入方案设计任务书，以便在方案设计的阶段性成果形成过程中，进行同步成本测算、评审与验收，而后依据最终完成的规划及建筑设计方案编报目标成本测算表，形成对下一步设计工作的限额指标分解与下达。

2. 规划方案设计阶段目标成本编制要点与依据

该阶段的目标成本编制一般会在取得方案审查意见书后10天内完成。首先，由设计部明确技术指标和建造标准，然后在此基础上，成本部对概念设计V1版目标成本进行优化，形成方案设计阶段的目标成本。标杆企业往往将这个版本作为基准版目标成本，它也是执行版目标成本对比的基线。

从目标成本编制管控的要点来看，该阶段重点是要对建筑方案、安装方案、结构方案、精装修方案、地下室方案、景观方案、建筑节能方案等形成标准化的管控（如图2-9所示）。具体控制包括建筑物（体形、立面、平面、功能分区、节能方案）、结构形式、结构布置、建筑物装饰（交楼）标准、统一构造做法、地下室、

景观的软硬景基本布局，以及供水、供电、消防、排水、智能化工程方案等。

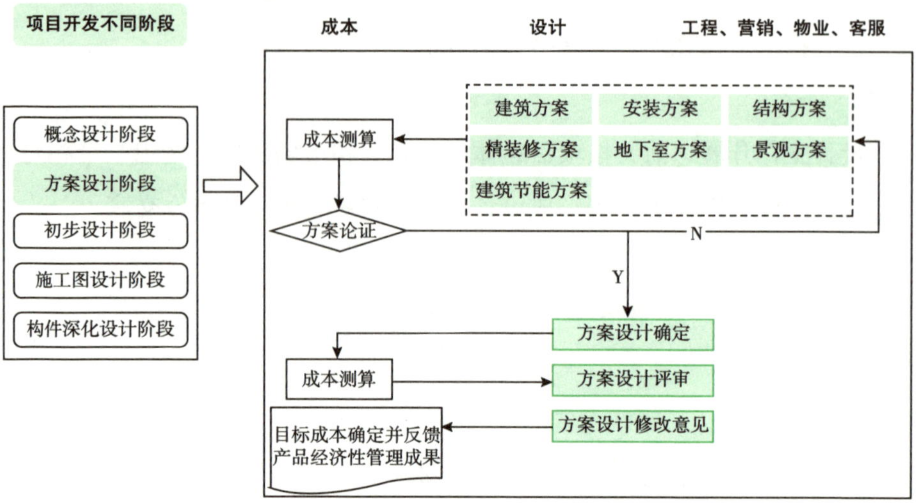

图 2－9　规划方案设计阶段目标成本编制要点

（1）编制依据

- 项目定位阶段目标成本测算表
- 现场地块地质条件及地基详勘报告等补充资料
- 经政府审批的规划设计指标及规划设计方案
- 政府现行的房地产相关收费标准
- 财务部提供的行政费用、资本化利息及期间费用
- 以往类似项目的造价指标和项目所在地的市场价格信息

（2）编制步骤

规划设计多方案初稿→不同方案间成本经济性测算分析与比选→规划设计方案→目标成本（V2 版）→责任控制指标分解与下达。

依据此阶段目标成本（V2 版）应形成“目标成本控制责任书”，利用单价指标、含量指标、百分比指标等可控方式进行合理拆分，由各部门负责人签字后下发给各责任部门去执行，并以此指导设计、招标、施工、采购等业务活动中的成本费用使用与管理，以及对责任部门进行考核。

此阶段目标成本审批完成后5个工作日内，应录入成本管理软件，并在当月成本信息月报中反馈该项目动态成本。具体如图2－10所示。

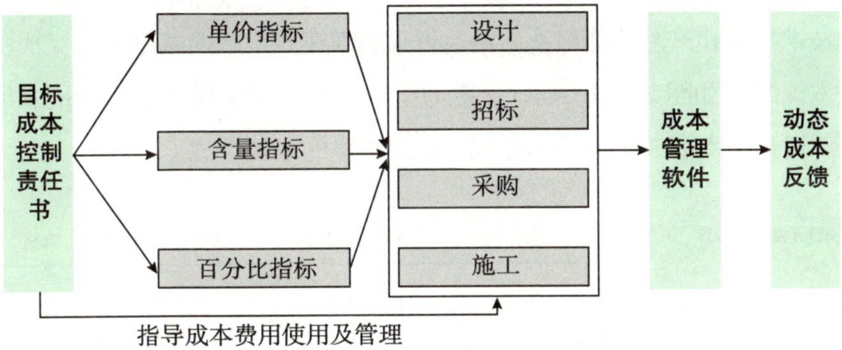

图2－10　规划方案设计阶段目标成本编制步骤

（3）用途

分解出约束扩初及施工图阶段的目标成本控制指标，以指导设计、招标、施工、采购等业务活动中的成本费用使用与管理。

四、扩大初步设计阶段重体验，客户价值要彰显

1. 扩大初步设计阶段目标成本V3版的策划

扩初阶段的成本编制要强调客户体验、客户价值的彰显。在具体执行时，事先下达上一阶段所形成的限额设计指标及责任成本费用控制额度，列入扩初或施工图设计任务书中，并同步配合扩初阶段和施工图设计过程中主要材料设备选型及安装方式的成本测算、评审与达标验收，以平衡目标成本总额度在各成本模块间的二次分配，尽量在实现目标成本总量控制的前提下完成对目标成本的优化和

修订，并进一步分解为合约规划来指导采招、合同及现场成本控制等实际业务。

2. 扩大初步设计阶段目标成本编制要点

该阶段的目标成本编制如下：要在初步设计完成15个工作日内，完成目标成本的编制；由工程部提供现场的施工方案，由研发部提供扩初设计图，并进一步细化技术指标和产品建造标准，由造价采购部在方案版的基础上，完成扩初版目标成本编制（如图2－11所示）。更为重要的是，该阶段需要进行成本敏感性分析，并通过成本的二次不均衡分配，实现成本的最佳投放。

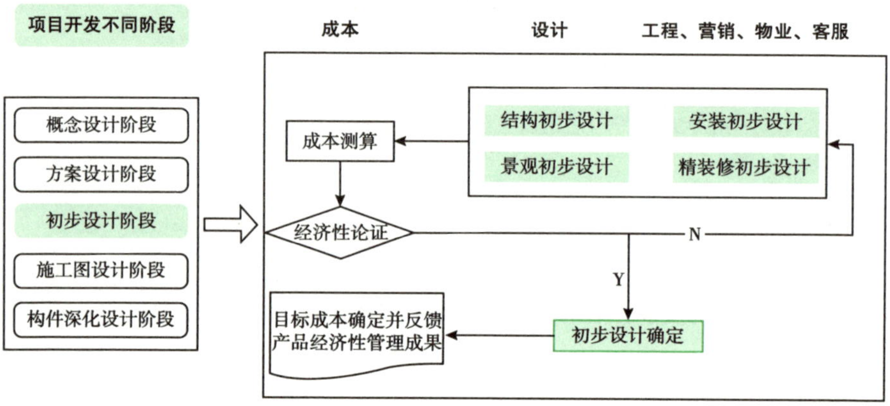

图2－11　初步设计阶段的部门协同

在这个过程中，应真正实现以客户价值为导向，明确客户价值排序与成本额度分配的优先次序之间的关系，以达到目标成本中营销、设计及成本的平衡与均好，实现成本和客户价值的最优对应关系。具体如图2－12所示。

（1）编制步骤

扩大初步设计多方案初稿→不同方案间成本经济性测算分析与比选→客户价值排序与成本额度优先分配之间关系决策清单→扩大初步设计定案→目标（修订）成本（V3版）→目标成本之合约规划额度分配（含签证、变更率上限指标）。

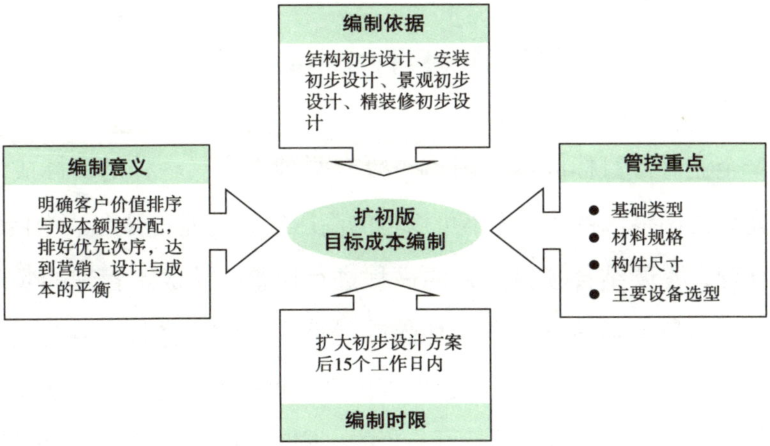

图2－12　扩大初步设计阶段目标成本编制要点

（2）用途

实施该阶段成本管理，应遵循已批准目标成本（即V2版）总额不突破原则，允许各成本模块间根据客户价值排序进行相应的内部调剂。

完成此阶段优化及修订后的目标成本，将作为最终控制项目实施全过程成本支出的依据，并据此形成合约规划分配额度值，以做到在合同审批及执行中，即时揭示合同实时造价与目标成本限值的对比控制关系，进行定期动态反馈。具体如图2－13所示。

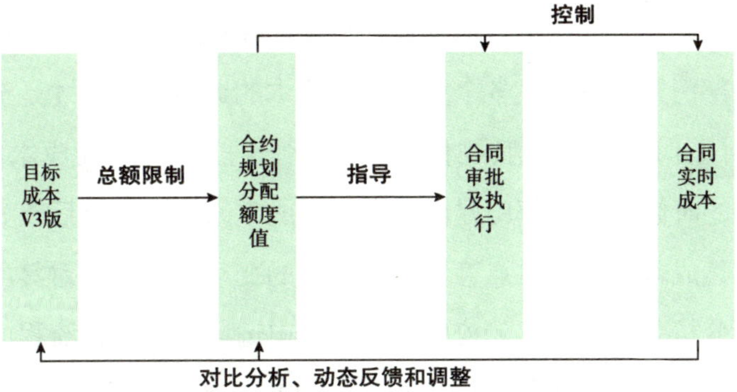

图2－13　扩大初步设计阶段目标成本对合同管理的价值

第三节　目标成本的调整

房地产企业对待目标成本的调整一般有两种态度：一种是目标成本一旦制定，就不允许再调整，将其视为不可逾越的高压线；另外一种则认为目标成本本身就不太合理，需要结合项目开发的进程进行调整。从成本管理的实践效果来看，前者不顾项目实际情况，有掩耳盗铃之嫌，虽然在前期和中期成本不会超标，但是在最终成本结算时，一定会显露出来。可以说，看似目标成本起到了控制作用，但是事实上成本超标是不可避免的，同时也将误导企业的经营决策。后者对目标成本调整又偏随意，导致目标成本缺乏权威性和严肃性，最终目标成本也没有起到指导与控制作用。那么，对于目标成本调整，究竟该怎么做呢？我们认为，建立合适的成本调整流程和调整的评价标准是其中的关键点。以下逐一进行阐述。

一、严格目标成本调整的审批流程

众多企业的目标成本调整随意性较大，影响目标成本的管控效果，为此，在对目标成本进行调整时应严格规范其审批流程。在目标成本调整流程中，以成本部为主要牵头部门，负责收集各个业务部门成本的调整需求，才是流程真正的起点。各业务部门（设计、营销、财务等）分别监控各自责任成本的执行情况，并在需要调整的时候向成本部门提出要求，在成本部门评估之后正式发起成本调整的申请。当然成本部需要重点管理建安成本的变动情况，并对其中可能发生的调整要求进行分析，并结合实际情况发出调整申请。当然，在流程中各管理岗位必须明确对于成本调整的意见。具体如图 2－14 所示。

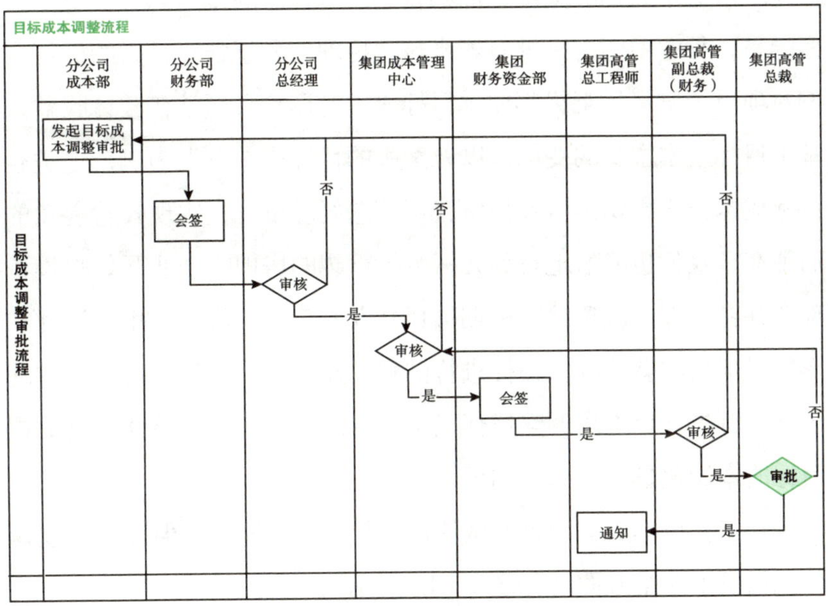

图 2-14　目标成本调整审批流程

二、基于项目收益视角进行调整

在实际业务中，通常的分工是由下级公司编制目标成本（除了土地成本），上级公司审批目标成本，即项目成本经理编制完目标成本后，会由区域和集团逐一审批。但问题是，房地产企业的前期环节往往是由集团各部门完成的，比如拿地的投资分析、项目策划、方案设计等工作，这种工作方式往往会造成项目的前期策划和与后期开发建设脱节。常见的现象是在投资阶段，企业做了详尽细致的收益计算，但在项目开发建设过程中的设计、工程、采购、成本、营销等环节，这些成果很难有效地传递下来，后端部门慢慢“忘记”对投资收益的管控和回顾，最终导致项目结算下来，项目期初的投资收益很难保障。这种现象其实是企业内部运营管理体系的不通畅造成的，但是企业会因为发现这种收益保障的失败，经常伴随着成本数据的失控，而归咎于成本控制的不力。

欣喜的是，行业中还有一批有着卓越管控理念和超强执行力的标杆房地产企业，它们对项目开发从始至终都要求目标成本的调整必须站在整体收益视角，而不仅仅基于目标成本本身的变动。以方案版的目标成本审批为例，这类企业会将方案版目标成本报送集团运营及投资管理部总经理审批，实现收益视角的全过程监控。而现在，我们也清晰地看到，一大批卓越的房地产企业开始将投资拓展部和运营部合并在一起，从拿地到后期项目开发的每个阶段，采用周期性和事件触发两种形式对项目的整体收益指标进行回顾和监控，其中对于目标成本的每一次调整的申请，首先评审本次调整目标成本是否能够带来项目整体收益的提升，其次评审目标成本调整是否有充分的理由。

针对这一点，目标成本调整的做法通常是，允许调整，但需要建立调整的机制，具体包括以下 3 个方面（如图 2－15 所示）：

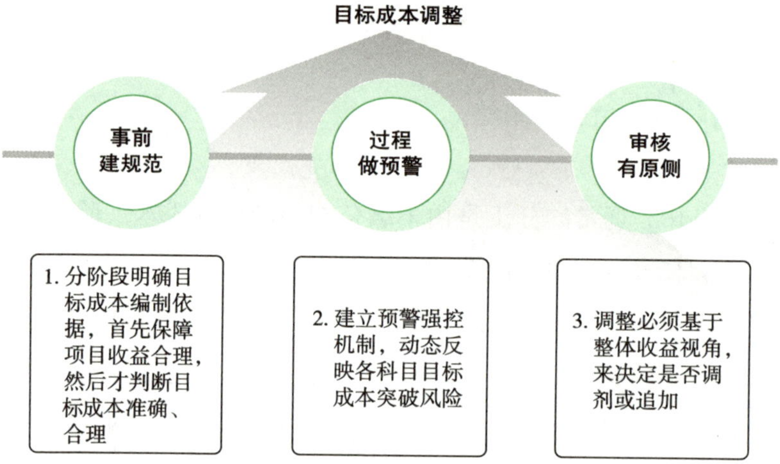

图 2－15　目标成本的调整机制

1. 分阶段明确目标成本编制依据，首先保障项目收益合理，然后才判断目标成本准确、合理。

2. 根据目标成本预警、强控机制触发目标成本调整机制，具体要基于成本科目设置不同的预警、强控指标，保障成本执行过程中可以灵敏地反映科目目标成本是否存在突破风险。

3. 在对目标成本进行调整时，基于收益视角来评估是否允许调剂或追加。

本章小结：给成长型房企目标成本管理的实战建议

当前在房地产行业中，大部分企业已经建立起目标成本管理的全套机制，但是在执行过程中仍经常存在各种问题。比如目标成本的确定时间点比较晚，很多企业都存在等施工图出来后才能确定目标成本的现象；不少企业在管理过程中经常出现财务和成本两个部门在口径方面存在差异；很多企业虽然也强调在设计阶段需要多部门进行协调编制，但是真正执行起来却很难落到实处。因此，我们结合行业的实践，建议成长型房企可以适当参照标杆企业的做法，结合自身企业的特征进行量体裁衣，以快速取得实效，具体如图2－16所示。

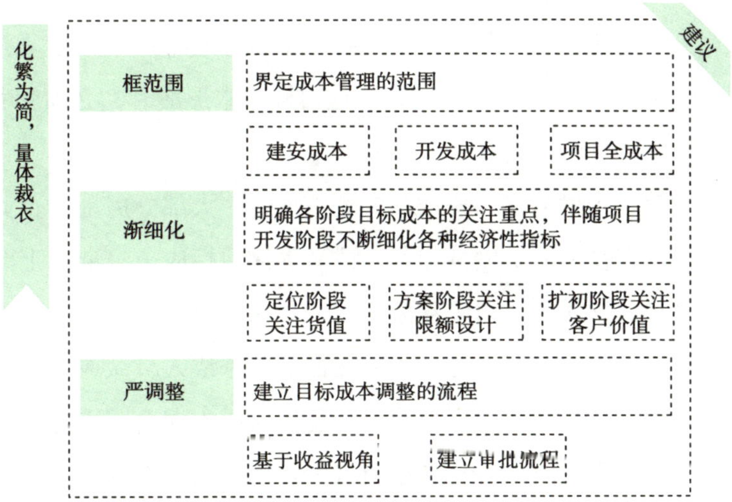

图2－16　给成长型房企做好目标成本管理的实战建议

在我们实施成本管理信息化系统时，遇到的第一个挑战是成本科目的梳理工作。我们发现在实际业务中，很多企业的成本科目往往由成本部门组织牵头确定，其中财务、工程、营销、设计等相关部门的参与度严重不足。由此确定的成本科目，在后续的应用中直接导致不同部门对于成本的归集与核算存在认知的差别，如架空层的绿化究竟是营销设施建造费还是园林费用。因此，我们建议企业的成本直接相关部门，如财务、成本、工程等部门需要就成本管理范围达成一致意见，定义好各个部门的管理范围。同时，企业需要针对成本管理科目进行界定，对每一个科目应该包含哪些费用，形成说明性文档。当然也需要明确在成本管理过程中是单纯管理建安成本，还是管理含营销费用的开发成本，或者管理整个项目的全成本。

我们遇到的第二个挑战是目标成本的编制工作。很多企业在编制目标成本时仍然存在先画再算的情况，认为施工图没有出来之前，目标成本无法审批。我们的理解是，目标成本应该是策划出来的，施工图需要在目标成本的约束下完成。因此，我们建议企业应该建立多个版本的目标成本，并且明确每一阶段目标成本的关注要点，避免限额设计停留在口头上，难以落在实处。对于成长型房企，我们认为本章第二节的方法可供借鉴，即在每一个目标成本形成的阶段，都有一个标志性文件（如表2-3所示），规定企业在目标成本形成时，必须就哪些指标达成一致意见，让各个部门进行强制性协同。

我们遇到的第三个挑战是目标成本的调整工作。大部分房地产企业为了强调目标成本的严肃性，往往强调刚性原则，或者强调目标成本只准自上而下进行调整。从管理上来说，这种方式可以约束业务人员保持对成本的敏感性，能够在工作过程中持续改进成本，但是实际工作中往往导致一线人员藏成本，从而使得动态成本经常性虚低，等到项目最后阶段才出现项目成本爆仓。因此，我们建议企业建立目标成本的调整机制，并在调整阶段引入基于利润维度的成本评估。

第三章

第 2 站： 合约规划站

管理就是把复杂的问题简单化，把混乱的事情规范化。

——通用电气公司原董事长杰克·韦尔奇

管理并非只是艺术，它必须将复杂的问题简单化，把混乱的事情规范化。与其事后救火，不如事前防火。就房地产成本管理而言，合约规划就是将复杂的合约管理简单化，把混乱的合约管理从源头上规范好。而基于合约规划的前置化、规范化管理，已经成为众多标杆房企成本管理实践的最新模式。

第一节 合约规划——连接成本与合同的桥梁

案例：从一份门窗合同“签不签”说开去

在与众多房地产企业的董事长和总经理的交流中，我们发现很多房地产企业决策者——尤其是由集团指派或者从外部“空降”过来的决策者，都在控诉一个共性的问题，就是一个合同审批至他们面前时，签字似乎只是一种形式了。比如，一份门窗合同为 200 万元，员工递到了总经理的面前，总经理是签还是不签？

在房地产行业发展初期，也是利润较高时期，可能会有这么几种处理方式：

1. 在管理比较粗放的企业，决策者对成本不怎么重视，一看才 200 万元，不多，大笔一挥就签了。

2. 在成本管理稍好的企业，决策者会去关注预算够不够。比如，建安科目的目标成本余额是 1 000 万元，决策者就会去关注“200 万元”是不是超出了预算，未超就可以签。

但在当前以及未来房地产市场持续宏观调控及利润率逐渐摊薄的发展态势下，在房地产企业纷纷重视成本管理、视现金为王的时期，决策者就很难像以前那么轻松、简单地“签字”了，而是会发现合同竟然缺乏依据，并清楚地知道这里面其实问题很多：

其一，对于门窗合同而言，200 万元到底是花多了，还是节约了？你根本无从知晓。其二，200 万元的合约范围是不是已经涵盖了整个门窗工程，是否存在合同化整为零的漏洞。其三，对于预算剩下的 800 万元，到底够不够花？你其实也不知道。2 年期的项目，一般在 1.5 年后才能发现成本余额是否真够，但到那个时候，“生米已经煮成了熟饭”，最终成本失控，利润为负也就不足为奇了。

虽然问题很多，但员工递上来一份合同，肯定是要签的，因为项目在等着，员工在催着。在考虑未超预算后，你只能单纯从相信员工的角度自我安慰地签字了，有时候你自己也感觉委屈，自己名义上是总经理，什么事情都可以做主，但实质上很多时候自己也就只能“签个名字”，所谓的管理、预防、控制都是一句空话。

怎样才能做好合同的有效管理和控制呢？

其实，这个问题在部分标杆房地产企业中已经得到解决，对于合约该不该签、合不合理，它们的有效解决方法就是利用“合约规划工具”。具体思路和方法包含两个方面，即事前合约规划和过程中合约审批（具体如图 3－1 所示）。

1. 事前合约规划

假定建安科目目标成本为 1 000 万元，首先我们要在项目期初将这 1 000 万元分解成未来需要签订的若干个合约，并对每个合约确定范围和相应的金额。

2. 过程中合约审批

有了合约规划，在合同签约审批时，只需要明确三个问题：有没有对应的合

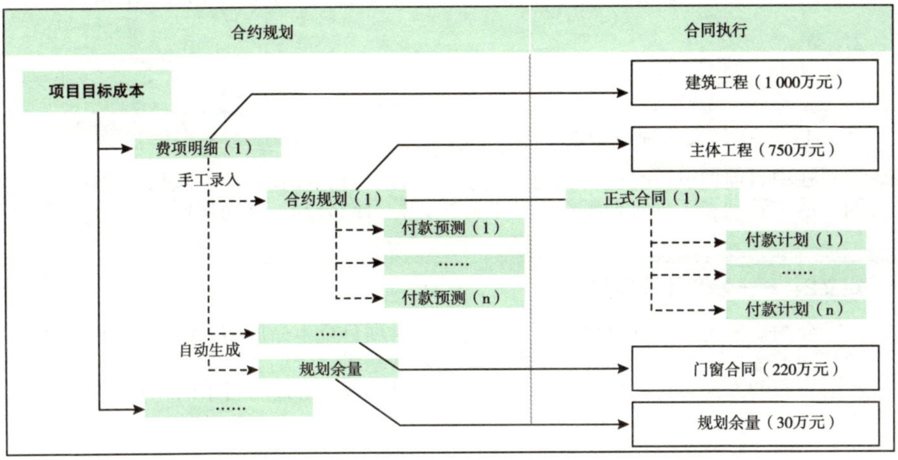

图 3－1　合约规划指导后期合同执行

约规划，合约的范围是否一致，合同金额是否超过合约规划金额。明确了这三个问题，审批就将有理有据。比如按照图 3－1，我们发现分解的合约规划中，有门窗工程这个合约，且合约范围一致，而实际合同签约金额 200 万元，又是在 220 万元的目标合约规划金额范围内，那么，这个合同显然就可以快速签字。

基于上述案例，对这种成本的事前、事中管控手段，我们称之为“合约规划”。

一、合约规划的内涵

其实，房地产行业对合约规划一词早已熟知，但对这个概念的理解与应用却不尽相同。比如我们在西南某房企进行成本管理系统的实施时，该企业当时没有明确的合约规划概念，而是在企业内部有一个“组价”的概念。因此，在推进合约规划体系前，有必要统一企业内部对合约规划的认知。

那么，合约规划究竟是什么呢？

从项目管理和成本管理来看，合约规划的定义有广义和狭义两种。具体如图3－2所示。

定义1：——广义（项目管理）

在项目前期设计阶段，提前规划项目工程及材料设备合同，以利于项目采购、成本管理和工程管理工作的开展。（另称合约分判、合同策划。）

定义2：——狭义（成本管理）

合约规划是指在项目目标成本确定后，对项目全生命周期内所发生的所有合同范围及金额进行预估，它是实现成本控制的基线。合约规划也可以理解为，以预估合同的方式对目标成本进行分解，即将目标成本控制科目上的金额分解为具体的合同。

图3－2　合约规划的两种定义

合约规划主要涉及三方面的内容，具体如图3－3所示。

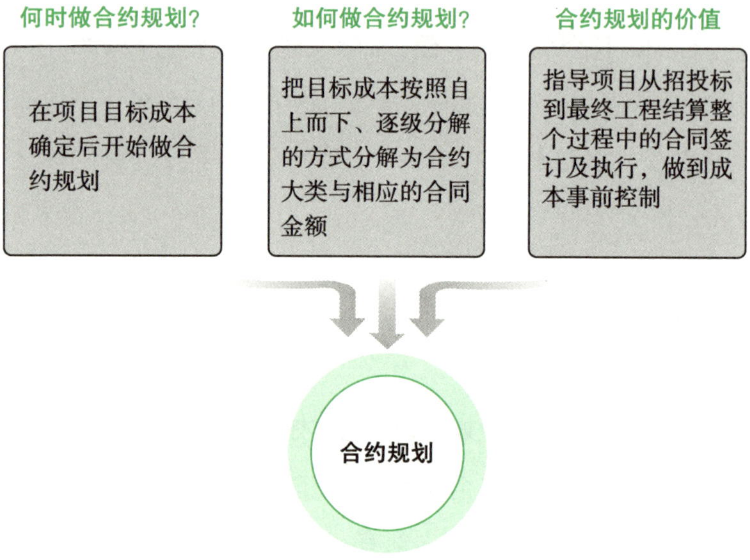

图3－3　合约规划定义的内容

1. 何时做合约规划

合约规划何时编制？这主要根据企业管理的成熟度而定，如果企业的费项、合约规划体系相对稳定，则可以在项目启动阶段的目标成本编制及审批后进行合约规划的编制。如果管理精细度还没达到这一步，至少应在目标成本（方案版）确定后进行编制，最晚也不能晚于目标成本（施工图版）。

2. 如何做合约规划

合约规划是指将目标成本按照自上而下、逐级分解的方式，分解为合约与相应的金额。对目标成本进行合约分解的方法多为“价量原则”和“经验值”，同时结合项目情况和投资收益指标，制定项目各控制科目下可能发生的合约及预计金额。合约规划必须明确 2 个内容：一个控制科目下到底有哪些合约，每个合约的金额是多少。

这里强调的是，在实际业务中，我们将目标成本分解合约规划时，经常会发现有部分费用在早期难以明确具体合约，因此我们引入规划余量的概念，来标明暂时不能明确的费用，并将其作为控制科目的“蓄水池”。规划余量会随着实际签订合同的变化而变化，规划余量的总额反映了目标成本控制的松紧度。为了便于进行监控，我们针对规划余量设定每一个科目的预警、强控条件。

! 案例： 合约规划的分解实例

某项目主体建安科目的目标成本为 500 万元，预计后续会有 3 个合同发生，分别是主体工程合同 250 万元，外墙装修合同 100 万元，防水工程合同 50 万元。另外，把使用用途暂不明确的 100 万元划作规划余量。其合约规划的具体分解如表 3－1 所示。其中规划余量是整个科目的余量，用于判断该科目的成本松紧度。

表3－1　某项目的合约规划分解

科　目	合约规划	规划金额（万元）	已签约金额（万元）	预估变更（万元）
主体建安	主体工程合同	250	0	0
	外墙装修合同	100	0	0
	防水工程合同	50	0	0
	规划余量	100		

3. 合约规划的价值

合约规划是目标成本与招投标、合同履行的重要桥梁，也是成本事前控制的主要手段，很多企业把它作为动态资金计划管理和预测的工具。我们将在后文中进行详细介绍。

二、合约规划的位置

在明白合约规划的定义后，我们需要清楚合约规划究竟在价值链中哪一点产生并应用。我们将其称为合约规划的位置。

从成本管理全流程来看，合约规划应该处在目标成本和采购计划的中间位置，可谓“上承目标成本，下接采购计划”（如图3－4所示）。在价值链上来看，合约规划已成为连接目标成本与采购计划的纽带。从业务工作的开展来看，合约规划是一个工作责任部门的转换点，从原来主要由成本部门完成的目标成本编制及管理，走向由各部门自主完成合约规划编制工作。

前面我们也提及，一般管理较为成熟的企业可以在启动版目标成本确定后形成合约规划。通过对该版目标成本进行合约规划的分解，而后根据合约规划形成后期的采购计划，实现目标成本与采购业务的有效衔接。随着项目开发进程的推进，企业会形成目标成本的方案版、基准版等，此时需要企业对合约规划进行不断修订。

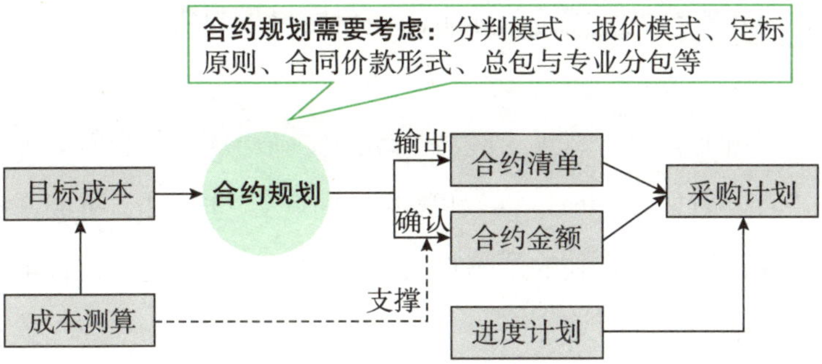

图 3 –4　合约规划的位置

三、合约规划的三大价值

合约规划主要有三大管理价值：一是成本控制的管理抓手；二是支撑资金计划预测；三是指导后期采购计划编制。具体如图 3 –5 所示。

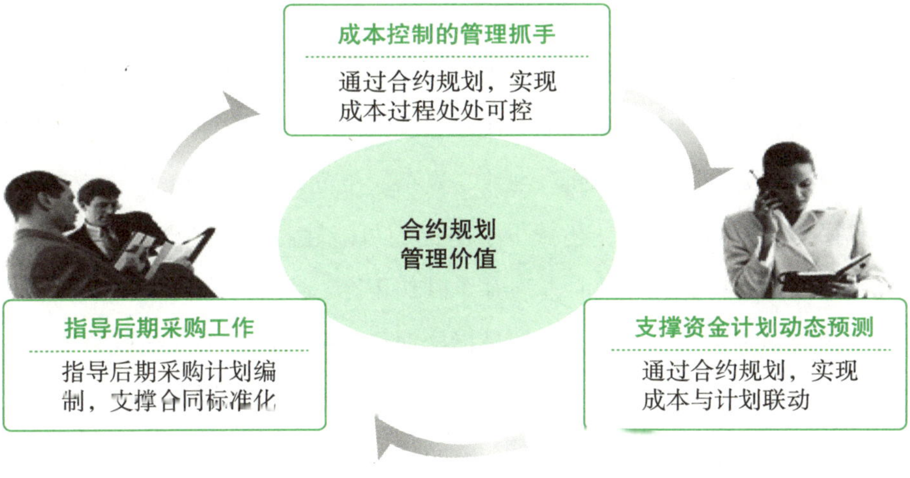

图 3 –5　合约规划的三大管理价值

1. 成本控制的管理抓手

某标杆企业分管成本的副总裁曾说：如果不把目标成本分解成合约规划并进行过程管控，成本管理就只能沦为成本部门自娱自乐的数字游戏。合约规划对成本管理的价值可见一斑。

对于地产项目而言，所有重大经济活动的实施均从合同会签开始，因此从某种意义上说“合同管好了，成本自然可控”。而“合约规划”将成本控制的载体由对科目的控制转为了对合同的严格控制，合约规划成为连接目标成本和合同执行的纽带，是成本控制的管理抓手。

从实践中我们知道，业务部门日常工作和管理经常是以合同为主要对象的。在未启用合约规划前，项目开发成本的控制，往往落实到成本部门和财务部门。因为成本科目和财务科目本身具有专业性，很多部门难以真正理解，所以各个业务部门对于成本管理往往态度暧昧，对于成本数据要么看不懂，要么懒得看。在这种背景下谈责任成本、全员成本往往犹如空中楼阁。

合约规划的启用将成本控制直接落实到具体的合同层面，它是各个业务部门再熟悉不过的内容了。采用合同控制贴近业务部门的实际业务，有利于落实责任成本，也有利于原来单纯由成本部门进行控制的方式，转向由成本部门和业务部门双控的方式。在操作中，业务部门在申报合同，甚至在招标申请时，只需要选择对应的合约规划，不需要再面对细致、复杂、难懂的成本科目了。这样不但减少了业务操作人员的工作量，还减少了出错的可能性。即使是合约规划选错了，项目成本经理在审批时也能及时发现并予以纠正。

从合约规划定义来看，合约规划是指导项目从招投标到工程结算整个过程中的合同签订及变更的一种管控手段，对项目成本起到事前控制的作用。那么，合约规划如何指导合同的签订和执行呢？下面我们从合同签订、合同付款和合同执行这3个业务环节来具体了解一下（如图3－6所示）。

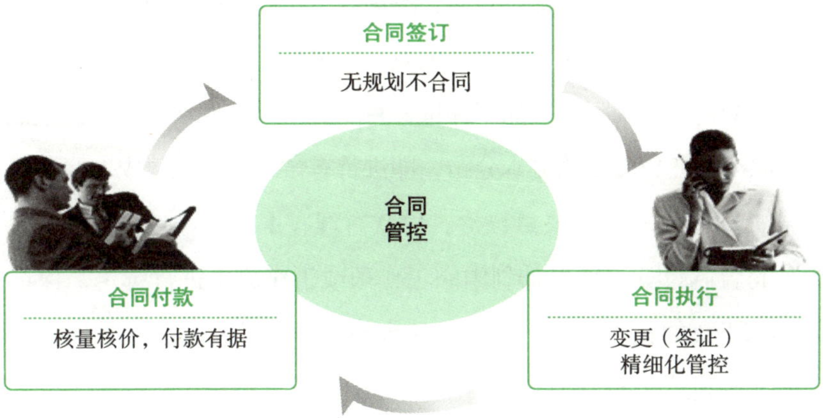

图 3-6　合约规划指导合同签订与执行

（1）合同签订——无规划不合同

无规划不合同，具体而言，这是指在合同签约审批时，如果没有对应的合约规划，或者说合同金额严重超过合约规划金额，那么企业就会叫停合同审批流程。必须完成合约规划的修订才能进一步推动合同审批流程，是一种成本的控制手段。其背后的理念是，如果在合同签约的时候没有合约规划，就说明在前期规划、回顾阶段发生了疏漏，业务部门和成本部门没有预见性，未能发现明显的成本缺口，这是一种管理问题。此时必须对整个控制科目下的合约规划、规划余量甚至目标成本进行回顾以确保动态准确。在执行过程中合约规划需要排他性使用，也就是说一份合约规划，如果已经被先前的某一份合同引用了，就不应该再应用于其他合同，以防止出现动态成本虚低的问题。能否严格执行“无规划不合同”的要求，标志着企业目标成本是否在真正起到控制作用。

（2）合同执行——变更（签证）精细化管控

在合同执行环节，需要对变更进行合理管控，遵循事前申报、事中确认、事后分析的原则，同时要保障变更金额的及时统计与反馈。在变更管理的程序上，首先，应确定变更（签证）该不该做、值不值得做。其次，要估算变更的成本影响，并与合同订立时的预估变更相对应，确保变更在可控范围内。如果超出预估变更范围，则需要考虑是否有对应的规划余量。再次，当变更实施完成后进行施工确认，要核定是否完成及实际完成的工程量，将变更金额纳入项目成本。最后，分析变更产生的原因及变更涉及的成本分布，即进行有效成本与无效成本的情况分析。

（3）合同付款——精细核量核价、付款有理有据

首先，将合同付款与项目计划中的工作项或工作成果进行绑定，保证合同付款不会与实际工程的完工情况不符，避免合同款项超付的问题。具体来说，就是要根据工程实际进度，对“已完工”部分的工程量进行审定，反映工程的实际完工“产值”，并作为制定付款申请的重要依据。其次，梳理代扣代付和其他扣款，为款项支付提供依据。再次，根据合同付款条件及实际完工产值，修订付款计划，形成项目级付款计划。最后，在付款计划范围内完成付款申请，并完成款项支付。

2. 支撑资金计划动态预测

推行合约规划管理模式后，就可以提前根据已发生合同及待发生合约规划，形成明晰的月度付款计划，并与项目主项计划下分解的工作项及合同进行耦合，有效实现成本与计划的联动，进而结合销售回款预算，形成项目的动态现金流。具体如图 3－7 所示。

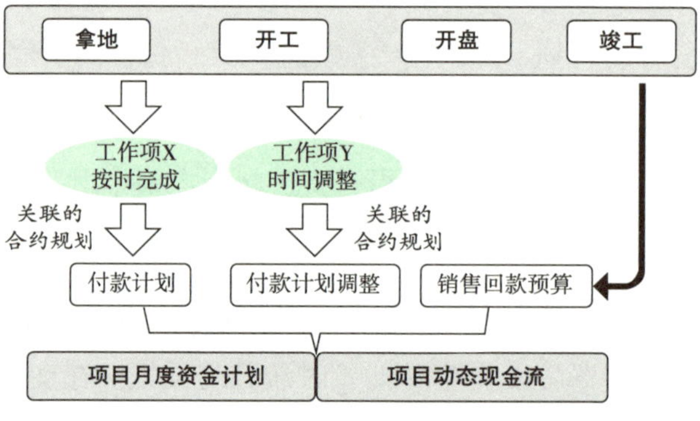

图 3－7　合约规划管理实现成本与计划的联动

在合同执行上，很多房地产企业将合同和项目主项计划、专项计划关联，并针对影响关键进度、成本金额大、影响后续质量的重点合同进行提前梳理和针对性管控。比如，很多房地产企业会重点关注桩基础施工合同、土方工程施工合同、土建承包合同、园建工程合同等，因为一方面这些合同金额大，另一方面这些合同与进度节点密切相关。

3. 指导后期采购工作

在不采用合约规划的运作机制下，项目的招投标往往与工程进行紧密结合，设计和成本往往变成了招投标的前置工作，需要招采部门不断协同，从而成为招投标工作的瓶颈，严重影响工作的效率。而合约规划可以提供一个管理程序，帮助招投标部门、设计部门、工程部门进行快速沟通，并有效达成一致，特别是建立了合约规划与工程节点联系之后，为数字化的目标成本与事项化的招投标提供了沟通的桥梁。因此，合约规划能够直接指导后期采购工作的开展，即基于标准工程合约规划可形成项目工程合约规划，以提前预判合同，从而有利于采购策划、采购计划、招标等工作的开展（具体如图 3－8 所示）。

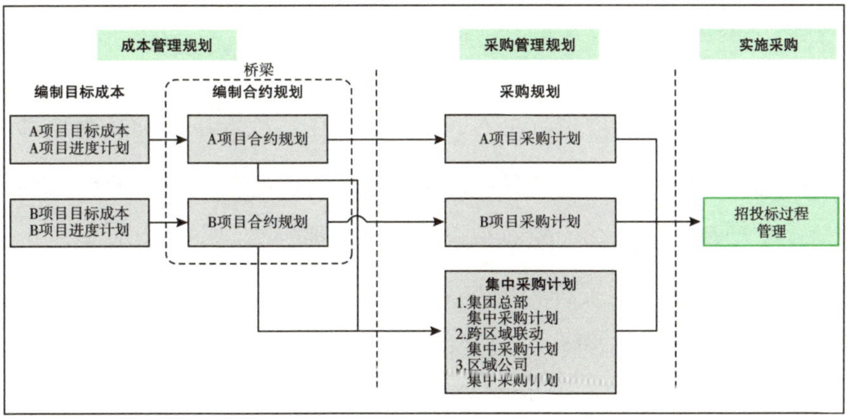

图 3－8　合约规划搭建从成本管理规划到采购管理规划的桥梁

第二节　合约模板的梳理与应用

就当前房地产企业合约规划的实践而言，已经显现出差异，部分标杆房企已经进入了合约规划的管理高阶，它们对合约规划的目标已经不单单是解决成本控制问题，还以合约规划的规范化、精细化管理为基础，支撑项目后续工程管理以及职能间的高效协同。常见的做法是，在合约规划报告中，融入成本、进度、工程、采购的要求，实现业务的重要协同。例如，明确合约的成本指标，设计出图时间、工程进场时间、招标定标时间等等。

当然，对于大多数成长型房地产企业来说，快速达到上述成本之高效协同阶段不太现实，更多还需立足“理体系、建框架、搭地基”的管理初阶，通过合约规划这个高效工具做好成本控制。而从合约规划的实践和落地来看，首要工作在于做好合约规划模板梳理与应用，这是合约规划落地最重要、最紧迫的工作所在。

一、合约模板的推行原则

梳理并应用标准化的模板，是企业实现规范化、标准化管理的常见手段。房地产企业要想快速推行合约规划管理模式，首先要做的就是进行合约标准化模板的梳理。在某种意义上，合约模板是合约规划管理的第一个关键成果。

从业务层面来说，要发挥合约规划的事前控制作用，也需要梳理一个与企业现状及管理能力相适应的合约规划模板，这个模板不仅要体现成本科目与合约规划的承接关系，还要考虑每个合约规划的责任主体、分级管控以及执行要求等。

对于成长型房地产企业而言，在合约模板的梳理过程中，需要遵循“适当权变、渐进优化、抓大放小”的原则。适当权变，即不需要追求合约模板的完美，而更多需从合理性、可操作性、执行力等维度进行考虑。比如，在合约梳理中，没有必要对所有合约都梳理得过细，对于前期工程、设计合同、建安工程等合约的颗粒度可以精细一些，而对于报批报建、营销的颗粒度可以适当粗一些。渐进优化是指在合约梳理过程中，提前一个月或者三个月，分阶段渐进明细，最终形成相对更有效、更合理、更具采购指导和成本管控的合约规划。抓大放小，即应聚焦大额合同，常见的做法是关注占总金额 80% 以上的合同集合，而对于一些金额占比较小的合同可以适当放松规划的精细度。根据房地产企业集团管控模式、组织分工原则以及标杆房地产企业的成功实践来看，“总部做好模板、定好规则、做好服务；项目用好模板，并结合实践优化模板”是较为实用高效的模式（如图 3 －9 所示）。

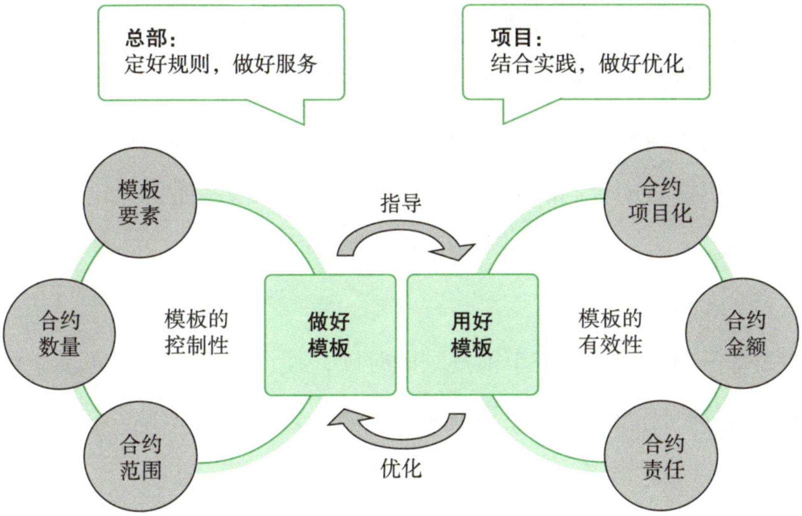

图 3 －9　合约模板推行策略

1. 总部定位：做好模板，定好规则，做好服务

总部需要做好模板，定好规则，具体包括明确模板的表头要素、模板中合约数量以及每一份合约的范围，要体现模板的典型性。

（1）模板要素

具体如表3－2表头所示，它体现了企业对于合约规划本身的管控思路，如对于某一份合同，总部不仅要求合约的名称、金额，还要求明确该合约未来采用何种招标方式，价款采用总价闭口还是单价闭口，是总包还是分包或者独立发包，由哪个部门负责，应该使用哪份合同标准化文件。这些内容都是企业未来在合约规划执行中需要控制的，如果发生了变化，就需要一线部门做出合理的解释。

（2）合约数量

具体如表3－2纵向所示，就是需要明确一般情况下，企业开发的项目应该按照哪些科目进行控制，每一个科目应该包含哪些合约规划，为具体项目的执行提供指引。在具体实践中，合约的数量也往往是控制的要点，如果某一项目的合约数量远远超出模板中合同的数量，则成本失控的风险将上升，需要一线部门做出合理的解释。

（3）合约范围

具体为每一份合约规划在事前规划的时候，建议包含哪些内容，合约之间的边界又如何划分，比如，总包应该做哪些事情，分包应该做哪些事情，如何进行分工协作。

2. 项目定位：用好模板，结合实践，做好优化

项目需要用好模板，确保模板的有效性，包括实现合约的项目化、明确合约

金额及合约责任，并结合实践，对模板进行优化。

（1）合约项目化

每个项目都会有一定的个性，其合同肯定不能完全照搬，项目应根据集团模板进行个性化调整，以形成项目的合同清单。

（2）合约金额

进一步明确每个合同的金额，根据目标成本进行分解。

（3）合约责任

在前端就明确责任，避免业务边界不清引起后期执行过程中互相扯皮。实际业务中往往会分为两类责任，一类是项目执行团队中部门的横向责任，如设计合同归设计部，工程合同归成本部，营销合同归营销部，另外一类是纵向的管控责任，如有些合同是由总部负责的，有些合同是由项目团队负责的。后一种责任在执行过程中往往是管控的重心。

在实践中，对于组织层级更扁平的企业，模板的制定需要上升到副总经理、总经理，甚至董事长来决策，以确保跨部门协同和管理的可控制性；而总部对梳理出的模板，要注意在项目一线应用中的有效性、适应性，不能使其僵硬固化，而应对其持续优化。

华南区域某地产企业，在梳理了合约规划模板之后，制定了执行规范：成本部提供的合约规划，80%合约要求采招部门直接采用形成采购计划，20%的合约执行可以根据实际情况进行调整，但总金额不得突破合约规划金额。通过这种管理要求，该企业的合约规划在成本事前控制环节发挥了威力，成本最终也得到了有效控制。

二、总部："3招"定模板，框定合约数量及范围

总部做模板，目的在于实现前端的控制性，即实现事前合约规划对合同签

订、执行、付款环节的控制。在实践中，需要对合约规划模板的要素以及合约数量进行规范化和标准化，总部标准模板要体现对一线实践的可参照性。

1. 第 1 招：梳理合约规划模板“六问”，定好模板的“框”

明确合约规划模板包含的要素非常重要，这些要素直接影响，甚至决定了项目一线和合约规划管理模式是否能够更顺利、更高效地推行！

在国内某次大型房地产成本管理沙龙上，由 30 多位成本老总碰撞和提炼出的一个基本模板，如表 3－2 所示。

表 3－2　合约规划的模板

项目合约规划及需建立合同模板建议稿													
	序号	成本项目	合价(万元)	合约名称	总价闭口	单价闭口	开口	总包	分包	独立发包	责任部门	责任岗位	合约说明
41		沉降观测		一般直接缴费,无合同	√								
42		日照测试		一般直接缴费,无合同	√								
43		规划验灰(施工放线/验线/定线)		一般直接缴费,无合同	√	√				★	工程		
44	•	规划设计费(四级)											
45		规划费											
46		方案招标费(概念设计)		概念设计委托合同	√	√				★	设计		需建立合同模板
47		规划设计模型费		规划模型制作合同	√					★	设计		
48		方案评审费		无						★	设计		一般无合同
49		立面研究效果图费		效果图设计合同	√	√				★	设计		需建立合同模板
50		总体规划设计费		规划方案设计合同		√				★	设计		需建立合同模板
51		扩初设计		扩初设计合同		√				★	设计		需建立合同模板
52		景观方案设计		景观方案设计委托合同		√				★	设计		需建立合同模板
53		设计费											
54		施工图设计		建筑工程施工图设计合同		√				★	设计		需建立合同模板
55		室外总体管线道路设计		室外综合管线设计合同	√					★	设计		道路一般在总图中处理
56		设计修改费		设计修改合同	√	√				★	设计		一般以补充协议方式签订
57		环境景观施工图设计		景观施工图设计委托合同		√				★	设计		需建立合同模板
58		智能化设计费		智能化设计合同	√	√				★	设计		需建立合同模板
59		空调设计费		空调设计合同	√					★			
60		幕墙设计费		幕墙设计合同	√	√				★			
61		直饮水系统设计费		纯净水系统设计合同	√					★			
62		热水系统设计费		热水系统设计合同	√					★			
63		钢结构设计费		钢结构设计	√	√				★			
64		装修设计费用		室内装饰设计委托合同	√	√				★	设计		需建立合同模板
65				公共部位装饰设计委托合同	√	√				★			需建立合同模板
66		景观照明及泛光照明设计		泛光照明设计合同	√	√				★	设计		景观照明一般在景观设计时已[illegible]

当然，对于此模板，不同的企业有局部的不同。从表 3－2 合约规划的模板中可以清晰地看出，梳理合约规划模板至少应该考虑六大要素：

（1）究竟哪些科目需要编制？比如，财务费用等期间费用就不需要编制合约规划。

（2）合约与科目的对应关系如何界定？

（3）合约选择是总价闭口还是单价闭口？实践中，有的企业对总价闭口还是单价闭口采取了一些管控制度，比如，“对于已出图工程合约价款形式采用总价包干，对于无图的暂定量工程和物资采购合同采用单价包干”。目前，一些标杆企业对“如何解决三边工程中存在的问题”提出了合同转正的概念，即前期通过模拟清单签订一个开口合同，当施工图出来以后再签订一个补充协议，明确合同总价，从而把前期开口的费用包死，不用等到合同结算时再扯皮。

（4）合约是总包还是分包？比如，该合约放在总包中，还是放在分包中等。

（5）谁负责编制？即责任主体是谁的问题。首先，要明确总部与分公司的集分权问题，如果责任主体变更，必须经过高层审批，因为这里面可能存在“灰色”风险，地产企业对这方面的关注胜过金额本身；其次，要将责任主体明确到具体部门，即具体由哪个部门来做。

（6）是否有对应的合同标准化模板？

2. 第2招：采用“历史项目法”与“标杆借鉴法”快速确定合约数量

某房地产企业的成本总经理结合自己多年的合约管理经验，认为成本失控会有两种表现形式：一种是合约金额层面的失控，另一种就是合约数量的失控。

可见，合约模板梳理后的合约数量也是成本管理的关键点所在。该如何做好合约数量的管控呢？又该根据什么来判断一个项目到底该签多少份合同呢？业内常见的方法有两类——历史项目法和标杆借鉴法。

（1）历史项目法

对合约数量的梳理，基于企业自身历史项目的合同情况进行分类归总是非常有效的方法。另外，还要考虑与企业供应商结构的颗粒度相吻合，因为成本管理的水平与企业的供应商结构是密不可分的。

在梳理合约数量时，要特别注意合约漏项问题。避免合约不漏项最好的办法是先建立一个完整的合约分类，然后按照分类往下细分。某企业的做法是，先找一个相对规范的项目梳理分类结构，再找一个操作较差的项目，对照一下，就能对合约快速查漏补缺。

（2）标杆借鉴法

如果自身沉淀有限或是想快速地将合约规划管理提高到一定层次，比较可行的办法是借鉴标杆企业的合约规划模板。但正如管理咨询行业的一个说法：你可以学习万科，但你不必成为万科。在学习标杆企业做法时，企业务必要考虑自身的特点，比如自身已有的供应商结构等。在借鉴标杆的同时，因地制宜地变通非常重要。标杆借鉴法确定合约数量的方法如表3－3所示。

表3－3　标杆借鉴法确定合约数量

费项代码	费项及合约名称	费项解释及合约规划说明	合约范围	合约形成方	合约规划金	工程进场时	预计签约时	预计施工图预算完成时
01	开发成本							
12	其他土地相关合同							
01-02	前期工程费							
01-02-01	勘测、设计费							
01-02-01-01	勘测费	包括：水文、地质和文物勘察费，地形、管线测量费；营销部售楼前的销售面积测量费						
13	地形测绘、管网探测合同							
14	地质勘察合同	含地裂缝勘察、文物勘察合同						
15	销售面积测绘合同							
01-02-01-02	工程设计费							
16	概念设计合同							
17	方案设计合同							
18	初步设计合同							
19	施工图设计合同							
01-02-01-03	景观设计费							
20	景观概念设计合同							
21	景观方案设计合同							
22	景观初步设计合同							
23	景观施工图设计合同							
01-02-01-04	精装修设计费	不含售楼处、样板房的精装修设计费；含幼儿园、学校、会所等配套设施的精装修设计费						
24	精装修方案设计合同							
25	精装修施工图设计合同							
01-02-01-05	专项设计费	供电设计、人防设计、污水处理设计、导视系统设计、水土保持设计、钢结构设计、灯饰设计等工程二次设计费用（如需单独支付设计费）						
26	人防设计合同							
27	水土保持合同							
28	商业灯饰设计合同							
29	污水处理设计合同							
30	供电设计合同							
31	供水二次设计合同							
32	燃气设计合同							
33	热力设计合同							
34	铝合金门窗栏杆二次设计合同							

总的来说，房地产企业在参考标杆企业合约规划时，要充分考虑以下三点：

第一，了解支撑标杆企业合约分类结构背后的发包模式与你的企业有哪些差别。

第二，标杆企业每一个合约的范围和你的企业有什么差别。

第三，要深入考虑自身企业的供应商结构。比如，自身企业内部资源库里根本没有足够的分包单位，就不能学标杆企业去做大量的分包。

在实践中，合约数量也不必追求过于精细，数量不宜过多，分解太细、接口太多，管理与执行难度就会加大。某企业一开始就做300多项合约，在这样的数量级下，根本无法推动执行，后续又得重新梳理。化繁为简，正是合约数量管理过程中的经验之谈。

3. 第3招：按照WBS分解法，快速界定合约范围

合约范围的界定是重点也是难点，如果合约范围在前期界定很模糊，后期的合约金额测算准确性就会明显下降，进而对后续招投标、合同签订、动态成本产生负面影响。在合同签订时，往往由于前期合约规划范围界定模糊而导致合同金额与合约规划金额产生很大差额，业务部门在处理这种差额时，难以判断应该如何处理，往往就将其归入预估变更或者新合约规划，从而使得动态成本不能反映实际情况，更有可能导致合约规划的错配。尤其是总部在推行合约规划模板时，如果不清楚界定合约范围，各区域公司对其理解就会有差异，合约在招投标环节以及签约环节会产生较大调整，给成本管理带来混乱，最终影响合约规划管理和执行的整体效果。

明确合约的标准要素，确定合约的数量，这是合约范围圈定的前提。在业内，一般按照WBS（工作分解结构）方式进行合约范围的界定（具体如图3-10所示）。通常的做法是，由项目总监牵头，将项目开发过程中每一个需要做的工作项按照分项工程逐层分解下去，得出最末级的细项，从而得到最基本的工作分解包，在构建合约的时候，明确哪一个工作分解包应该作为合同的范围。在具体签订合同的时候，一定不会按照最细工作分解包去

签，而是打包起来进行合同签订。此时业务人员就需要对合约规划的范围以及合同文件规定的范围进行比对，发现其中的差异，以便明确合约规划金额的进一步处理方式。

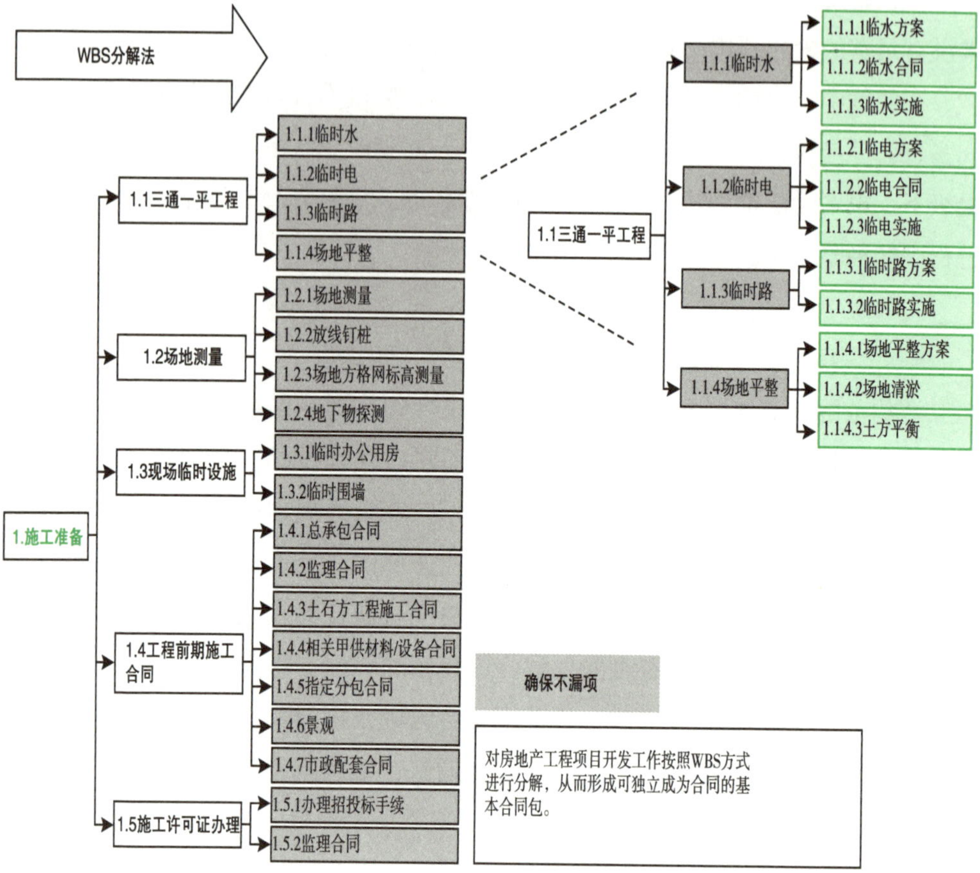

图 3－10　按照 WBS 方式圈定合约范围

以“总承包施工合同”为例，先通过 WBS 法分解成未来可以发包的最细合同的基本合同包，然后在每一个合约规划的合同范围栏中填入包含的内容（具体如表 3－4 所示）。

表 3－4　“总承包施工合同”的基本合同包分解

总承包商施工合同	工程施工－02 土建施工－05【地基处理工程】	4－3－1－4
	工程施工－02 土建施工－06【地下室防水工程】	4－3－2－5
	工程施工－02 土建施工－07【地下室结构工程】	4－3－2－3
	工程施工－02 土建施工－08【主体工程】	4－3－3－2－1
	工程施工－02 土建施工－10【防水工程】	4－3－3－2－1
	工程施工－02 土建施工－11【屋面工程】	4－3－3－2－1
	工程施工－02 土建施工－12【外墙保温工程】	4－3－3－2－1
	工程施工－02 土建施工－13【室内地坪漆工程】	5－7－2
	工程施工－02 土建施工－16【小区围墙工程】	5－9
	工程施工－02 土建施工－17【小区岗亭工程】	4－3－3－2－1
	工程施工－03 建筑装饰装修－03【外墙涂料装饰工程】	4－3－3－2－1
	工程施工－03 建筑装饰装修－04【外墙块料装饰工程】	4－3－3－2－1
	工程施工－04 暖通工程－07【烟道工程】	4－3－3－2－1
	工程货物－01 建安材料－01【商品混凝土】	4－3－3－2－1
	工程货物－01 建安材料－02【钢筋】	4－3－3－2－1
	工程货物－01 建安材料－03【加气混凝土砌块】	4－3－3－2－1
	工程货物－01 建安材料－04【防水材料】	4－3－3－2－1
	工程货物－01 建安材料－10【外墙保温板】	4－3－3－2－1
	工程货物－02 外墙装饰－04【填缝剂、黏结剂】	4－3－3－2－1
围墙施工工程合同	工程施工－01 前期工程－06【施工围墙工程】	4－1－2－1

续表

三通一平工程合同	工程施工－01 前期工程－01【拆迁工程】	4－1－1－4
	工程施工－01 前期工程－02【场地平整工程】	4－1－1－4
	工程施工－01 前期工程－03【临时道路工程】	4－1－1－1
	工程施工－01 前期工程－04【临时接水工程】	4－1－1－2
	工程施工－01 前期工程－05【临时接电工程】	4－1－1－2

此外，在合约规划建立时，还需要清晰界定合约边界，特别是总、分包之间的工作界面要规定清楚（如表3－5所示），以避免在招标时出现范围不清的问题，同时这种工作界面的前置划分也有利于在施工过程中避免多方扯皮，提升工作效率。

表3－5 事前界定总、分包工作界面

发包对象	工作界面说明
总包	（1）按照合同图纸、深化图纸要求，完成门窗洞口砌筑工作，负责预留金属门窗构件与结构内钢筋连接的接头 （2）根据设计要求预埋玻璃幕墙、玻璃采光顶、玻璃雨篷、门窗工程的预埋件（若分包定标于地上结构施工之后） （3）提供外脚手架的搭拆、垂直及水平运输配合 （4）总包（或机电分包）负责防雷接地施工并引到位
分包	（1）根据设计要求自行预埋玻璃幕墙、玻璃采光顶、玻璃雨篷、门窗工程的预埋件（若分包定标于地上结构施工之前） （2）进场后对总包预埋的埋件数量及位置进行复核，接收现场，负责后续预埋及新增点位预埋（若分包定标于地上结构施工之后） （3）自行搭设非设在屋面的玻璃采光顶的满堂脚手架 （4）防雷焊接至主体防雷接驳点

三、项目：灵活变通、因地制宜落地

案例：　成本总经理的合约规划困惑

A 集团成本总经理在考察某标杆企业的成本管理体系之后，认识到合约规划是成本事前管控的重要手段，是连接目标成本和动态成本的枢纽，因而决定在集团内也推行合约规划，并直接参考标杆企业梳理了一整套合约规划模板，要求集团所有项目必须将目标成本分解成合约规划，且在登记合同时，必须与合约规划相对应，以保障合同的事前控制。

在执行一段时间之后，该成本总经理组织人员进行检查，却发现大多数项目存在以下两个典型现象。

第一个现象：对于合约规划如何编制及如何执行，每个分公司、每个项目的成本人员的理解存在差异，有些人员认为应该严格按照集团提供的模板，有些人员则认为可以根据项目的实际情况进行调整。

第二个现象：涉及范围较大、金额较高的合约规划，在执行过程中，并不是只发生一个合同，往往会分成几个合同签订，而每发生一个合同，就从该合约规划中扣除相应金额。依据这种操作习惯，在项目前期，每个合同都没有超标，但是随着项目逐步开展到后期，这些合约规划余下的金额已经小于预计要发生的合同，成本超支在最后阶段集中暴露出来，合约规划的事前控制在科目级别是可以体现出来的，但是面对相对小额的合约规划，它的控制作用会被削弱。

上述管理问题，目前在不少房地产企业中都存在。合约规划作为成本管理的事前控制手段，已经得到大多数房地产企业的认可，也在诸多房地产企业中推广应用。但是，为什么有些房地产企业仍然无法发挥合约规划的事前控制作用呢？根据调查分析，我们发现这和企业在使用合约规划时杂乱无章、没有规范相关。这也是大多数房地产企业从成本核算迈向成本控制的主要障碍。

因此，在总部制定好统一的合约规划模板之后，需要项目在实际执行过程中用好合约规划模板。那么，合约规划模板在一线落地时应如何规范使用呢？接下来，我们就围绕合约范围调整、合约金额预估和合约实际调整3个方面来阐述。

1. 合约范围调整的5种变通

一套模板能适用于所有项目吗？显然不能，因为区域、产品、项目的特点各不相同。总部应该允许区域做个性化调整，给予项目适当的灵活性，但总部也要从风险和规范角度进行审批。

从众多标杆房地产企业合同应用实践来看，我们对合约规划模板在项目的应用上总结出5种“变通”方式，即合约拆分、合约合并、合约删除、合约新增和合约重组（如图3－11所示）。

2. 合约金额预估的两大策略

当合约分解出来之后，对应的金额却很难确定，这也是合约规划的难点。怎么办？目前根据主流房地产企业的实践经验，合约金额预估的主要策略为，先“凑数字”，后“渐进明细”。

首先，在测算（核算）科目中按照科目的层级关系汇总，形成控制科目级别的目标成本金额，以图3－12为例来讲，就是在测算科目中凑足8 000万元的目标成本，然后再从控制科目自上而下地将8 000万元按照合约规划的范围与测

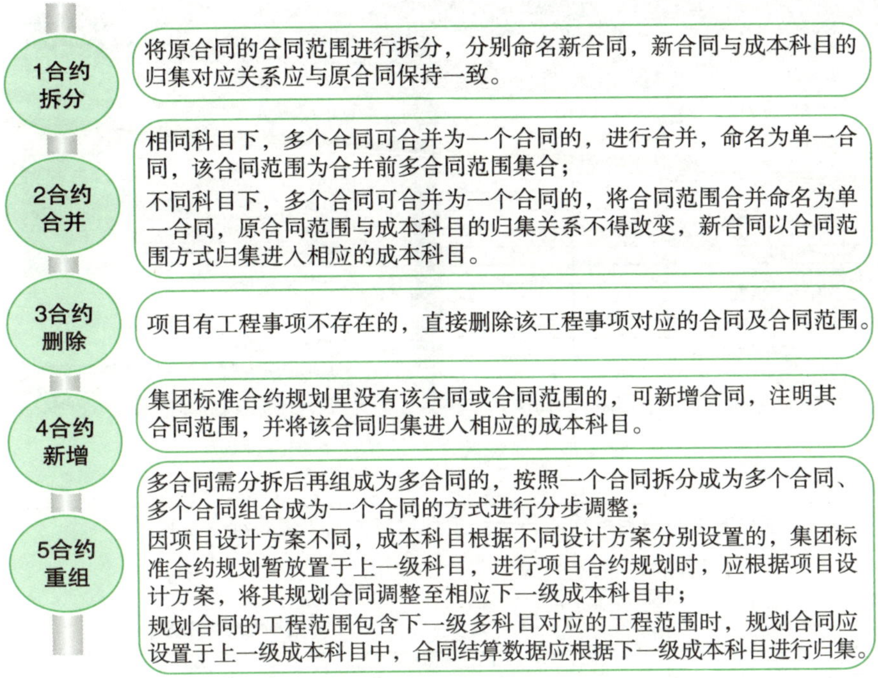

图 3－11　合约范围项目化过程的 5 种“变通”

算科目的对应关系分解为每一个合约规划的金额，此时需要关注合约规划的工作范围和测算科目的对应关系，以上步骤为凑金额。因为时间关系，测算往往不能做到精确，我们建议采用渐进明细的方式进行测算，并同步明确合约规划对应的金额，剩余的部分则进入科目的规划余量。

我们不妨看看某项目方案阶段景观绿化工程的目标成本是如何用“凑数字”的方式凑齐不同合约的规划金额的，具体如图 3－13 所示。

一般情况下，三级科目以下的控制科目规划余量可以调剂，这种调剂权可以下放给项目总监或者成本经理，以体现适应性。但跨二级控制科目间的腾挪和调剂是不允许的，因为它直接影响产品品质结构和成本合理性。

当合约与对应金额分解完后，需要整体回顾一下，绝不能只做部分分解。比

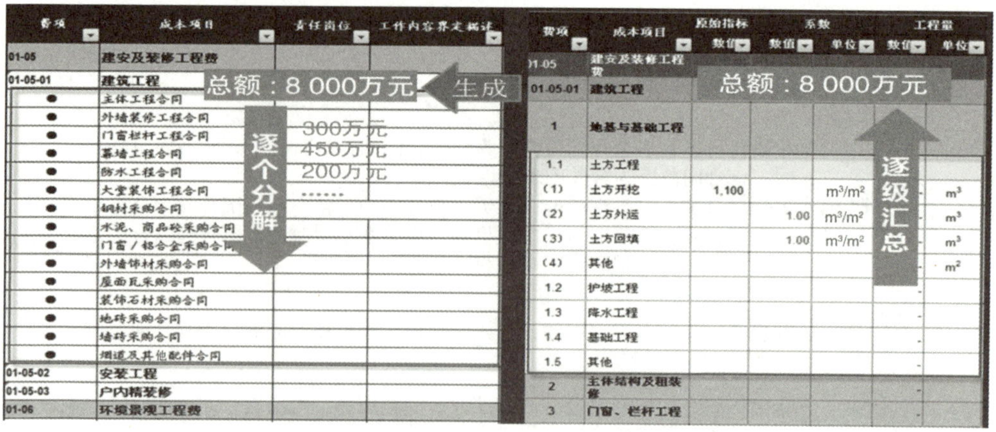

图3－12　基于“凑数字”方法的合约金额圈定

例：某项目方案阶段目标成本与合约规划对应关系（景观绿化工程）

方案阶段目标成本

序号	成本项目	合计（万元）
1-4-8-1	景观绿化工程	674.13
1-4-8-1-1	软景（绿化）	83.38
1-4-8-1-2	硬景	89.88
1-4-8-1-3	环境设施及小品	46.34
1-4-8-1-4	环境水电系统	10.53
1-4-8-1-5	室外环境照明	10.53
1-4-8-1-6	导视系统	8.43
1-4-8-1-7	室外游泳池	0.00
1-4-8-1-8	室外运动场地（儿童游乐设施）	10.95
1-4-8-1-9	围墙	164.09
1-4-8-1-10	环保降噪工程	0.00

方案阶段合约规划

序号	合约名称	合约范围	目标成本
1	景观绿化工程合同	绿化、硬质景观、环境设施小品、水电系统、景观照明	240.66（=83.38+89.88+46.34+10.53+10.53）
2	小区标识系统工程合同	室内外标识工程制作安装	8.43
3	儿童游乐设施工程合同	儿童游乐设施	10.95
4	小区围墙栏杆合同	围墙铁艺栏杆	41.00
5	小区围墙施工合同	围墙施工	123.09

图3－13　景观绿化工程的目标成本与合约规划的对应关系

如，在图3－12中对8 000万元合约的分解就不能只分解完5 000万元，还留3 000万元搁置一边不分解。这种做法往往表示本科目有太多的变数，后续合约规划执行的时候因为有大量的规划余量存在，往往难以控制。如果的确一次性分不完，也建议企业采用渐进明细的方式定期，以月或者季为周期对规划余量进行着重考察。最起码也需要在对应的合同开始申请招投标之前全部分解完毕。

考虑到目标成本是随着项目设计的深化逐步细化精确的，因此分阶段渐进明细去制定合约规划是个现实可行的方法，这种方法对产品不标准、管理不太精细的房地产企业而言尤为务实。

在合约金额按照上述“凑数字法”完成分解后，就要分阶段设置“全部合约规划的节点”，比如 L 企业就会在获取土地后 30 天内，会完成方案设计前的合约规划；在方案评审完成后 30 天内，会完成全部合约规划；而最后一个节点是在施工图预算完成 30 天内，刷新锁定合约规划金额。如果没有这个节点要求，就可能存在所有的合约规划都是在签约之前几天才去明确制定的问题，这样就失去了合约规划的前置管控价值了。这一点对成长型企业来讲，尤其需要克服避免，不能等施工图出来再做。

3. 合约实际调整的两种方式

合约实际调整主要存在两种情况：一种是实际合同金额 < 合约规划金额；另一种是实际合同金额 > 合约规划金额。这两种情况的处理方式各有不同，下面我们来做具体了解。

（1）实际合同金额 < 合约规划金额

当实际合同金额小于合约规划金额时，需经办部门针对金额差距阐述原因，并对差距金额后续使用方式做出判断：假如合同的范围相对于前期合约规划范围没有变化，说明合同确实节约了费用，此时节约的相应金额进入科目的规划余量，并出具费用节约单，在需要的时候由项目总监或者项目成本经理决策，可调配给同科目下其余合同；假如合同的范围相对于前期合约规划范围变小了，后续仍需签订额外合同用于对应的工程范围，则相应的金额应该编制为一个新的合约规划，便于后续合同签订时引用；假如合同金额是通过招投标措施压缩了，可以预见到后续合同会产生相应变更，此时金额的差异应该编制为合同的预估变更，至于变更金额的多少由项目自行把握。具体方法如图 3－14 所示。

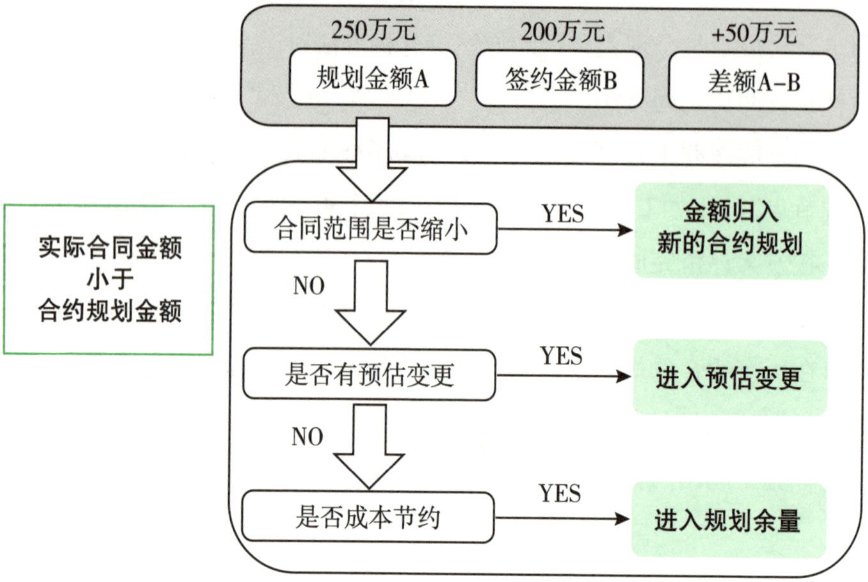

图 3－14　实际金额小于规划金额的合约调整方法

需要引起重视的是，因为在执行中科目的规划余量和合约规划的权责有一定的差异，如规划余量是项目总监或者成本经理掌握的，合约规划是业务人员掌握的。所以，一线业务部门往往为了自身合同在后续执行的便利，会采用藏成本的方式。例如，明明合同范围并非缩小，但是业务人员也会将节约的金额界定为会产生新的合约规划以便为补充协议留出空间，而不是把节约金额释放到科目的公共规划余量中，或者干脆将节约金额界定为合同的预估变更，为后续的变更签证留出空间。当前来看，为了应对这种藏的做法，比较流行的做法是，强制限定差额必须释放到科目余量中，同时为每一份合同留下 1%～2% 的预估变更金额。

案例：实际合同金额小于合约规划金额的3种处理方式

比如某主体工程合同，规划金额为250万元，而实际签约金额为200万元，在进行合约调整时，有3种情况需要分别针对性处理：

情况1：如果主体工程合同本次签约金额为200万元，合同范围只是原合约规划范围的一部分，则多出的50万元形成新的合约规划，为原合约规划的子级。合约金额调整的具体方法如表3－6所示。

表3－6　合约金额调整方式

	规划合同名称	规划金额（万元）	已签约金额（万元）	预估变更（万元）
合约规划	主体工程合同	250		0
	主体工程合同1	200	200	
	主体工程合同2	50	0	
	外墙装修合同	100	0	0
	防水工程合同	50	0	0
规划余量		100		

情况2：如果预计该合同后续会有变更和签证发生，则可以将多出的50万元列为预估变更，以指导后续变更或签证的发生（如表3－7所示）。

表3－7　合约金额调整方式

	规划合同名称	规划金额（万元）	已签约金额（万元）	预估变更（万元）
合约规划	主体工程合同	250	200	50
	外墙装修合同	100	0	0
	防水工程合同	50	0	0
规划余量		100		

情况3：合同范围与合约规划范围相同，则多出部分50万元为节约额，进入规划余量，数据变化如表3－8所示。

表3－8　合约金额调整方式

	规划合同名称	规划金额（万元）	已签约金额（万元）	预估变更（万元）
合约规划	主体工程合同	250	200	0
	外墙装修合同	100	0	0
	防水工程合同	50	0	0
规划余量		150		

知识链接：　预估变更的作用

提前预测已明确要发生的变更，当实际变更发生时，需要确认变更是否在预估范围内，如果是在预估范围内，则直接扣减相应预估变更金额，从而可以指导变更的实际发生，并且对变更提前预估金额，可以使动态成本预测更准确。

（2）实际合同金额＞合约规划金额

实际合同金额大于规划金额时，需要分析合同范围是否扩大、规划余量是否能够弥补差额。具体调整方式如图3－15所示。

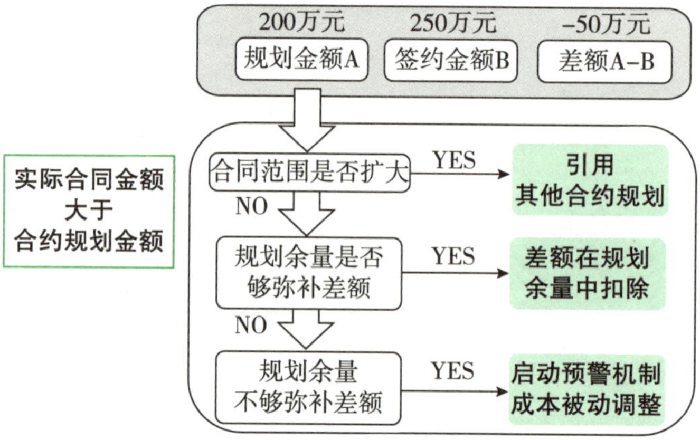

图3－15　实际金额大于规划金额的调整方式

案例：Z 企合约模板在项目化过程中的实际应用

Z 企是国内一家标杆房地产企业，非常重视合约的精细化管理，合约管理得好与坏已经成为该企业衡量整个项目管理成败的关键要素之一。该企业认为，合约规划就是在项目前期（一般是开工前）做好合约结构策划、分解好工作界面，并预判成本风险，最终使得项目合约工作能够有计划、高效地开展，并使项目开发成本得到切实有效的控制。

在具体合约规划管理，尤其是合约分判和合约招标执行方面，Z 企的管理尤其精细化，会从合约策划、工程招标分判、材料及设备采购、建筑安装成本控制，甚至人员配置维度进行提前规划。下面重点从整体合约策划和工程招标分判进行阐述。

1. 整体合约策划：做好合约管理结构

合约策划总纲中最重要的就是合约管理结构，合约管理结构其实明确了这个项目要签订哪些合同。Z 企业采取了不完全总承包模式，除土建总包以外，还做了较多专业工程（特别是机电安装系统）分包（具体如图 3－16 所示）。土建总承包需完成主体结构施工内外粗装饰施工，并承担现场全面管理的责任；所有指定专业分包，需与该企业及总包方签订三方合同，以明确相互关系和各自的权利与义务。

Z 企合约管理结构的特点在于，为了成本控制的需要做了大量的分包，包括专业土建装饰分包、专业机电分包、主要甲供材料及设备分包 3 个方面。为什么选择这 3 个方面？主要是该企业的工程管理能力非常强，而其长期合作的内部供应商资源库中也存在大量的分包单位，因此具备了做大量专业分包的基础。某种程度上，一个企业的管理能力决定了其供应商资源结构，而供应商资

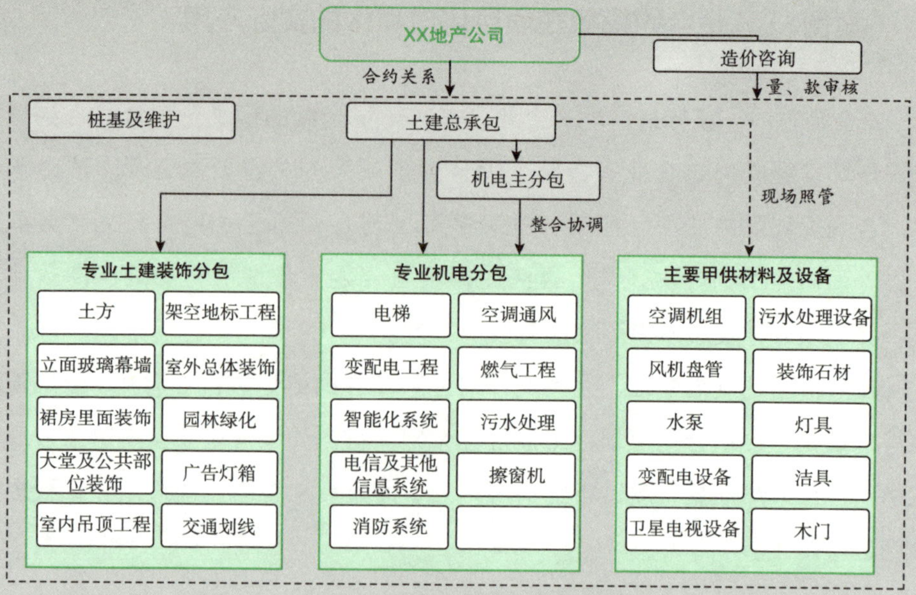

图3-16　Z企合约管理架构

源结构又直接影响合约管理结构。

2. 工程招标分判：推行标段划分、时间节点控制计划、范围边界的精细划分

对于工程招标分判来说，需要制订工程合约分判计划和时间计划，该类计划根据项目发展总计划编制，并在每月底根据调整的项目发展总计划，对时间安排进行相应的调整。Z企精细化的工程招标分判的具体方法如表3-9所示。

表3-9　Z企精细化的工程招标分判

工程类别	分判工程名称	分判单位	招标方式	价款形式	报价模式	付款方式	设计样板	投标样板	备注
前期工程	场地平整	分包1~2家	邀请招标	总价包干	二次报价	E类	无	无	
基础工程	桩基工程	分包1~2家	邀请招标	单价包干	三次报价	A类	无	无	
	管桩采购	分包1~2家	邀请招标	单价包干	三次报价	B类	无	无	
	桩基检测	分包1家	邀请招标	单价包干	三次报价	D类	无	无	

续表

工程类别	分判工程名称	分判单位	招标方式	价款形式	报价模式	付款方式	设计样板	投标样板	备注
结构建筑工程	主体工程	总包2~3家	邀请招标	总价包干	多次报价	A类	无	无	
	钢筋采购	甲供1~2家	邀请招标	单价包干	多次报价	*B类	无	无	
	外墙砖	甲供1家	直接委托	单价包干	核价	B类	需要	需要	总部采购
	防水工程	分包1~2家	直接委托	单价包干	核价	A类	无	无	
	……	……	……	……	……	……	……	……	……
配套工程	自来水工程	水务局指定	直接委托	单价包干	无	A类	无	无	
	燃气工程	政府指定	直接委托	总价包干	无	A类	无	无	
室外工程	景观工程	分包1~2家	邀请招标	包价包干	三次报价	A类	需要	需要	材料样板
……	……	……	……	……	……	……	……	……	……

标段划分需要界定清晰，项目开发时间一般都很紧张，早期设计图纸出图时无法保证一次性确定总承包单位（含上盖部分）的需要，为保证项目按期开工，拟分两个阶段进行总承包工程招标：即±0.00以下总承包工程，±0.00以上总承包工程，其他分包按照专业划分标段。

时间节点控制计划执行中需要注意两点：首先，考虑到合约分判计划受到设计出图计划和工程进度计划制约，因此，项目时间节点的控制原则是以工程发展进度计划为根本控制点，根据设计出图及样板确认计划，安排具体的合约分判时间节点计划。其次，在工作开展之前与设计部、发展管理部等部门进行良好的沟通，对彼此制订的时间节点计划之间的冲突进行协调处理；在工作开展过程中，要随实际项目发展进度对合约时间节点计划进行动态调整，并要求予以严格执行。

一般而言，工程招标主要分为标段划分和制订时间节点控制计划两步，但为进一步做好合约管理，Z企还特别针对合约范围边界进行了精细划分。尤其是对总包的基本工作范围、对总包与分包、对材料设备供应商的管理边界，以及对总包与每一个相关分包的具体合同边界进行了精细划分，从而有效地指导了后期合约的签订与执行。

分包也同样按“标段划分、时间节点控制计划、范围边界的精细划分”三个步骤来做，详情如图 3－17 所示。

土建类指定分包	外总体指定分包工程	机电类指定分包（40%）
1.桩基及维护 2.土方 3.幕墙 ● 成本控制建议：选用国产玻璃，减少对工期的影响 4.室内精装修 ● 大堂及公共部位装修 ● 室内吊顶：有专业单位供货及安装 ● 架空地板工程：专业单位供货及安装 5.检测单位 ● 地铁 ● 管线 ● 桩基	1.外广场及道路 2.硬景装饰 3.绿化工程 4.屋顶钢结构指定分包工程：32层屋顶为钢结构的玻璃幕墙，选择专业分包	1.综合机电主分包：空调通风、给排水、强电、消防 2.弱电指定分包（含智能化系统） 3.电梯供货及安装 4.插窗机供货及安装 5.机械停车设备供货及安装 6.污水处理 7.政府指定变配电 8.加工机电设备及物资

图 3－17　分包精细化的工作界面

3. 建立合约规划的保障机制

合约规划工作的顺利推进，离不开上下游部门的支持。合约分判工作会受到出图时间和开盘时间的双向制约，比如，设计出图时间关系到合约能否按时定标，设计出图质量，直接决定了成本控制的效果。项目部在招标过程中的积极配合，以及共同完善招标文件，会减少日后施工方的索赔，项目部施工过程的有序推进，可确保施工过程中成本在可控范围内。

Z 企对合约分判做到了前置管理，在协同上除实现上下游部门配合之外，还建立了合约执行的风险与应对举措。比如，每周召开合约协调例会，检查本周工作，将本周工作遇到的需要配合协调的问题在会议中进行及时沟通。

整体而言，Z 企在合约项目执行中从前置合约分判、上下游部门配合和执行风险与应对上表现出规范和精细管理的特点，真正有效地保证了合约规划的推行与落地。Z 企建立合约规划落地的保障机制的具体方法如图 3－18 所示。

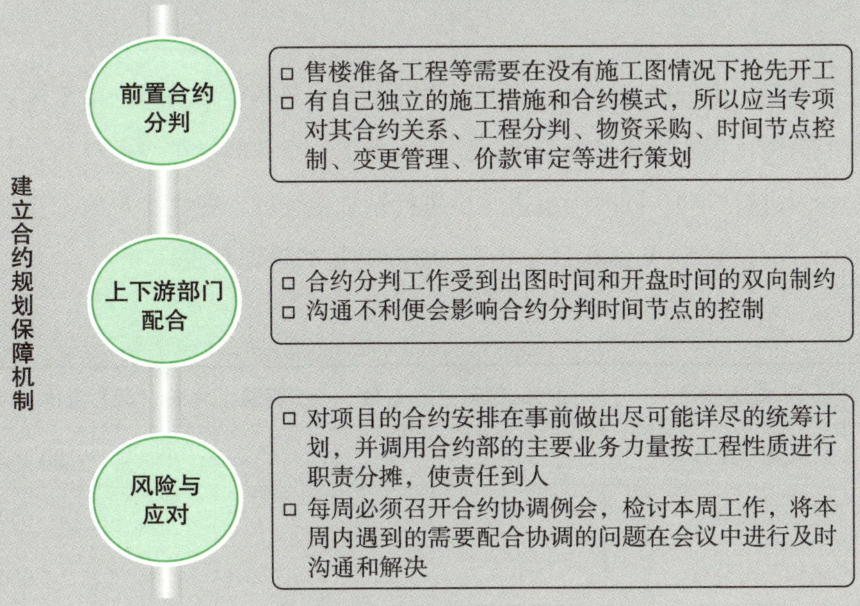

图 3－18　建立合约规划落地的保障机制

第三节　合约规划的落地应用新模式

合约规划作为成本控制的抓手，在项目成本预算和合同管理之间起着承上启下的作用，属于成本控制的枢纽，是实现权责落地和成本控制的重要手段。这些作用得到了房地产企业的广泛认可。但是在房地产企业的实际应用过程中，对于该管理工具的应用还存在各种挑战，这些挑战普遍存在于应用过程，包括合约规划的编制、指导招投标、成本控制、动态成本归集等方面。我们在对行业企业的应用进行长期跟踪和分析后，发现有三种应用模式具有相对的普遍性，接下来予以分别介绍。

一、成本科目为主导的合约规划应用模型

在早期的成本管理过程中，大部分企业是采用动态成本与目标成本比对来实现成本的管理过程的。为了便于进行比对，大部分企业制定了成本科目，并设计相应的套表进行管理，同时为了进一步进行精细化管理，往往会对成本管理科目进行细化，深化到5~6级科目。表3-10是常见的管理套表。

表3-10　常见的管理套表

序号	成本项目	原始指标	系数	工程量	单价（元）	合价（万元）
三	主体建筑工程费					20 163.17
1	基础工程费					659.17
2	结构及粗装修					7 636.51
◆	混凝土框架	建筑面积		89 460		4 743.17
	钢筋	建筑面积	50	4 473	5 700	2 549.61
	混凝土	建筑面积	0.37	33 100	360	1 191.61
	含模板	建筑面积	4	357 840	28	1 001.95
◆	砌体	建筑面积	0.2	17 892	380	679.90
◆	找平及抹灰	建筑面积				885.07

续表

序号	成本项目	原始指标	系数	工程量	单价（元）	合价（万元）
	水泥砂浆楼地面	建筑面积	1	89 460	12.00	107.35
	内墙面混合砂浆抹面	建筑面积	2.2	196 812	17.05	335.56
	外墙面防水砂浆	建筑面积	1.7	152 082	23.50	357.39
	墙面挂钢丝网	建筑面积	0.5	44 730	8.50	38.02
	天棚批腻子刮腻子	建筑面积	0.95	84 987	5.50	46.74

使用控制科目并在其之下编制合约规划，在后续业务中使用该合约规划进行管理和控制是最为常用的管控应用模型，图 3－1 很好地描述了这种应用模型。这种模型所体现的管理思想是通过目标成本分解合约规划，即以科目为导向，往下分解出需要签订的合同。这种模式是当前大部分房地产企业的应用方式。

该管理模式的第一个特征是成本科目设置较粗，尽量保证大部分的合同都在单个科目的范围内，然后将项目总体目标成本分配至各子级成本科目，形成子科目的目标成本，并将该科目的目标成本作为管理基准，预警和强控的阈值均以该数值为准。

第二个特征是直接在各成本科目往下逐级分解合约规划，合约规划的金额采用分配的方式，或根据企业策划将金额分配给每一个合约规划，或者是通过测算更细致的成本科目，然后将这些科目累加起来形成具体合约规划的金额。

第三个特征是针对合约规划进行相应的内部审批，并采用权责体系进行管理和控制。

在这种管理模式下，成本与合同的关系比较简单，项目成本按科目进行成本预警和强控，实现的是总量级控制，并且在单个科目成本严控下保证合约规划处理的灵活性。表 3－11 是常用的合约规划编制表格。

表3-11　常用的合约规划编制表格

费项	成本项目	工作内容界定描述	合价（万元）	工程量及单价说明
01	**开发成本**			
01-02	**前期工程费**			
01-04	**基础设施费**			
01-04-01	**供电工程费**			
01-04-01-01	区外供电线路工程费			
●	区外高压供电工程设计及施工合同			
●	电讯管道工程合同			
●	区外电缆采购合同			
01-05	**建安及装修工程费**			
01-05-01	**建筑工程**			
●	主体工程合同			
●	外墙装修工程合同			
●	门窗栏杆工程合同			
●	幕墙工程合同			
●	大堂装饰工程合同			
●	钢材采购合同			
●	门窗/铝合金采购合同			
●	装饰石材采购合同			

这种应用方式的优势在前文中已经有比较全面的阐述，但是它也有几个制约因素，需要企业因地制宜地进行变通管理。

首先，这种成本分解方式是一种目标成本的分配制，就像切蛋糕一样将特定的成本分配给不同的合同，这属于成本策划的思维，是目标导向的成本管理。但是在实践中，企业管理人员往往由于对企业内部的开发成本心中没底，或者说对于项目的产品、目标客户、供应商能力缺乏全面的认知，在切蛋糕的时候，难以有效地完成蛋糕的合理切分，从而导致后续的合约规划需要不断调整，给企业带来了一些额外的管理成本。

其次，在实际工程中，工程合同，特别是总包合同往往涉及多个成本科目，如一份工程总包合同还包含智能化工程费和电气工程安装费。同时在各地区公司中，供电、供水合同的合同范围可能不尽相同，所对应的合约规划也存在跨成本科目的问题，甚至有些企业在业务中对于土地、基础设施建设、设计图纸等合同还存在跨项目（分期）的问题。这些实际合同在签订时需要关联多个科目的合约规划。对于合同执行的业务部门来说，操作起来比较复杂，只有明确合同的成本归属科目规则，才能选择相应的合约规划。因此，成本人员需要对业务有比较深刻的理解，同时在通过合约控制合同时需要进行合理的对应。

再次，它需要成本人员具有精湛的专业技能，大部分成本管理人员是造价专业出身，对于成本的细致测算极有心得，“算得精，算得准”是成本人员的看家本领。标杆企业的成本科目（控制科目）往往设置三级科目，建安部分最多到四级科目，但是很多企业在实施合约规划时，往往追求精细化，要求将科目做到五级甚至六级科目。这给后续的合约规划管理带来了极大的困扰，大部分建安合同都需要进行跨科目管理。

最后，它对企业的组织结构和管控方式要求很高。很多企业在管理上为了实现有效的制衡，往往会设置招采管理部（找人）、工程项目部（用人）、成本管理部（算钱），以实现三权分立。如果目标一致协调得当，就不会出现问题，但是当遇到强势招采部门或者强势工程部门时，很多时候会导致各个部门另起炉灶，分别进行管理，轻则合约规划不断调整，重则合约规划名存实亡。

总的来说，这种应用模型简单，容易推进，可以快速见效，但是需要企业成本人员转变思维，强化与各部门（工程、采购）的协同，深入梳理企业历史合同，尽量避免跨分期跨项目的合同。

二、合约管理为主线的合约规划应用模型

这种模型来自最近几年的企业实践，N 企是该应用模型的典型代表。N 企是属于港资的老牌房企之一，在项目开发模式上遵循项目管理方式和专业管理方式，强调专业人做专业事。在项目成本管理方面，通过专业的造价咨询公司实现整个项目的合同框架梳理和规划，从而指导采购招投标和合同签订。企业对项目有总体预算严格控制的要求，一般情况下不能突破。

N 企注重业务管理的精细，对于预算控制同样要求基于单个合同金额的成本管控。具体的做法是，预算管理部通过将项目总体预算分解至各成本科目，并往下分解至预算构成项，其中预算构成项的粗细程度根据具体要求的测算明细而灵活制定。然后根据合约规划的范围将预算构成项打包，从而实现预算与合同的关联关系，有效管控成本。具体如图 3－19 所示。

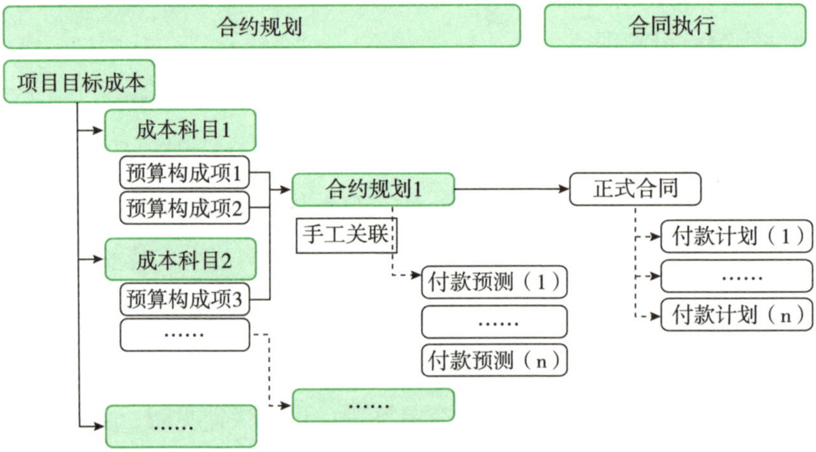

图 3－19　合约管理为主线的合约规划应用模型

该管理模式的特征是以业务为基础，进行项目总体的合约规划编制，强调各

业务部门在管理上的协同。其将合约规划的管理的重要性提到了和目标成本同等重要的位置，首先想清楚企业内的合同应该如何签订，每一个合同应该包含哪些范围。尽量保障合同规划在具体执行过程中接近实际的情况，少发生临时的调整，以保持合约规划的稳定性。

在后续合同执行时，能够很好地保持合同与合约规划的一一对应关系。合同执行的业务部门在签订合同时，不管是总包合同还是分包合同，只需选择对应的合约规划。在预算管控上，每一个合约规划根据业务部门划定的合同范围进行对应的预算构成项的调整，所有的合同范围构成了合约规划级别的目标成本，在后续再签订合同时，业务部门负责合同范围的对应，预算管理部则基于预算构成项进行单个合同成本的预警和强控，从而支撑整体项目的预算管控，这充分体现了专业人做专业事的管理方法。

这种应用模型的另外一个特点是，针对营销合同、政府费用，往往难以在事前划分范围，也很难预估究竟要签订多少份合同。因此，此时不能采用合约规划形式进行控制，采用科目形式进行约束是更可行的办法。通过预估的合约规划及较粗的预算构成项进行管理，在实际发生时进行刷新调整。

这种应用模型也有其应用的局限性，各个业务部门要真正承担起各自负责合同的规划责任，梳理清楚每一份合同应有的范围，同时各专业间的信息质量和传递的效率也要相对比较高效。

该应用模型在预算构成项和合同范围设定方面的精细化程度比较高，对工作的时效性要求也比较高，即在合约规划早期就要能够明确相关内容，对于当前采用快周转模式的房地产企业，尤其是采用三边工程的企业来说，挑战会比较大。

因为动态成本是基于科目以及合约规划双维进行管理的，项目级动态成本和业态级动态成本的归集都需要落实到成本科目，所以合约规划在转化为合同时，如果范围和金额发生比较大的变化，需要及时对其进行调整，并归入动态成本，此时成本部门的工作量和归入的准确性会受到较大挑战。

总的来说，此种方式的主要应用创新在于，针对合同进行重点管控，将原来由成本部门担当绝对主力的工作，向业务部门进行转移，也更为接近业务的实际诉求。这种形式形成的合约规划能够更有效地指导采购工作的推进，也实现了与项目工程部更好的业务合作。

本章小结：给成长型房企合约规划管理的实战建议

合约规划作为成本管理的主要抓手，从目标成本到合同管理的桥梁作用已经得到了绝大部分企业的认可。它对于企业管理标准化程度高、产品标准化程度高的企业能取得不错的效果。而对于中小型企业来说效果更为明显，它提供了一个机会，让企业能够完整地规划整个项目后续的合同发生，是成本管理从事中、事后管理走向事先规划、事中监督的有效手段。

从实践来看，我们发现很多企业纠结于合约规划模板难以覆盖所有项目、所有业态，因此在推进过程中存在不少疑虑。我们认为合约规划作为一个管理工具，是需要在实践过程中不断完善的。成长型房企推行该管理工具的关键点如图3－20所示。

图3－20　给成长型房企合约规划管理的实战建议

快速建立企业模板并进行应用是其中的要点，我们建议企业借助标杆企业合约规划模板，并梳理历史合同进行补充，快速形成企业内部的模板。当然模板形成后，需要在具体应用过程中进行及时的整理与调整，只有这样才能有效地将该模板转化为企业真正的管理工具。

在编制合约规划时，很多企业的困惑难以一次性完善，后续需要比较大的调整，这往往让成本人员疲于奔命。我们的案例中有不少企业采用渐进明细的方式进行项目合约规划的编制工作，也取得了不错的效果。比如 G 企业，将合约规划的编制按照开发阶段进行划分，渐进明细地编制项目的合约规划，如在项目启动时要完成项目准备阶段 5 个合约规划的编制，在设计启动时完成 4 个设计合同的合约规划的编制，以此类推，即能实现企业合约规划模板零的突破。

成长型企业容易陷入的另外一个误区是，由成本部门独立完成合约规划的编制。这可以是初期的一种无奈之举，因为该工具未能得到一线部门的真正认可，但是从长期来看，企业还是需要由多部门协同来完成编制工作。比如，X 企业明确规定，由项目总监组织成本部、采购部、工程部、设计部等相关部门进行项目合约策划，明确项目各项工程和材料设备的合约形成方式，并形成项目合约规划，作为项目启动会阶段成果提交审批，在项目合约规划执行过程由项目总监负责，工程经理及时回顾与汇总，每季度进行更新与调整。具体如图 3－21 所示。

图 3－21　X 企业合约规划编制流程

第四章

第 3 站：采招管理站

在一个公司里，采购和销售是仅有的两个能够产生收入的部门，其他任何部门发生的都是管理费用。

——杰克·韦尔奇

创造收益就是实现价值，这也是对采购重要性的肯定！采购衔接项目设计，影响项目的质量、安全、成本、销售，是企业价值链中最重要的一个环节，招采管理是企业“降成本、增效益”的重要举措，目前越来越受到企业管理者的重视。

第3站：采招管理站

从目前行业实践来看，采招管理仅仅是企业管理者“重视”和“关注”还远远不够，更重要的是有机制、有方法，以实现采招业务的规范化管控。从管理的中短期目标来看，需要找到采招过程的敏感管控点，只要能够管理好这些管控点，就可保证招采正常而合理地进行；从管理的长远目标来看，则要找到一批战略合作供应商，与企业共同发展、共同成长。本章将重点针对采招的中短期管理进行阐述。

从中短期来看，房企需要建立并规范采购过程中的关键管理点，并使各项采购工作在各阶段均能被追踪和监控。根据众多标杆房地产企业采招管理的实践，我们总结出，“优化项目整体采购计划、重视单项招标前端的协同与交底、做好供应商的入围规范管理、加强对项目整体采购的异常监控”是房地产企业推行采招管理的4个关键点。采购过程的管理流程具体如图4－1所示。

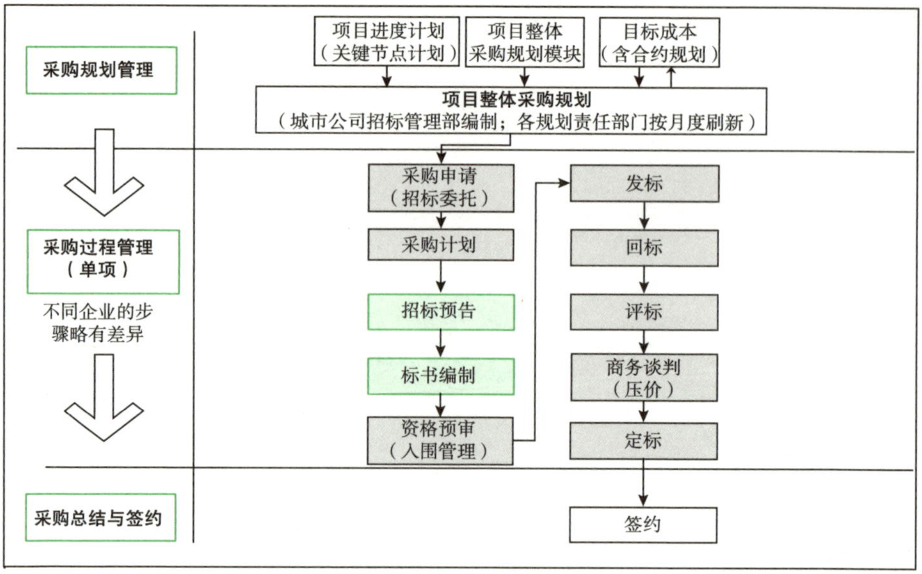

图 4－1　采购过程的管理流程

第一节　优化项目整体采购计划

企业在采招管理过程中，经常会遇到两个问题：一是需求部门经常会发出临时性申请，采购部门即使加班加点也不一定能按进度要求完成招标任务；二是业务部门或分公司经常随意变更招标方式或责任主体，致使采购过程中存在较大的风险。这两类问题不仅使招采部门处于被动状态，而且还会影响企业的成本控制。如何解决这两类问题呢？加快建立并优化企业项目整体采购计划是关键对策。

一、加快建立项目整体采购计划

1. 内涵：从源头上规范和指导后期采购管理

项目整体采购计划又称为项目整体采购规划，是指企业管理人员在了解市场供求情况、清楚企业生产者经营安排、掌握项目进度计划以及项目目标成本的基础上，参考项目整体采购规划模板，对项目招标计划进行有预见性的安排和部署。

项目整体采购计划管理涉及的内容主要包括采购需求的提出、项目采购计划的制订与审批、特殊情况下对采购计划的调整。采购计划主要包括采购需求、采购计划编号及名称、采购内容、采购方式、采购类型、采购金额、采购计划时间及其他相关信息。归结起来，项目整体采购计划的关键要素分为五类，即范围、责任主体、招标方式、标底价（控制价）、相关日期。

2. 价值：成本控制与采购管理的桥梁

项目整体采购计划是连接成本控制与采购管理的桥梁（如图4－2所示）。通过项目整体采购计划能把项目的进度计划、目标成本及单次的招标过程有效地连接起来，从而达到有效管控成本、合理匹配开发进度的目的。项目的合约规划会明确项目采购的发包范围与预算的控制目标，而项目的进度计划则会明确采购的时间要求，至于采购规划，其关键作用在于确定业务的分判方式。

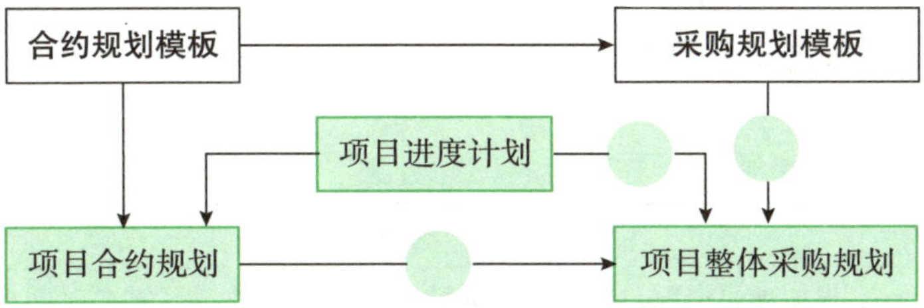

图4－2　项目整体采购计划是连接成本控制与采购管理的桥梁

根据多年的研究成果和标杆房地产企业的实践经验，我们认为做好项目的整体采购规划是一个很实用的方法。它的价值和意义主要有以下3点：

（1）指导和规范采购部门按照公司制度执行采购活动；

（2）提高工程采购的计划性和效率，为项目开发及时提供合格且性价比较高的产品与服务，确保项目整体进度、质量和成本控制指标的达成；

（3）成为采购部门绩效考核的一种方式。

3. 分工：采购牵头，成本、设计和项目部协同完成

采购计划编制主要涉及采购部、项目部、成本部、设计部、决策层。其中，主责部门为采购部，其工作职责包括：

（1）在项目主项计划确定后，与项目部、设计部、营销部沟通采购需求，编制《项目采购计划汇总表》初稿，并提交项目负责人审核；

（2）将经过项目负责人审核的《项目采购计划汇总表》提交区域和集团决策层审批，并报集团招投标中心备案（根据公司组织架构不同，审批人员有差异）；

（3）根据审批通过的《项目采购计划汇总表》启动采购/招标工作；

（4）一般每月底会回顾当月的采购计划执行情况，并根据完成情况修订下月的采购计划。

采购计划编制的参与部门包括项目部、成本部、设计部以及决策层，各部门主要负责事项具体如表4－1所示。

表4－1　采购计划编制之参与部门的不同分工

参与部门	主要负责事项
项目部	根据项目情况，提出项目采购需求清单、数量及需要时间等；当项目现场开发情况有所变化导致采购需求变化时，向采购管理部提出需求调整建议
设计部	站在设计的角度，根据采购需求清单，对需要采购的内容明确技术参数与标准，比如材料类的“选型定板”（对主体建筑材料及影响产品效果和功能的材料确定样板）

续表

参与部门	主要负责事项
成本部	根据项目目标成本，提供目标成本和综合单价控制指标；审核采购计划的采购方式
决策层	项目总经理主持《项目采购计划汇总表》的审核讨论会，形成终稿；区域总经理审核《项目采购计划汇总表》，集团总裁审批《项目采购计划汇总表》

但是，不同公司对采购过程管理的主责部门不尽相同，部分地产公司未成立独立的“采购部”，其相关采购业务由“工程部”或“成本部”负责。

二、优化项目整体采购计划

优化项目整体采购计划主要有四大要点，具体如图4－3所示。

图4－3　优化项目整体采购计划的四大要点

1. 采购计划：做好项目整体采购计划的编制和调整

项目整体采购计划是在项目主项计划下发后，由采购部、项目部、成本部、设计部等多个部门根据项目的需求共同编制的，用以指导采购部及各业务部门在项目开发过程中进行招标采购工作。采购部在每个月底会根据采购计划的执行情况动态调整项目整体采购计划，以更好地保障项目开发进度。

2. 采购方式：事前界定，为后期项目采购提供指引

很多房地产企业对采购方式的选择还存在着很大的随意性：有的甚至是领导一句话决定；有的仅仅依靠对个别员工的信任，由个别员工来承担绝大多数的采购任务；有的虽然采用了招标采购的方法，但方法过于单一，使招标过程烦琐，周期长，往往影响工程进度。因此，如何选择采购的方式是采购计划管理的重点。某企业根据不同金额、不同采购任务对采购方式在前端进行了界定，具体如表4－2所示。

表4－2　某房企不同采购任务的采购方式

采购管理				组织部门	备　注
集团工程及材料采购（含战略采购）		招标	不受金额限制	工程管理部	招标和议标均不得少于两个部门参加，直接采购需得到负责对承包商管理的部门的同意。在金额范围内，可选择高一级的承包商
		招标	合同金额30万元以上	合约成本部	
工程/勘察/监理类承包商		议标	合同金额5万元以上，30万元及以下	合约成本部	
		直接采购	合同金额5万元及以下	合约成本部	
材料/设备类承包商	钢材、水泥、外墙砖	招标	合同金额50万元以上	合约成本部	
		议标	合同金额50万元及以下，5万元以上	合约成本部	
		直接采购	5万元及以下项目	合约成本部	
	其他	招标	合同金额30万元以上	合约成本部	
		议标	合同金额30万元及以下，5万元以上	合约成本部	
		直接采购	5万元及以下项目	合约成本部	
设计类承包商		招标	合同金额10万元以上	集团规划设计部	
		议标	合同金额10万元及以下，5万元以上	集团规划设计部	
		直接采购	5万元及以下项目	项目公司设计管理部	

续表

<table>
<tr><th colspan="4">采购管理</th><th>组织部门</th><th>备　注</th></tr>
<tr><td rowspan="6">营销类承包商</td><td rowspan="3">市场研究/销售代理/营销推广总代理</td><td>招标</td><td>合同金额10万元以上</td><td>集团市场部</td><td rowspan="6">直接采购需得到部门负责人的确认。在金额范围内，可选择高一级的承包商</td></tr>
<tr><td>议标</td><td>合同金额10万元及以下，5万元以上</td><td>集团市场部</td></tr>
<tr><td>直接采购</td><td>5万元及以下项目</td><td>集团市场部</td></tr>
<tr><td rowspan="3">其他</td><td>招标</td><td>合同金额10万元以上</td><td>项目公司市场营销部</td></tr>
<tr><td>议标</td><td>合同金额10万元及以下，2万元以上</td><td>项目公司市场营销部</td></tr>
<tr><td>直接采购</td><td>2万元及以下项目</td><td>项目公司市场营销部</td></tr>
<tr><td colspan="2" rowspan="3">管理类承包商</td><td>招标</td><td>合同金额3万元以上</td><td>需求部门</td><td rowspan="3">在金额范围内，可选择高一级的承包商</td></tr>
<tr><td>议标</td><td>合同金额3万元及以下，0.5万元以上</td><td>需求部门</td></tr>
<tr><td>直接采购</td><td>0.5万元及以下项目</td><td>需求部门</td></tr>
</table>

3. 采购与进度：依据项目进度计划明确采购时间

采购计划的主要目的之一在于，保证项目开发的顺利进行，因此，建立项目开发计划与采购计划之间的关联关系是很有必要的，当对项目开发计划进行调整时，相关联的采购计划也要做出调整。在实践中，主要依据项目进度计划来明确采购的时间要求。

4. 采购与成本：根据合约规划明确采购的发包范围与预算目标

采购活动是控制成本的重要途径。通过合约规划指导生成采购计划，实现采购计划的成本限额。在编制标底和定标时需要比较标底价格、中标价格与合约规划的金额，以判断标底价格和中标价格是否合理，合约规划是否要进行调整。通过把合约规划与采购计划进行对应，可及时发现采购金额是否和预期目标有偏差，从而有效地控制项目成本，将项目开发的风险降到最低。

案例：G企业项目整体采购计划优化实例

G企业是以住宅地产开发和服务为主、商业地产开发为辅，且具有全国一级资质的专业房地产开发企业。G企业在2009年及以前使用的《项目整体招标计划模板》如表4－3所示。该模板中包含了8项基本要素：责任主体、招标方式、标底价、发标日期、定标日期、签约日期、进场日期及范围说明。

表4－3　G企业项目整体招标计划模板

序号	招标项目名称	责任主体	招标方式	标底价	发标日期	定标日期	签约日期	进场日期	范围说明（如需）
1	地下管网、土壤氡浓度探测	城市公司	直接采购						
2	地震安全、交通影响、环境影响评价	城市公司	直接采购						
3	客户需求调研	城市公司	邀请招标						
4	地质勘察	城市公司	直接采购						
5	施工用电工程	城市公司	直接采购						

然而，该企业的招标计划管理并不尽如人意，根据相关人员反馈，该模板在使用中存在以下问题：

（1）很难一次性编出项目整体招标计划；

（2）招标计划缺少标准工期，再加上跨部门配合问题，导致留给招标的时间太紧；

(3) 无定标原则，定标周期人为失控；

(4) 没有约定供应商的资源选择范围，一线公司工作很被动；

(5) 成本管理中心不能提供合约规划，采购中心制定的标底价缺少依据；

(6) 项目部不能及时提供项目进度计划，采购中心制定的招标时间缺少依据，与实际差异较大。

针对以上情况和问题，G企业在2009年年底组织相关人员进行了分析讨论，对招标计划模板进行了以下5个方面的优化：

1. 增加"项目阶段"，渐进明细编制项目招标计划

将模板中的75项招标计划，按项目阶段分到项目准备、设计论证、示范单位施工、主体施工、精装修5个阶段中，并在每个阶段开始时，细化相应的招标计划具体内容，渐进明细地完成项目整体招标计划的编制工作。项目五大阶段的招标项数量如表4-4所示。

表4-4　五大阶段的招标项数量

项目阶段	招标项数量
项目准备阶段	5
设计论证阶段	4
示范单位施工阶段	23
主体施工阶段	33
精装修阶段	10
总　计	75

2. 明确各项招标总工期及节点工期

G企业将招标过程划分为"收到委托启动""资源准备""清单编制时限"

“标书起草发放”“回标”“标书分析评标”“定标”“推荐报告报批”“合同起草报批”9个阶段，并且根据经验，为主要招标项目编制了各阶段的招标时限，累计形成招标总时限，以此形成各项招标总工期。具体如表4－5所示。

表4－5　主要招标项目的招标时限表

类别	招标类别	项目名称	招标总时限	收到委托启动	资源准备	清单编制时限	标书起草发放	回标（标底提交）	标书分析评标	定标	推荐报告报批	合同起草报批	备注
勘察类	快速	地下管网探测	3	1	0	0	0	1	0	1	0	0	使用年度协议
勘察类	快速	土壤氡浓度检测	3	1	0	0	0	1	0	1	0	0	使用年度协议
咨询类	快速	地震安全评价	9	1	0	0	0	3	0	1	0	4	垄断行业
咨询类	快速	交通影响评价	13	1	1	0	1	2	3	1	0	4	
咨询类	快速	客户需求调研	13	1	1	0	1	2	3	1	0	4	
设计类	标准	规划及建筑方案设计	18	1	1	0	1	3	3	1	3	5	合同与推荐报告同时报批

3. 明确招标的分判原则

以前的项目招标计划侧重于进度，对业务分判缺乏整体规划。对于招标还是议标、清单还是费率、甲供还是乙供，都没有明确的分判原则，通常是根据项目进度因素而定，而这非常不利于企业集采的统筹，也不利于成本控制。

G企业根据成本、品质、服务、效率4个优先维度对采购方式、评标办法、供货方式、计价方式、战略采购进行了分判原则的讨论，确定的具体原则如图4－4所示。

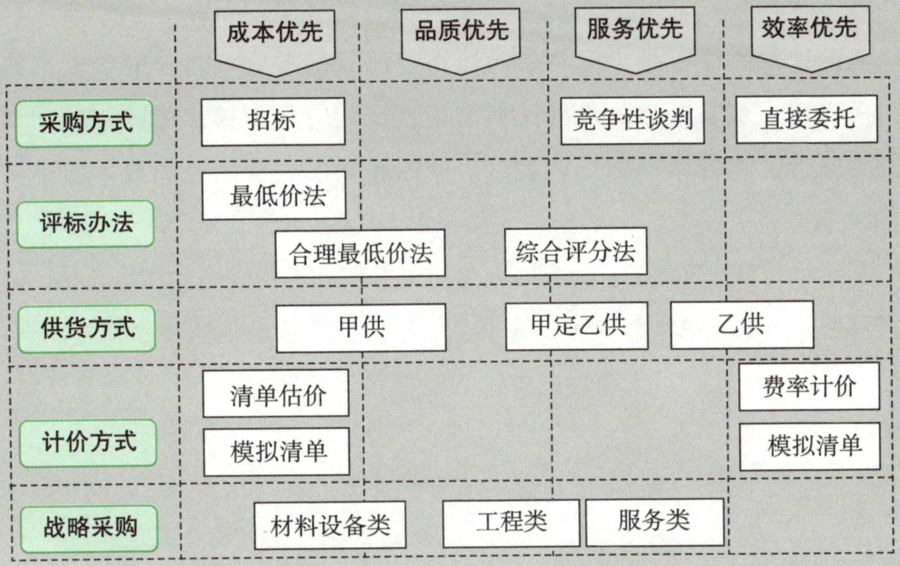

图4－4　G企业采购业务分判原则

从图4－4中可以看出，如果项目采用成本优先原则，则采购方式采用公开招标，评标办法尽可能采用最低价中标法，在供货方式方面较多地采用甲供，在计价方式方面则采用清单计价或模拟清单计价，材料设备类采用战略采购，进而控制或减少成本。

4. 明确供应商资源选择范围

G企业对供应商分两个层级进行管理，由总部统一对战略供应商进行管理，对于其他非战略供应商则由项目公司进行管理。

本次优化根据公司战略采购目录，增加了“供方资源配置”选项，模板中明确了供应商资源选择范围是“总部供方资源”，或者“本地化供方资源”。

5. 参考合约规划和进度计划编制项目整体招标计划

采购计划的核心是，解决采购什么、何时采购的问题，而编制采购计划的关键是，要与项目的进度计划、销售计划有效衔接。同时，编制采购计划要充分考虑成本问题，以确保招标标底处在项目的目标成本控制范围之内。

在项目上编制整体招标计划时，除引用总部制定的规则和模板之外，还应注意两点：一是与成本部沟通，基于合约规划明确发包范围和预算控制目标；二是与项目部沟通，基于项目进度计划明确具体的发标时间、招标确认时间、进场时间等内容。

G企业经优化之后的项目整体采购规划流程如图4-5所示。

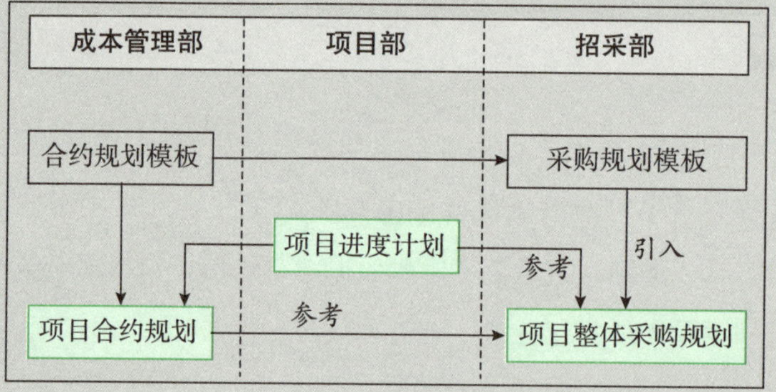

图4-5 G企业项目整体采购规划流程

G企业经优化后的项目招标计划模板，明确了十大标准，具体如图4-6所示。

G企业的《标准项目招标清单》具体如表4-6所示。

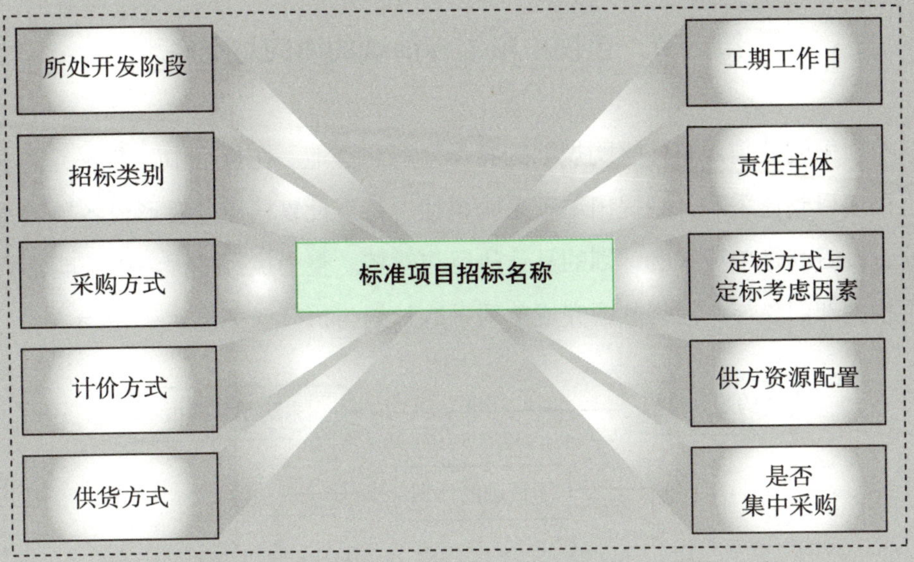

图 4-6　项目招标计划模板标准

表 4-6　《标准项目招标清单》样章

序号	开发阶段	类别	项目名称	工期（工作日）	采购方式	计价方式	供货方式	是否集中采购	定标方式	定标考虑因素	供方资源配置	责任主体	备注
1	示范单位施工阶段	工程类	招商前期土建安装总包（含雨污水道路）	36	招标	清单计价	甲供	否	合理低价	(1) 价格 (2) 付款方式 (3) 项目经理类似业绩 (4) 公司资金实力	本地化供方资源	城市公司	
2	示范单位施工阶段	设计类	会所及示范单位室内装饰设计	8	直接委托			否	综合评审	(1) 主创设计师类似业绩 (2) 价格公示类似业绩 (3) 品牌影响力	本地化供方资源	总部	
3	示范单位施工阶段	工程类	施工监理	29	邀请招标			否	合理低价	(1) 价格 (2) 总监类似业绩及面试效果	本地化供方资源	城市公司	
4	示范单位施工阶段	工程类	施工围墙工程	26	竞争性谈判	清单计价	乙供	是	合理低价	(1) 价格	本地化供方资源	城市公司	
5	示范单位施工阶段	工程类	土建总包工程	40	招标	费率计价		是	合理低价	(1) 价格 (2) 付款方式 (3) 项目经理类似业绩 (4) 公司资金实力	本地化供方资源	总部	
			……										

第二节　重视单项招标前端的协同与交底

单项采购计划是整体采购规划的具体分解和落地。在执行中，各业务需求部门根据项目整体采购计划提出单项采购申请，待审批复核通过后形成各单项采购计划，最后就是单项采购计划的具体执行与管控。整个执行过程，由采购部门牵头，相关部门参与，最终共同完成单项采购计划与执行（如图4－7所示）。

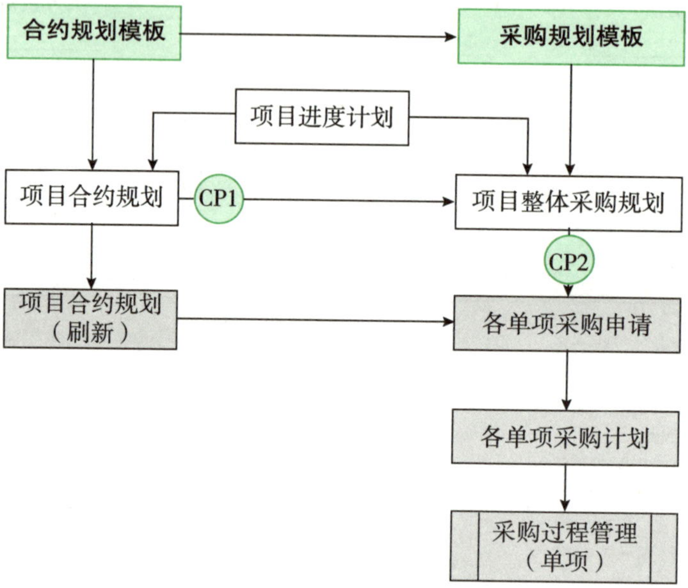

图4－7　单项采购计划与执行流程

一、单项目招标前端交底的内容

招标需求部门自发起采购申请至正式发标前，需和需求部门、相关领导就招标技术要求、招标图纸、工期要求、成本要求、招标人资质要求、标段划分、招标方式、承包方式等内容进行交底，并对招标流程、付款方式、评定标原则、招标时间、招标小组成员等达成共识，以确保招标能够顺利、高效进行。

二、单项目招标前端交底的价值

从招标实践来看，很多企业招标之所以出现问题，大部分根源是招标前端的风险控制不到位，特别是跨部门沟通方面存在很多问题。比如，需求部门提供的设计图纸不是最新版、招标的工期要求发生变化但招标部门不知道、标的在招标时就已经超出了成本要求、前期风险未识别或在评定标原则等方面未达成共识等。

而招标前端的协同与交底，就是解决以上问题，其价值和意义在于：（1）通过内部交底，实现信息共享；（2）通过内部交底时的评估讨论，对技术要求、成本指标、进度计划等内容进行多部门提前审视，以达成共识，确定统一目标，规避后期执行风险。

案例：A企业单项招标的前端协同与交底

2012年，A企业进行电梯招标采购，当时由业务部门直接申请，并委托招采部门进行招采，招采部门也按计划要求进行了招标，但在安装时才发现，电梯的开门方向设置反了，最终导致18万元的无效成本和近一个月的进度延期。

事后，A企业对问题进行了分析梳理，发现主要有以下3点：

（1）招标技术要求模糊；（2）内部进度要求未真正达成共识；（3）缺乏相关部门面对面的共同审视。

对此，为改善采招管理，A企业采取了如下几个行动：

1. 设置“招标评估会”，强化事前协同与交底

针对以上问题，A企业对采购流程进行了优化，除在采招申请环节细化了

《采招申请》的要求之外，还增加了“招标评估会”，通过这种面对面的会议机制，解决了招标前的协同和交底问题。该企业采购流程优化前后的对比具体如图 4－8 所示。

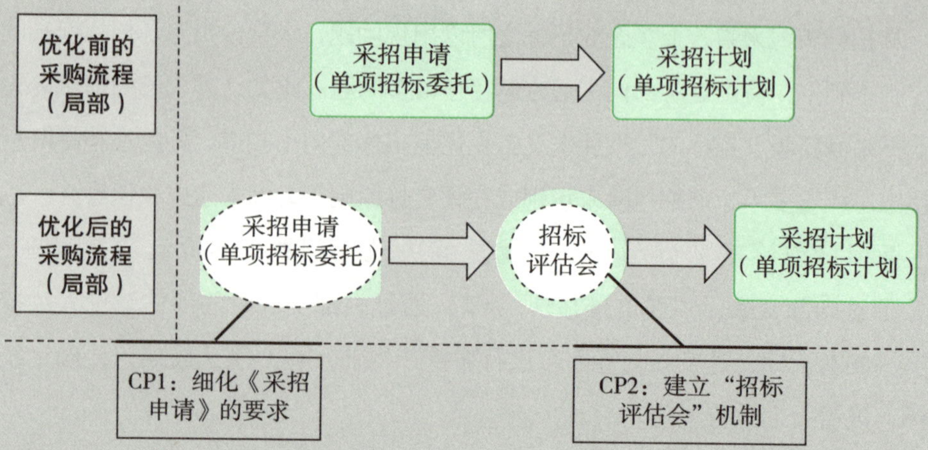

图 4－8　A 企业采购流程优化前后对比

2. 做好招标会议卡片，实现会议规范化管理

面对面的会议机制固然重要，但更重要的是如何开好“招标会”。A 企业借助标准化的会议卡片工具，针对会议召集与主持人、会议召开时间、参会人员界定、会议输入、会议要点、会议输出，以及会议后续工作进行了规范和明晰。通过会议卡片对整个会前准备、会中议程、会后追踪形成了工具约束力，有效保证了“招标会”的实效与高效。

会议卡片的要素具体包括如下 7 点：

（1）会议召集及主持人：招标主办人员。

（2）召开时间：招标部门审批采购申请后 2 个工作日内召开。

（3）参会人员：

金额 >500 万元，中心（部门）负责人和城市公司相关分管领导参加；

金额＜500万元，中心（部门）主办人员和城市公司相关部门主办人员参加。

（4）会议输入：采购申请、成本测算指标、相关技术要求及招标图纸等。

（5）议事要项：讨论招标方式、技术要求是否明确、成本指标、招标范围、标段划分、招标计划、评定表原则，以及招标小组成员的确定等相关问题。

（6）会议成果：《××项目××评估会会议纪要》。

（7）会议后续工作：形成采购计划并开始招标具体工作，或召开专项会议讨论疑难问题。

3. 做好关键内容审核：招标评估会的18项关键内容审视

招标评估会的召开关键在于，针对项目单项招标的内容进行审视和检查。A企业从自身现实和管控需求出发，针对18项内容进行招标审核，有效明晰了招标细则，为后期招标执行提供了清晰的要求和标准。具体如表4－7所示。

表4－7　A企业招标会18项关键内容审视

18项关键内容审视	
（1）成本指标	（10）是否启动招标流程
（2）技术要求及招标图纸	（11）招标流程
（3）工期要求	（12）付款方式建议
（4）招标人资质要求	（13）标书形式
（5）安全生产许可证	（14）标书费标准
（6）标段划分	（15）招标时间计划
（7）招标方式	（16）投标单位
（8）承包方式	（17）招标小组成员
（9）标底编制	（18）评定标原则

评估会完成后，A企业形成了清晰的评估会议纪要（如表4－8所示）。该会议纪要对以上18项内容的审核结果进行了清晰的记录，显然对后期的项目采招指明了方向、明确了要求。

表4－8　招标会评估会议纪要

<table>
<tr><td colspan="3">评估会议纪要（工程类）</td><td colspan="2">招标采购中心</td></tr>
<tr><td>会议议题</td><td colspan="3">××××项目××标段××号楼基坑护壁施工招标评估会</td><td>会议日期：2012年×月×日</td></tr>
<tr><td>主持人</td><td colspan="2">×××</td><td>记录人</td><td>×××</td></tr>
<tr><td colspan="5">1. 成本指标：
√经成本测算，招标项目未超成本控制指标
□经成本测算，招标项目超成本控制指标，作退单处理
□招标项目无控制指标，委托方于______年______月______日前落实指标，逾期招标项目作退单处理
□招标项目无控制指标，委托方是否打专项报告
2. 技术要求及招标图纸：
√详尽
□不详尽，委托方于______年______月______日前提交完善后的最终版本（技术要求及招标图纸）
3. 工期要求：开工日期　暂定×月×日；绝对工期投标人自报
4. 投标人资质要求：地基与基础工程专业承包三级
5. 安全生产许可证：√需要　□不需要
6. 标段划分：不划分
7. 招标方式：□公开　√邀请　□公开＋邀请　□定向　情况说明：____________
8. 承包方式：
√单价包干
□定标时总价包干
□定标后总价包干（□先清单后总价包干　□定额取费或取费费率总价包干
□工程量清单总价包干）
□定额取费</td></tr>
</table>

续表

□费率计取
9. 标底编制：√需编制　□不需编制　情况说明：________
10. 是否进入招标流程：√是　□否
11. 招标流程：√标准　□快速
12. 招标人建议的付款方式：<u>全部工程完毕经招标人验收合格且办理完结算手续后一次性付清</u>
13. 标书形式：√招标文件　□投标须知　□询价类　□无，直接商谈
14. 标书费：√不收取　□收取，收取费用为________元/份
15. 招标时间计划：发放标书时间________，开标时间________，定标时间________，发放中标通知书时间________
16. 投标单位：<u>会后确定</u>
17. 招标小组成员：<u>×××、×××、×××、×××</u>
18. 评定标原则：<u>综合评审会</u>

4. “五大专项会议”，确保招标过程受控

除了招标评估会外，A 企业针对后期发标、评标、商务谈判以及定标都规划了相应的会议审核机制（如图 4－9 所示）。具体来讲，就是通过答疑会、评标会、商务谈判会和定标会，进行层层把关，实现招标全过程的关键点管控，以保证整个招标过程的风险可控。

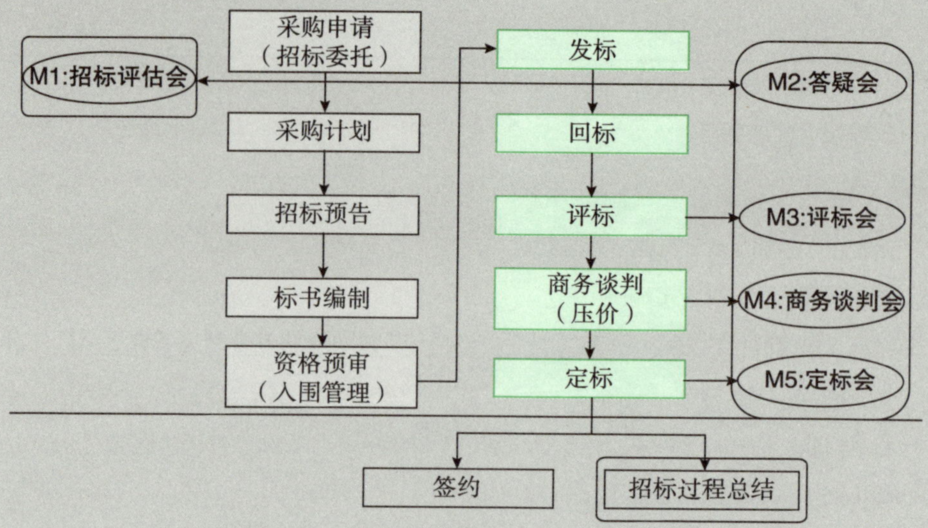

图 4-9　A 企业招标会议审核机制

第三节　做好供应商入围的规范管理

供应商入围管理对招投标非常重要，直接决定后期评标、定标的招标质量。对入围单位的选择管理主要从以下三个方面来进行。

一、供应商推荐遵循的三大原则

供应商的推荐主要遵循三大原则：一是达标原则，即所有入围单位的各项条件必须符合招标文件要求，这是保证供应商质量的基本门槛和必要条件。二是竞争原则，尽可能在供应商之间形成市场竞争，以选择出相对最优的供方。在具体执行中，很多标杆企业明确要求，邀请招标的有效标底数必须大于等于 2N+1，N 为实际需要合作的供应商。三是新人原则，即在邀请招标时尽量保证至少有 1

家未合作供应商参与，规避串标，整体上确保招标过程的良性竞争。供应商推荐遵循的三大原则具体如图4－10所示。

图4－10　供应商推荐遵循的三大原则

二、明确入围考察的职责分工

采购部门负责组织对入围单位的考察，工程和研发部门参与资格预审，并在入围审批过程中提出明确的意见。这一点很重要，根据明源地产研究院的数据显示，优秀的企业在审批过程中，各个岗位各尽其责，并且能够出具专业的意见供公司决策者参考，而不是提供一个含糊其词的意见“请领导决策”。供应商入围考察职责分工具体如图4－11所示。

三、严格审核入围名单

企业通过建立自身规范而精细的供应商库，针对所有入围的供应商进行审核把关，特别是通过早期对不同城市、不同项目合作的供应商全过程管理，实现供应商管理有迹可循，从而将“化了妆”又回来的不合格供应商快速筛选出去，

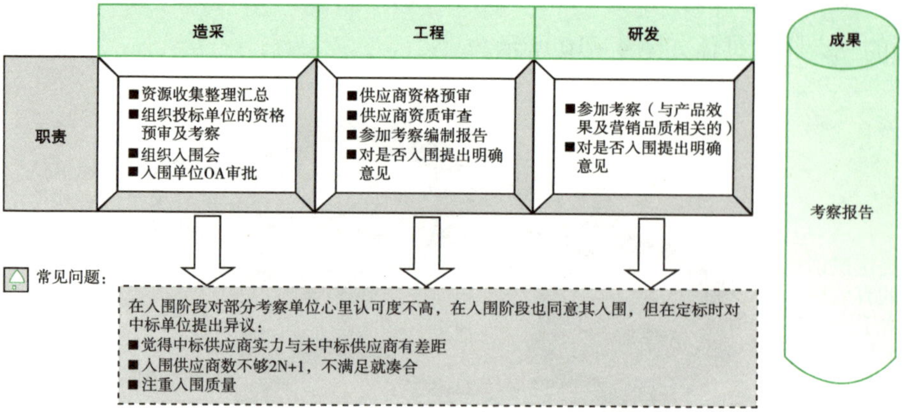

图4－11　供应商入围考察职责分工

以尽量减少不同城市间、不同项目间和不同人员间信息不对称所带来的供应商管理问题。

各专业线充分表达意见后，入围单位名单要报公司高管审批。据明源地产研究院研究显示，优秀企业中入围单位的最终审批岗，都是公司的总经理或董事长。一把手的参与，是减少入围管理工作失误、确保决策行之有效的办法。

除此之外，我们还发现，中小企业由于知名度不高、招标项目较小、资金有

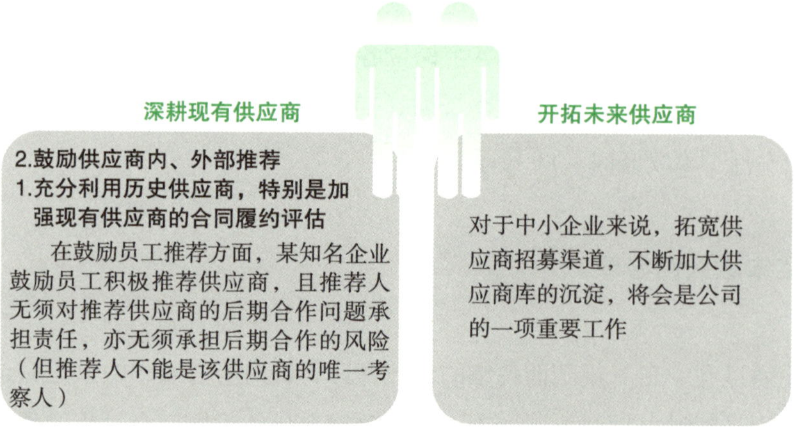

图4－12　中小房企供应商入围管理策略

限，往往难以吸引更多的供应商参与投标，再加上自身供应商库沉淀较少，往往会担心出现“矮子里面选将军”的情况，这就需要企业“把握现在、发展未来”。中小房企供应商入围管理策略具体如图4－12所示。

案例： SOHO如何拓展供应商招募渠道

SOHO企业在2011年年初，为了解决自身合作供应商较少，而公司的快速发展需要更多的、能够快速响应甲方需求的供应商加入，搭建了招投标外网管理平台（如图4－13所示），允许供应商直接注册，经过考察后可进入供应商合格库。

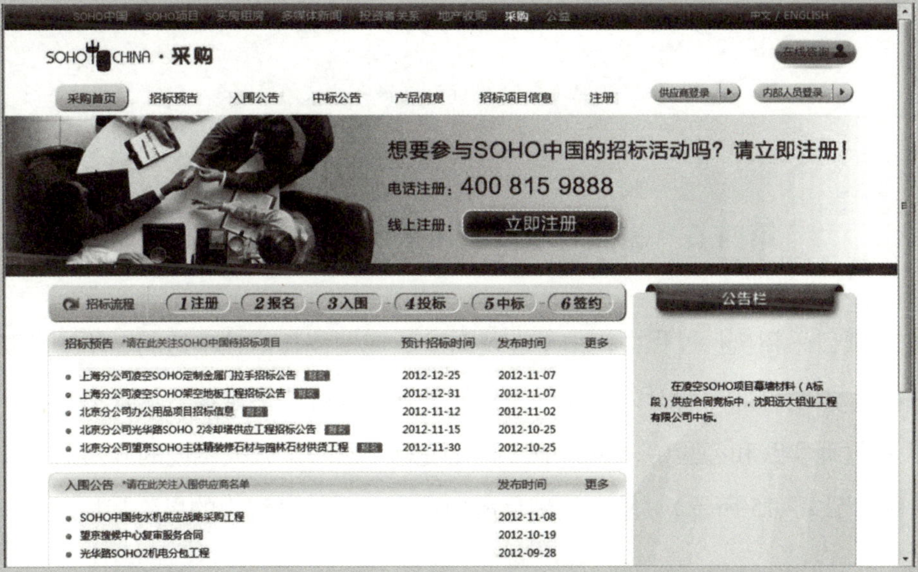

图4－13 SOHO招投标外网管理平台

同时，董事长潘石屹还充分利用自身的网络影响力，推广和宣传自己公司的采购管理平台，鼓励供应商自荐，效果非常明显！

另外，为了带给供应商更好的体验，SOHO 还简化了供应商注册登记时所填写的内容。注册登记后，由工作人员联系后再完善供应商的相关资料，以便客观、合理、准确地进行供应商的考察和评价。其供应商注册登记表具体如图 4－14所示。

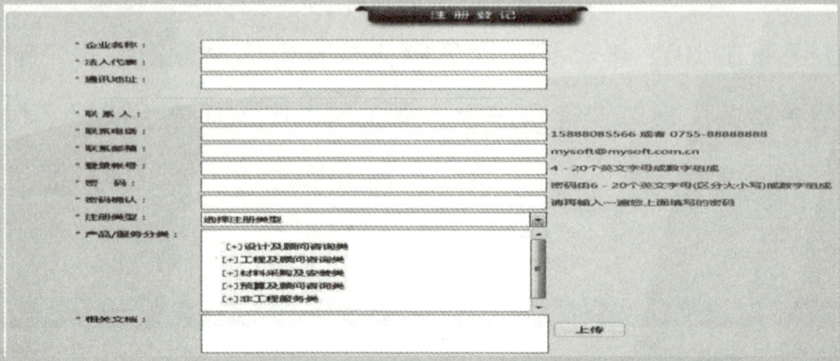

图 4－14　SOHO 招投标外网供应商注册登记表

第四节　加强对项目整体采购计划的异常监控

在项目采招执行过程中，由于涉及面广、周期偏长，且不透明、不规范执行较多等，因此总部需要对采招执行，尤其是异常执行严格监控，从众多标杆企业的采招管理实践和经验中，明源地产研究院总结出基于五大维度的异常监控管理（具体如图 4－15 所示），基本能满足房地产企业采招过程中的风险管控。

一、加强对关键合同采购进度异常的监控

进度异常就是实际执行的招标计划与前期设定的招标计划在进度上不匹配，特别是关键节点的延迟，其造成的影响会非常大。在对招标过程异常进行监控时，一般需要借助信息化管理工具，以实现方便、高效的管理目的。某知名地产

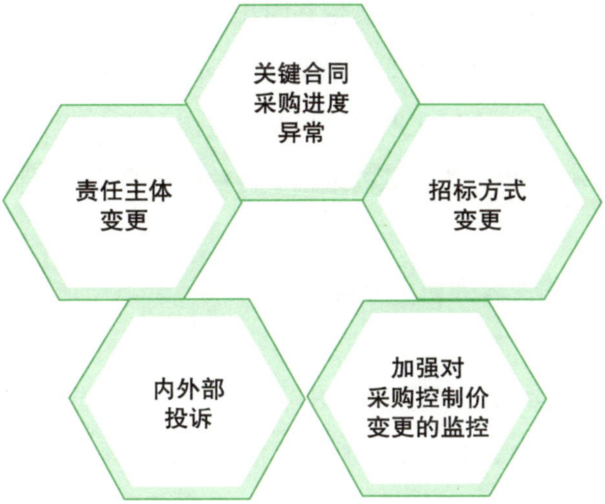

图 4－15　五大维度的异常监控管理

企业就通过明源地产的 ERP 监控，了解项目的采购计划执行状况，以及高效识别和及时处理异常情况。具体如图 4－16 所示。

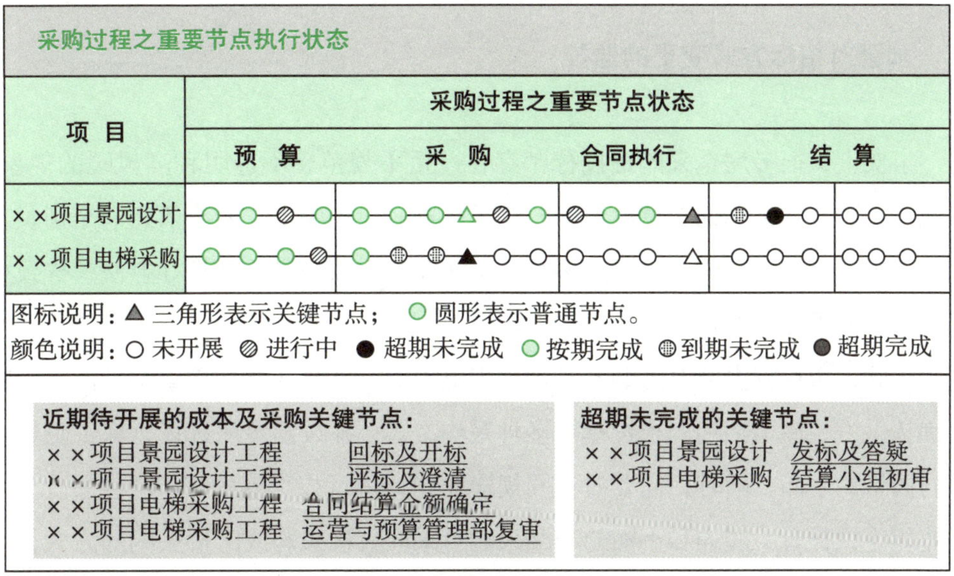

图 4－16　采购计划进度监控

上述系统报表清晰展现了各个关键合同执行中的节点状态，并用不同的颜色清晰地标注，比如醒目的红色圈即表示某关键合同超期未完成，后期就需要采取相应的管控措施。对关键合同采购进度异常的监控有效实现了采购管理可知、可控、可预测的第一层境界，为后续的采招实行精细化的过程控制提供了保障。

二、加强对招标责任主体变更的监控

有些招标的责任主体，在前期明确是由总部组织和实施的（比如，企业规定由总部集中采购的招标），但在执行时未严格遵照，而是由项目公司直接组织发起，且并未通过总部审批，这种异常需要公司重点关注。

还有些招标的责任主体，在前期明确由项目公司负责，但由于公司刚成立，或者相关责任人对流程、业务不了解，还需要总部组织或协调进行，这种异常也要重点关注，必要时需进行集中培训和考核，确保项目公司能独立完成招标工作。

三、加强对招标方式变更的监控

事实上，很多房企采购招投标都存在严重不规范、不透明和高风险的现象，表现在采购方式选择的随意性上，要么是领导一句话决定，要么依靠对个别员工的信任来确定，还有些企业对大多数采购活动都采取同样一种招标方法，导致招标效率、效果和后期合作都存在诸多风险。

因此，企业首先要对采购方式进行规范管理，主要通过直接采购、比价、特殊确认供方、邀请招标、招投标等多种采购方式，并按需灵活选择，保证招标效率与质量的平衡。同时，需要对不同规模的招标进行权责等的规范界定。比如T企业规定，针对一般的和小额的产品采购可采取直接采购或比价采购的方式，而对一些批量大、价值高的产品采购，则采用邀约招标或公开招标的方式。

在招标前期明确招标方式后，在招标的实际执行中，若由于供应商不足，或时间紧迫，或其他原因，需要变更招标方式，则对这种变更要重点关注。比如，某企业在项目整体招标计划制订时，就要明确招标方式，并报集团总裁审批。后期执行时，如果发生招标方式的变更，比如招标变更为议标，议标变更为直接委托，也需要上报集团总裁审批后才能调整，以确保管控效果。

四、加强对采购控制价变更的监控

对采购控制价需要进行规范化编审，这主要通过分类控制、权责合理来规避后期执行的混乱。

具体如何对采购控制价进行规范化编审？在采购控制价编制和审核上，T企业清晰的权责界定与专业化分工有效杜绝了后期执行和管理中可能出现的混乱。控制价主要界定为工程类、材料设备类和其他类，工程类的招标控制价由成本管理中心或其委托的专业咨询公司编制，然后由各项目成本负责人负责审核；材料设备类控制价则由物资采购中心负责编制，并有效落实控制价不超过目标成本；除上述两类以外的其他招标控制价则由相关对应部门编制。为防止潜在风险，成本总监可对招标控制价的合理性和可行性进行审查，必要时可进行调整。

五、加强对内外部投诉的监控

在招标过程中，不管是内部业务部门的投诉或反馈，还是外部投标方的投诉，都有可能反映出企业在招标过程中的“三公一透”（公平、公开、公正和透明）原则问题，这必须引起企业管理者的高度重视，一经发现，务必严肃处理，以确保招标过程是在“公平、公开、公正、透明”的环境下进行的。

本章小结：给成长型房企采购管理的实战建议

采购管理是房地产企业价值链从虚转实的重要关口，前期目标成本与合约规划是企业算账的能力表现，而采购管理是企业花钱能力的体现，它直接影响了项目开发的工作推进，同时采购管理因为涉及大量的合同，中间过程中的透明度也是企业重点监管部分。对于成长型企业，我们提出以下几点快速改进建议，如图 4－17所示。

图 4－17　给成长型房企采购管理的实战建议

建立项目整体采购计划，提升项目前后期工作的连接效率。对于大部分企业而言，月度或者双月的采购计划是最为常见的采购管理计划，但是这种计划经常导致工作的无序性，因此我们建议企业可以尝试建立项目整体采购计划，并使用月度回顾方式进行有效管理。

采购过程中，各部门的沟通协调是影响采购事项高效完成的关键因素，我们建议企业围绕项目关键节点建立相应的会议机制，并采用规范化的会议纪要进行沟通与确认，确保采购需要的信息能够及时、有效地传递并取得共识，从而有效地降低因为采购偏差导致的进度延误现象。

对于采购过程，我们也建议采用信息化手段进行过程管理，一方面可以提醒企业，避免因为招采工作多而导致的拖延和遗忘，从而推动工作项的快速展开，另一方面能够帮助企业将采购过程的关键信息进行保留备查。

第五章

第 4 站： 合同管理站

把一件简单的事做好就不简单，把每一件平凡的事做好就不平凡。

——海尔公司总裁张瑞敏

在成本的日常管理工作中，这句话的启示在于，能够把更微观、更具体的合同管理做好就不简单、不平凡。合同管理是成本管理的基本内容和日常工作，单个合同貌似金额不大、影响不深。但是，由于合同种类庞杂，且合同管控需要做好合同的规划、申请、签约、变更、付款和结算等合同全生命周期的众多环节，合同执行也是过程烦琐而多变。如果管控不到位，积小恙为大病，就会带来整个成本管理的失控。

在成本的日常管理工作中，主要对象就是不计其数的合同，对合同的管理占据了成本管理大部分内容。某种程度上，合同管理已经成为房地产企业成本控制

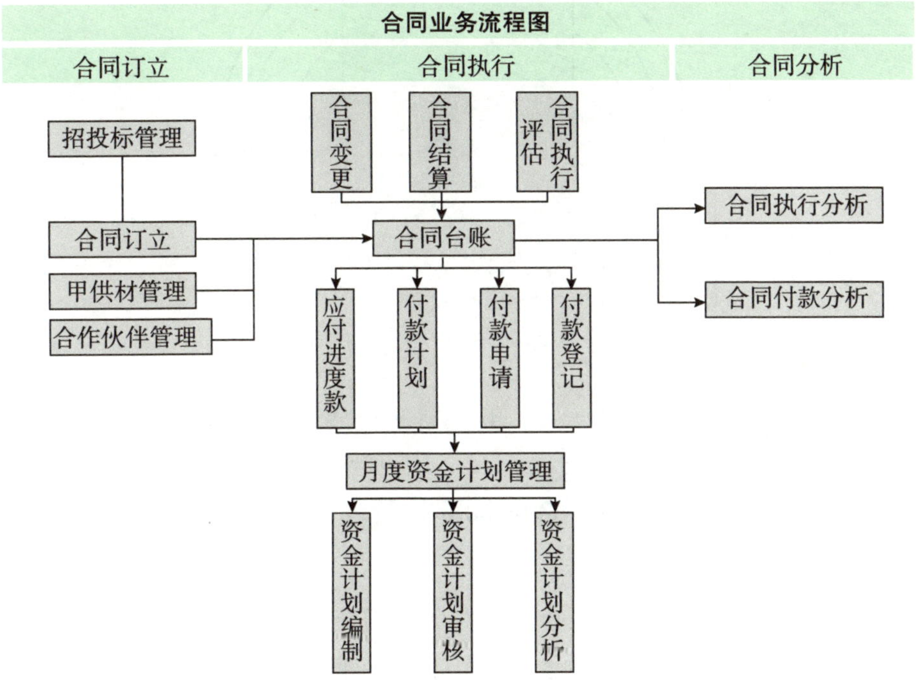

图5－1　合同业务流程图

的关键管理抓手。做好合同管理，需要从合同的规划、招标、签约、变更、付款和结算等合同全生命周期的管控入手。合同业务流程具体如图 5 - 1 所示。

根据诸多标杆房地产企业的实践和明源多年的研究发现，合同规范化管理、合同变更签证管理以及资金计划管理已成为众多房地产企业合同管理中的三大关键点和难题，也已成为行业的研究热点，很多成长型房地产企业为此付出了巨大心血和努力。对此，我们提出合同标准化、变更签证精细化以及月度资金计划三种有效的管理手段，这也是到目前为止能有效解决合同管理三大难题的典型思路。本章将具体针对这三大思路和举措一一阐述。合同管理三大思路具体如图 5 - 2 所示。

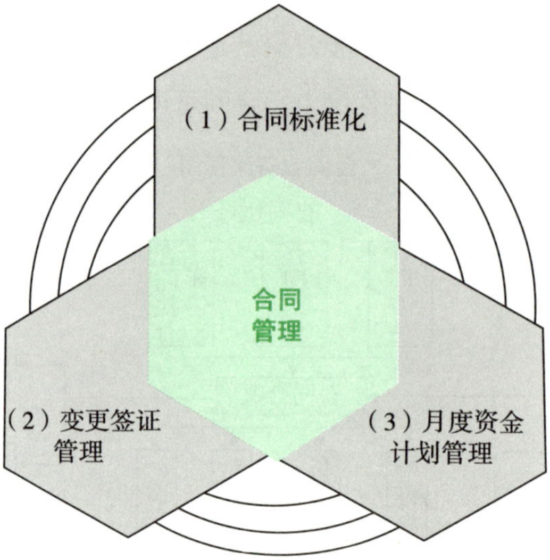

图 5 -2　合同管理三大思路

第一节　合同标准化管理三步走

房地产项目合同具有周期长、涉及业务部门众多等特点：从周期维度来看，一个合同涵盖了从前期的合约规划，到中期的招标（包括标书编制、发标、招标、评标、定标、签约），再到后期的执行、付款、结算、评估等环节；从涉及的部门来看，需营销、设计、工程、成本、采购等业务部门参与其中。

合同标准化是任何一个卓越的房地产企业快速扩张的管理利器。合同标准化就是基于合约规划，梳理出需要固化的合同清单和具体的合同模板，以规避合同风险、降低无效成本、提高审批效率。

合同标准化对企业统一管理标准，以及对项目质量、成本、进度、风险控制和供应商管理都具有非常重大的意义。那么，如何进行合同标准化呢？标杆房地产企业T企业的合同标准化过程主要分三大步骤：范围规划、模板编制和应用控制。具体如图5－3所示。

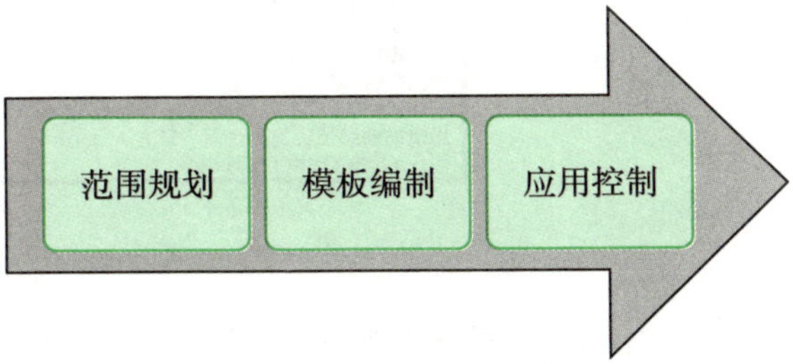

图5－3 合同标准化三大步骤

一、第一步 范围规划

据统计，每个房地产项目的合同数量少则近百份，多则200～500份，而在不同城市、不同项目，合同的文本内容都可能发生变化，每份合同在执行中的风险都千差万别。因此，需要对不同的合同进行分类，识别每类合同的常见管控风险，制定针对性的条款或措施进行应对。但是企业往往资源有限，时间也有限，很难对所有的合同文本进行标准化处理。所以，合同标准化的第一步是对合同标准化的范围进行划分。

T企业将其内部合同主要分为三大类：工程类、设计类与营销类，其合同标准化也主要针对这三大类进行。具体如图5－4所示。

由于T企业在内部推行产品标准化，其产品标准化程度相应较高，供应商也

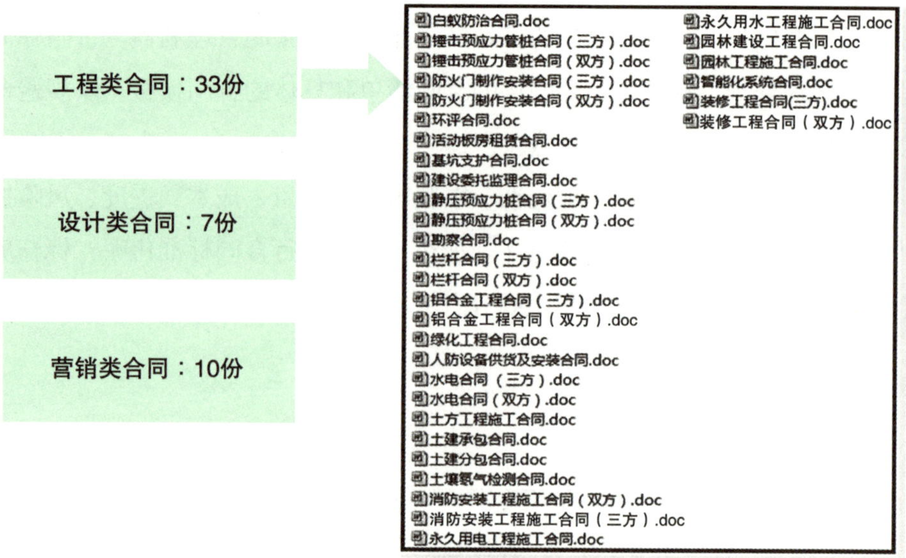

图5－4　合同（标准化）分类

相对稳定，所以T企业的合同分类简单清晰。另外，T企业将工作的重点放在需要管控的合同上，有针对性地进行标准化，一些零星的合同则不纳入其标准化管控范围。

根据标杆企业实践，在选择哪些合同进行标准化处理时会从以下三大维度进行分析，具体如图5－5所示。其中最重要的合同是金额占比大的合同，这些合同往往又是项目的核心内容，比如总包、重要的分包等占项目开发成本80%的合同，而且它们的施工周期长，因此必然成为最重要的管控对象，而历史中审批周期长的合同也会是标准化的主要对象。

对大多数房地产企业来说，需要界定清楚哪些合同需要纳入管控范围，哪些合同可以由下属公司或项目自行拟订。

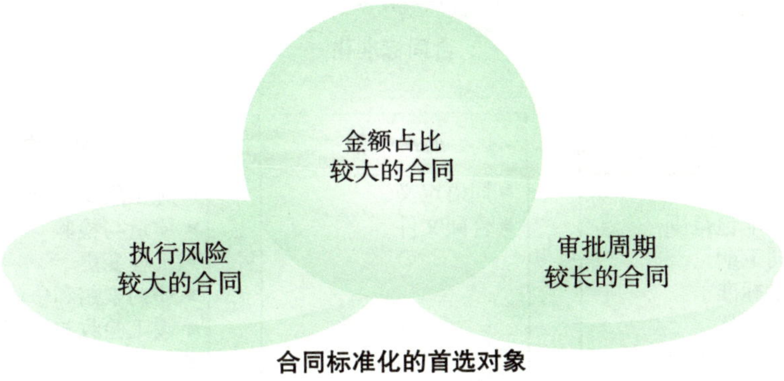

图 5 –5　优先考虑标准化的合同类别

二、第二步　模板编制

在以往合同签订的过程中，T 企业发现合同条款经常被任意修改，但因湮没在诸多合同条款中，审批时很难发现。于是，T 企业将所有错综复杂的合同条款分解为“通用条款”和“专用条款”两大类。

1. 通用条款

通用条款是根据法律、行政法规的规定及建设工程施工的需要订立，通用于建设工程施工的条款。

2. 专用条款

专用条款是发包人与承包人根据法律、行政法规的规定，结合具体工程实际，经协商达成一致意见的条款，是对通用条款的具体化、补充或修改。

该企业规定，在合同签订过程中，只能对专用条款部分进行编制，通用条款部分通过标准化的合同模板来控制。具体如图 5 –6 所示。

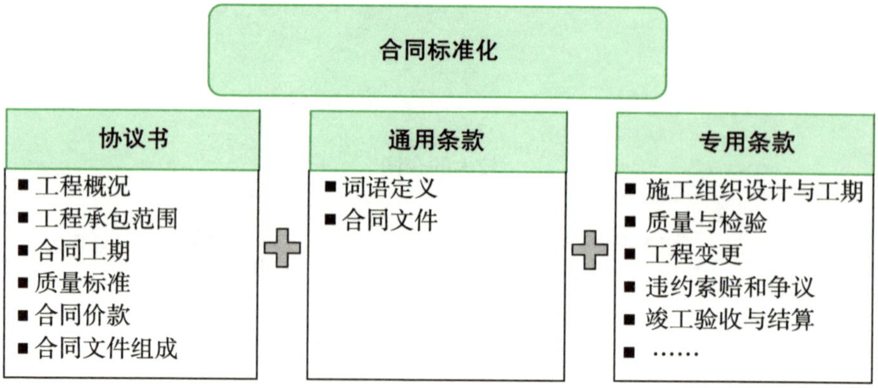

图5－6　T企业合同编制标准

当然，在对合同模板进行标准化之后，相应的合同审批表单、审批要点也需要结构化。例如，在合同审批表单中，可以重点对合同范围、变更控制、付款条件、计价方式、竣工与结算等内容进行审批。

三、第三步　应用控制

梳理完成合同标准化之后，会形成具体的合同标准化模板文件，但是在实际业务中，模板的应用控制在很多企业中都存在令人头痛的地方。一份合同往往几十页、上百页，在合同谈判及传签过程中，难以准确知晓合同中哪些条款保持不变、哪些条款已被修改，往往需要审批人员保持高度警惕，也要对报审的合同进行全面审阅，以避免疏漏，直接导致工作效率低下。因此，通过传统的方式实现控制比较麻烦，而通过信息化工具实施则成为一个简单高效的手段。

T企业在内部构建了成本管理信息化平台，所有的合同进行在线电子流程审批。具体如图5－7所示。对于合同文本标准化部分，使用软件进行控制，实现部分文本不可修改。对于允许个性化部分，则由软件开放出来，供合同起草人员进行编辑。在合同文本修订时，软件会将可以修改的地方使用特殊底色进行标示，既便于一线编辑，也便于后期审批人员快速定位非标部分，从而有效提升效率、规避风险。完成审批后，合同文件由软件控制平台直接输出。

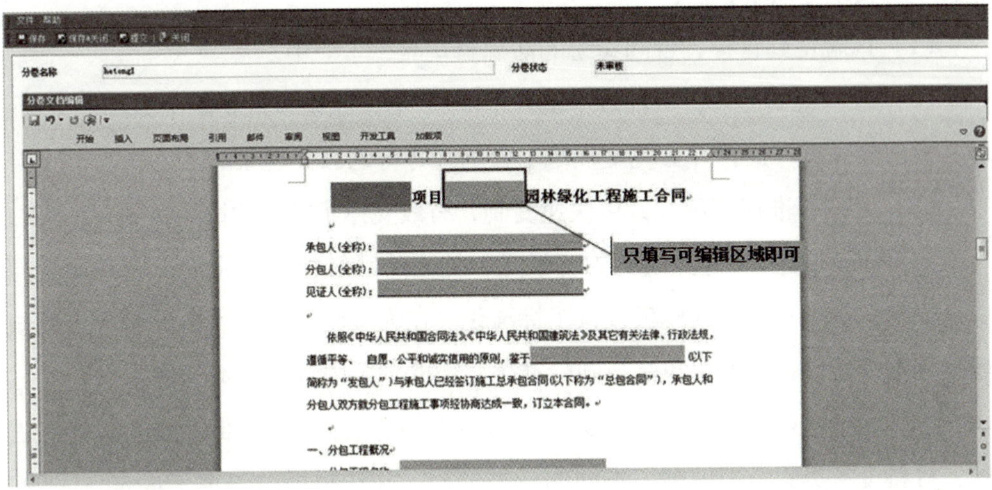

图 5 –7　合同审批模板

为了保障合同模板的有效应用，T 企业在其内部明确规定：

（1）在招标采购、合同签订时，有标准化文件的必须采用标准化文件。

（2）如果没有对应的标准化文件，可以参照与业务内容最接近的标准化文件进行修订和补充。

（3）标准化文件在业务执行过程中，部分条款确实需要进行调整的，可以《补充协议》的形式对相应条款进行针对性修订，禁止在标准化文件的原文中直接修订。

此外，合同模板作为合约规划、标书模板对应的最后成果，应该与企业的合约规划、标书模板等相结合，保持与前期输入成果的一致。

T 企业 50 份合同的标准化，从规划到应用控制，历时 5 个月完成。在推行合同标准化的同时，T 企业还对相关业务流程进行了梳理，确定了每项业务从发起到会签、审批、备案、归档等事项的流程和权限，并采用成本管理系统进行固化，使各项流程迅速落地。

T企业对合同进行标准化管理，对管理流程进行固化，带来的价值非常明显，主要表现在以下3点：

（1）风险得到管控，合同纠纷的法律官司减少了一半。

（2）效率得到提升，审批效率提升了2～3倍，原来审批要半个月到一个月，现在大部分只需一周，并且完全杜绝了合同邮寄时的丢件现象。

（3）合同标准得到统一，可快速复制，有效支撑了区域的快速扩张。

值得注意的是，T企业当时的背景是，处于跨区域快速扩张期，它基于合同审批风险，重点针对合同模板进行了标准化。在大多数的企业当中，对于合约规划、标书模板进行标准化也是合同标准化工作的重要内容和基本动作。

另一标杆企业Z企业，也深入推行了合同标书模板的标准化。他们针对工程、材料设备类的合同编制了不同的标书模板，并在模板中界定了成本、采购、工程、研发等部门在标书中负责的范围和内容，主要有以下5点规范：（1）可整体替换内容；（2）可一次性输入内容；（3）需要以附件形式完善内容；（4）正式签署时视实际情况确认；（5）外单位填写。这些规范给出了清晰的使用指引，也很好地实现了合同的标准化管理。

第二节　精细化分析合同成本的营改增影响

营改增政策对开发企业的开发成本有着直接的影响，上游企业从原来3%的营业税税率，变更为11%的增值税税率。很多上游建筑公司认为这种变化将导致其合同成本上升，因此开始与房地产企业协商上调合同价款事项。针对这种情况，房地产企业应该更为精细、准确地进行试算。此时，成本人员应该发挥专业能力，考量上游企业成本变化的真实情况。下面，我们以示例的方式分析上游企业的可能情况，以供企业参考。

一、总包单位的税负变化分析

根据增值税体系的征税特点，每一家企业的上游供应商管理能力和业务规范度，将对自身企业税负产生很大的影响，所以，我们将从管理规范度高的施工企业和管理规范度差的施工企业两个角度来分别论述营改增对总包合同税负的整体影响。

假设有一份小高层的总包合同，在营业税制下，其中建安部分在扣除甲供设备材料500元/平方米之后，整体报价是1 800元/平方米。我们对1 800元的构成进一步细化如表5－1所示：

表5－1　1 800元的构成

项目名称		营改增之前		
		含税成本（元）	不含税成本（元）	营业税（元）
		①	②＝①－③	③＝①/1.03×0.03
总包成本合计		1 800	1 747.57	52.43
其中	工程材料设备 比例	1 200 67%	1165.05	34.95
其中	人工 比例	400 22%	388.35	11.65
其中	管理费、利润 比例	200 11%	194.17	5.83

注：1. 工程材料设备1 200元，占比67%；人工400元，占比22%；管理费及利润200元，占比11%。

2. 营业税税率3%，通过“营业税额＝含税成本/（1＋0.03）×0.03”来计算营业税总金额为52.43元，同样可以计算出各分项应该缴纳的营业税税额。

3. 通过“不含税成本＝含税成本－营业税额”来计算不含税成本为1 747.57元，同样可以计算出各分项应该缴纳的营业税税额。

1. 管理规范度高的施工企业的税负细化分析

管理规范度高的施工企业，其上游供应商也会是规范度较高的合作伙伴，所以其取得进项专用发票的比例相对较高，特别是材料、机械台班，基本可以全额获得进项，而人工费和管理费的进项取得需视情况而定。按照行业的经验值，我们测算出以下这组经验数据，如表 5－2 所示：

表 5－2　根据行业的经验值所测算出的经验数据

<table>
<tr><th colspan="2" rowspan="2">项目名称</th><th colspan="3">营改增之前</th><th rowspan="2">税率变化</th><th rowspan="2">占比系数</th></tr>
<tr><th>含税成本(元)</th><th>不含税成本(元)</th><th>营业税(元)</th></tr>
<tr><td colspan="2"></td><td>①</td><td>②＝①－③</td><td>③＝①/1.03×0.03</td><td></td><td></td></tr>
<tr><td colspan="2">总包成本合计</td><td>1 800</td><td>1747.57</td><td>52.43</td><td></td><td></td></tr>
<tr><td rowspan="5">其中</td><td rowspan="4">工程材料设备</td><td rowspan="4">1200</td><td rowspan="4">1165.05</td><td rowspan="4">34.95</td><td>材料增值税专票 17%</td><td>58%</td></tr>
<tr><td>砼：税率 3%</td><td>17%</td></tr>
<tr><td>原小型企业（核定 3%），如砂石</td><td>15%</td></tr>
<tr><td>机械台班：（其中人工无，其他按 17%，暂按折算 10%）</td><td>10%</td></tr>
<tr><td>比例</td><td>67%</td><td></td><td></td><td></td><td></td></tr>
<tr><td rowspan="2">其中</td><td>人工</td><td>400</td><td>388.35</td><td>11.65</td><td>原人工 3%，现销项税 11%</td><td></td></tr>
<tr><td>比例</td><td>22%</td><td></td><td></td><td></td><td></td></tr>
</table>

续表

项目名称		营改增之前			税率变化	占比系数
		含税成本（元）	不含税成本（元）	营业税（元）		
其中	管理费、利润	200	194.17	5.83	如约 20%，办公等 17%，其余无，折算税率 3.4%，现：11%	
	比例	11%				

注：这组经验数据主要从以下几个方面进行讨论，其中

1. 成本构成精细化分析：钢筋材料的占比 58%、砼材料的占比 17%、砂石占比 15%、机械台班占比 10%。

2. 工程材料设备可获得进项精细化分析：钢筋材料施工单位可以获取 17% 的增值税进项不会发生变化；商品砼的增值税税率是 3%；部分小型企业提供的材料（比如砂石）最多可以获得 3% 的进项；机械台班的增值税，一般人工没有进项税，机械对应的税率 17%，综合折算税率视同 10%。

3. 人工如果全额外包，对应的税率是 6%，而这种情况很少存在，故综合税率折算为 3%。

4. 管理费其中约 20% 可以取得进项，管理费及利润综合税率折算 3.4%。

通过上述假设和经验数据，我们即可通过表 5－3 来进行增值税下的综合税负测算：

表 5－3　增值税下的综合税负测算

项目名称	营改增之前			折算税率	系数	营改增之后				
	含税成本（元）	不含税成本（元）	营业税（元）			含税成本（元）	不含税成本（元）	进项税（元）	销项税（元）	应纳税额（元）
	①	②＝①－③	③＝①/1.03×0.03			④＝⑤＋⑥＋⑧	⑤	⑥＝⑤×税率	⑦＝①/1.11×0.11	⑧＝⑦－⑥
总包成本合计	1 800	1 747.57	52.43			1 773.15	1 594.77	152.80	178.38	25.58

续表

项目名称		营改增之前			折算税率	系数	营改增之后				
		含税成本（元）	不含税成本（元）	营业税（元）			含税成本（元）	不含税成本（元）	进项税（元）	销项税（元）	应纳税额（元）
其中	工程材料设备	1 200	1 165.05	34.95	0.17 0.03 0.06 0.10	58% 17% 15% 10%	577.55 192.29 164.87 105.91	577.55 192.29 164.87 105.91	98.18 5.77 9.89 10.59		-98.18 -5.77 -9.89 -10.59
	比例	67%									
其中	人工 比例	400 22%	388.35	11.65	0.06		366.37	366.37	21.98		-21.98
其中	管理费、利润 比例	200 11%	194.17	5.83	#####		187.79	187.79	6.38		-6.38

表 5-3 有以下 4 个测算关键点：

测算关键点 1：营改增之后的销项税额为 1 800/1.11 ×0.11 =178.38。

测算关键点 2：总包单位营业税体系下的“不含税成本”相当于增值税体系下的“含税成本”。

测算关键点 3：营改增之后，总包单位的进项税额等于各类税目对应不同的税率计算出的进项税额的总和。

测算关键点 4：营改增之后的税负 = 销项税额 - 进项税额。

通过以上 4 个关键测算点，我们最终得出如下结论：在增值税体系下，如果由管理规范度高的建筑企业履行这份合同，其需要支付的总价款 = 不含税价 + 销

项税额 = 1 765.61 元，相比营业税体系下的 1 800 元的总成本，下降额度为 26.85 元，下降幅度为 1.49%。

2. 管理规范度差的施工企业的税负细化分析

在实际业务中，还存在一种极端情况，如有些总包单位（比如小县城的施工单位）的管理非常薄弱，其很可能没有办法获得任何进项专用发票，我们据此来分析一下这类施工企业的税负变化情况。

我们继续引用上文中用到的表格，如果我们假设施工企业没有办法取得任何进项专用发票，即相当于需把此表中的“营改增之后”的进项税全部调为“0”，结果如表 5－4 所示：

表 5－4　管理规范度差的施工企业的税负细化分析

项目名称		营改增之前			折算税率	系数	营改增之后				
		含税成本（元）	不含税成本（元）	营业税（元）			含税成本（元）	不含税成本（元）	进项税（元）	销项税（元）	应纳税额（元）
		①	②＝①－③	③＝①/1.03×0.03			④＝⑤＋⑥＋⑧	⑤	⑥＝⑤×税率	⑦＝①/1.11×0.11	⑧＝⑦－⑥
总包成本合计		1 800	1 747.57	52.43			1 925.95	1 747.57	0.00	178.38	178.38
其中	工程材料设备	1 200	1 165.05	34.95		58%	675.73	675.73	0.00		0.00
						17%	198.06	198.06	0.00		0.00
						15%	174.76	174.76	0.00		0.00
						10%	116.50	116.50	0.00		0.00
	比例	67%									
其中	人工	400	388.35	11.65			388.35	388.35	0.00		0.00
	比例	22%									

续表

项目名称		营改增之前			折算税率	系数	营改增之后				
		含税成本（元）	不含税成本（元）	营业税（元）			含税成本（元）	不含税成本（元）	进项税（元）	销项税（元）	应纳税额（元）
其中	管理费、利润比例	200 11%	194.17	5.83			194.17	194.17	0.00		0.00

按照上文的计算逻辑，得出最终的结论如下：

需要缴纳的增值税 = 合同价款/（1 + 税率）×税率 = 1 800/1.11 ×0.11 = 178.38（元），需要额外支出的税款 = 增值税 − 营业税 = 178.38 − 52.43 = 125.95（元），所以其成本增加了 125.95 元，故含税成本增加了 7.0%。

我们再来进一步考虑如果施工企业的税负上升需要开发商共担，会对开发商的成本有何影响。假设总包单位不愿意承担营改增带来的税负上升，其要求全部由开发商进行补贴，也就是说其要保持不含税成本不变，税负的变化完全由开发商承担，施工企业的整体税负测算结果如下：

（1）不含税成本 = 1 747.57 元。

（2）含税成本 = 不含税成本 ×（1 + 税率）= 1 747.57 ×1.11 = 1 939.81（元）。

（3）销项税额 = 含税成本/（1 + 税率）×税率 = 1 747.57 ×0.11 = 192.23（元）。

（4）应纳税额 = 销项税额 − 进项税额 = 192.23 − 0 = 192.23 元。

结论：如果施工企业将增加的税负全部转嫁给开发商，开发企业的成本差额 = 192.23 − 52.43 = 139.81（元），故开发企业的成本会增加 139.81/1 800 = 7.8%，整体影响如表 5 − 5 所示：

表 5 –5　施工方全承担和全由开发商补贴的结果

可能情况	营改增之前			营改增之后		成本差额（元）	含税成本（元）
	含税成本（元）	不含税成本（元）	营业税（元）	不含税成本（元）	增值税（元）		
施工方全承担	1 800	1 747.57	52.43	1 621.62	178.38	–125.95	1 800.00
全由开发商补	1 800	1 747.57	52.43	1 747.57	192.23	139.81	1 939.81

综上所述，营改增政策的推行，对管理规范度高的施工企业和管理规范度差的施工企业的影响差异较大，对于管理规范度高的企业，通常情况下可以实现约 1.49% 的税负节约。而对于管理规范度差的企业，如果不能取得进项专票，则施工企业的含税成本将增加 7.0%。所以，施工企业的整体税负的变化会在“ –1.49% ”到“7.0%”之间变动。

二、其他上游单位的税负综合分析

从地产项目的成本结构来看，除去土地成本（可扣减），从全成本角度来看，除了建安，还包含其他成本，我们从每一类科目的税率变化来综合分析，考察各种的税率变化，如表 5 –6 所示：

表 5 –6　各种税率的变化

	成本科目	营业税率	增值税率
1	土地成本		
2	设计费用	5%	6%
3	建安费用	3%	11%

续表

	成本科目	营业税率	增值税率
4	甲供材	17%	17%
5	咨询服务	5%	6%
6	销售咨询	5%	6%
7	利息支出	5%	6%
8	行政用品	17%	17%

由表 5－6 可知，设计费用从原来的 5% 改成增值税的 6%，咨询服务费用从原来的 5% 改成增值税的 6%，销售咨询从原来的 5% 改成增值税的 6%，利息支出从原来的 5% 改成增值税的 6%，行政用品税率仍然是 17%。

其中需要提醒大家注意的是，甲供材在原来营业税体系下，除了需要支付 17% 的增值税以外，因为它不能计入建安成本，需要由施工方代开发票。因此房地产企业还需要额外付出 3% 甚至更多的成本，等于在营业税的时候需要缴两道税（17% 增值税＋3% 的建安发票）。未来在增值税体系下企业不再需要缴 3% 的营业税了，甲供材部分的税负反而会有所下降。

通过上面的分析，我们发现除了建安部分，其他部分税率变化非常小，也就是增长 1%，考虑到它们在总成本中的占比情况，这种小幅上升不会导致项目的整体税负产生太大变化。

三、精细化分析上游企业的税负变化利于合同成本控制

在增值税体系下，房地产企业的成本管理需要更细致的分析，对成本的专业能力和企业内部的数据积累也提出了更高的要求。特别是对于上游供应商，我们要强化对其的管理，这种管理主要反映在如下 3 个方面：

1. 掌握上游供应商的成本构成比例

我们需要针对施工方合同的成本构成比例进行全面的分析，比如工程材料设备占总成本的比例是67%，人工占比是22%，管理费及利润占比是11%。只有这样，我们才能更好地划分不同的内容和类别，了解对方在进项方面会发生何种变化，在我们进行合同谈判时才能掌握主动权。当然在业务实操中，这种分析需要更为细化，一般情况下，一个工程类合同，可能会有几百个子项，每一个子项又会有各自不同的构成。对于成本人员的工作量和专业知识的储备要求比较高。

2. 掌握上游供应商的进项税额取得比例

在了解了施工企业的成本构成之后，我们还要结合其管理规范度来逐一分析其各个子类进项税额取得的比例。比如前面所述的，工程材料设备中钢筋是否能取得足额的进项、砼能否取得足额的进项、机械台班中的人工是否能够取得足额的进项等。这些都将进一步影响该施工企业的整体税负，成本人员才能对施工企业的整体议价能力做到心中有数。

3. 关注施工企业的管理规范度

很多时候，作为建筑企业，为了获取订单，赢得合作机会，会做出过度承诺；或者说，由于其对于营改增的本质变化了解不够，可能做出过于乐观的估计（或悲观的估计），从而在谈判中采取一些激进措施，而这些激进的措施往往会给后续双方合作带来较大管理风险，最终导致项目的进度、质量等方面受到较大的影响。因此，我们也必须对施工单位的管理水平进行一些考量，如果有报价相差幅度不大的两家供应商，出于对项目风险整体管控的角度，就需要将天平向管理规范度高的施工企业倾斜。

第三节　变更黑洞，如何有效设堵

案例：合同变更——房地产企业成本流失的黑洞

P企业项目竣工结算时，发现多份合同的结算金额是签约金额的好几倍，造成项目实际成本超目标成本180%，产品单方造价比周边相同类型的楼盘销售均价还高。

无独有偶，L企业异地项目在合同变更业务上对集团的瞒报变更额高达7 200万元，这些未确认变更对企业运营造成了极大的负面影响。

通过调研多家房地产企业，我们发现，房地产企业在合同变更环节存在3种常见问题，具体如图5－8所示。

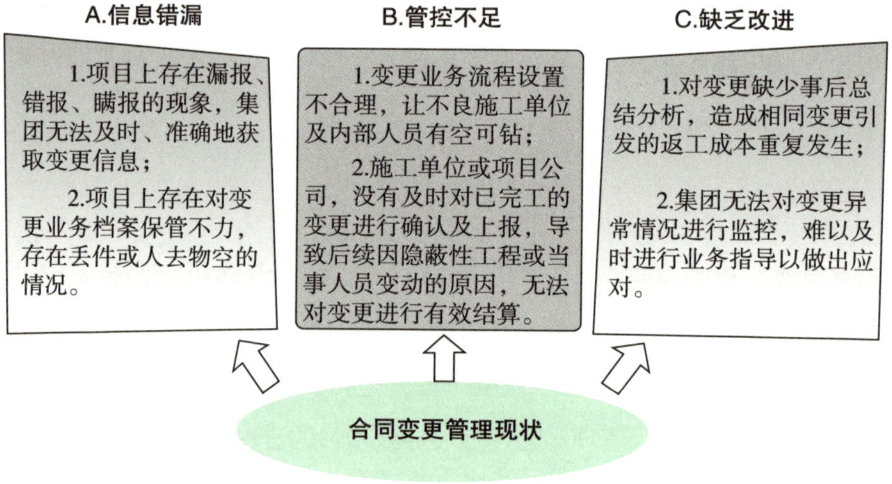

图5－8　合同变更管理中常见的3种问题

变更管理作为动态成本月度回顾的重要内容，可以保障动态成本的真实，从而及时反映其对利润的影响。在过程中应减少变更发生的随意性，做到权责清晰；当变更发生时，需要及时总结原因，避免重复发生。

下面我们以L企业的变更管理为例，进行详细介绍。

L企业作为行业的标杆，对变更的管理具有独到之处：主要通过5个维度进行变更管理（具体如图5－9所示），并依托成本管理系统，保障了对变更的有效管控。

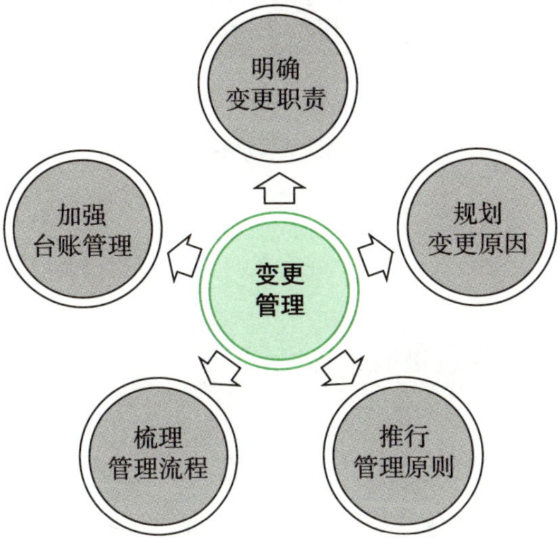

图5－9　L企业变更管理的5个维度

一、界定变更权责，明确管理职责归属

L企业明确界定了与变更、签证管理密切相关的3个业务部门的管理职责。具体如图5－10所示。

从图5－10可以看出，研发部主要负责设计变更，工程部主要负责现场签证，造价采购部主要负责变更和签证的估价及其对成本的影响，3个业务部门的职责分工非常明确。

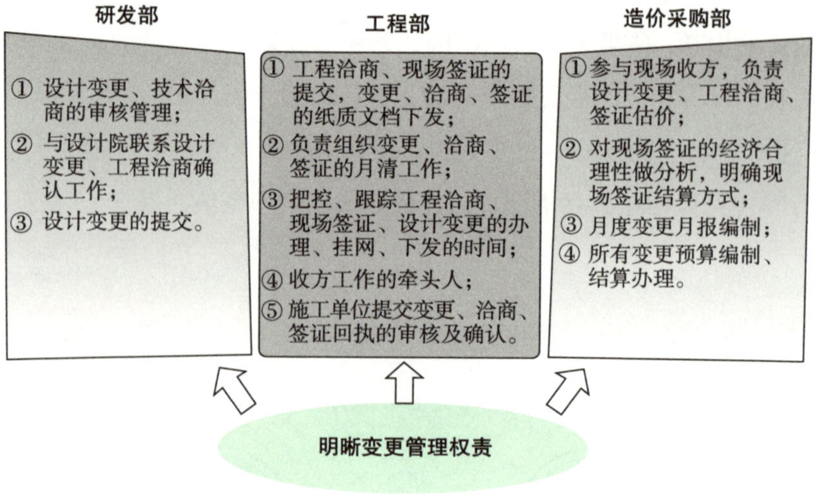

图 5－10　变更管理中业务部门的职责分工

二、梳理变更原因，确保改进有章可循

为了加强对合同变更的规范管理，为后续的改进提供参考，L 企业对常见的设计变更原因进行了梳理与分类，还进一步分析了哪些变更是需要进行管理改进的，哪些会带来返工及其对成本可能产生的影响，具体如图 5－11 所示。在实际执行过程中，L 企业重点关注设计理解确认、优化设计和管理粗放导致的变更。比如对于优化设计，在历史的项目中，大部分设计变更都会归入此类，但是归入设计优化后，又经常会导致项目成本的追加，事实上一线部门的这种归类混淆和模糊了设计优化的具体定义，不利于后续的管理改进，因此 L 企业通过 IT 系统进行强化，要求如果一份变更被归入设计优化，它必然应该带来项目成本的节约，由此非常有利于追查真正的变更原因。而对于管理粗放引起的变更，则会成为样板，要求一线团队还原真实、原始的参考素材，作为后续内部培训的案例，对员工进行训练，以不断优化和提升管理水平。

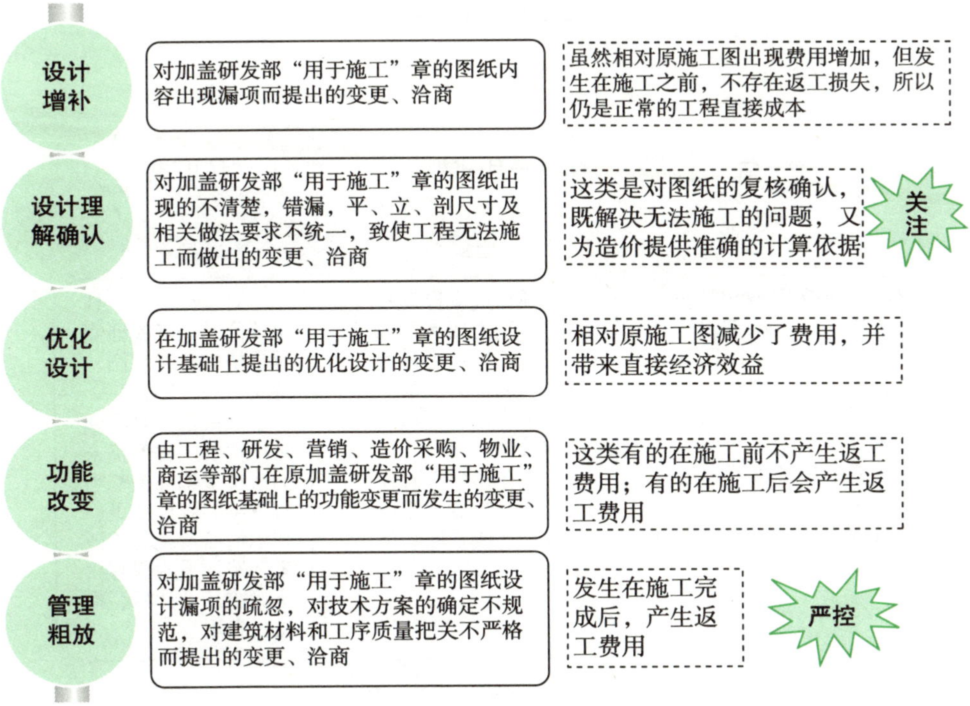

图 5－11　变更原因分类

由图 5－11 可以看到，L 企业不仅对每类变更产生的原因进行了分析，还进一步分析了各类变更是否会带来返工，以及对成本可能产生的影响。

在执行过程中，L 企业重点对优化设计进行了严控，避免变更原因被模糊化而影响决策及后续的总结改进。对于管理不到位引起的变更，则作为后续重点改进的真实、原始参考素材，以不断优化和提升管理水平。

三、推行三大原则，保障变更整体受控

为了保障变更及时得到处理和结算，L 企业确定了变更结算的三大原则。具体如图 5－12 所示。

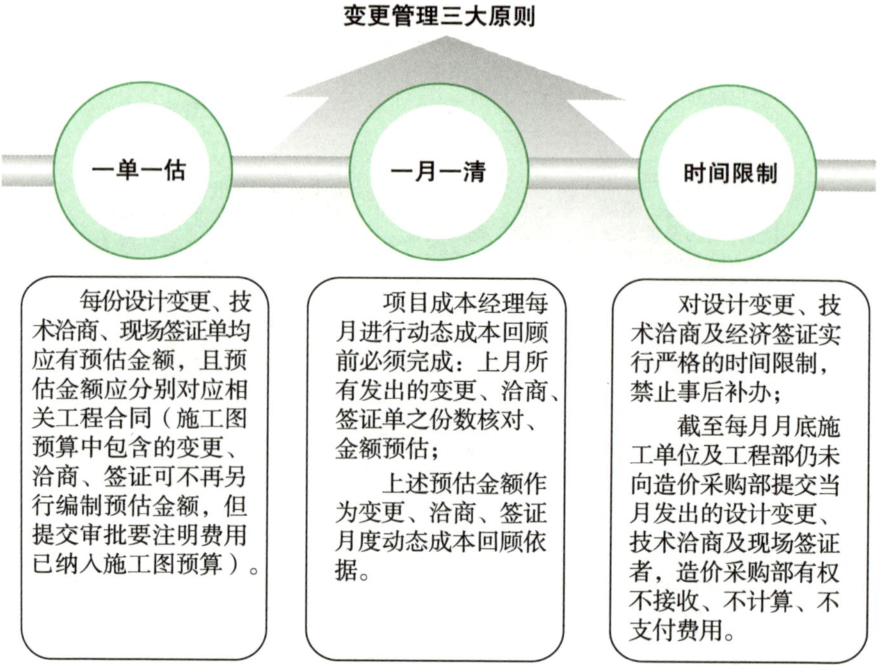

图 5 –12　变更管理三大原则

通过上述三大原则，可以确保变更信息获取的及时性及所获信息的真实性，保障了对变更的可知可控。同时，由于要求对于每一单变更都要在估价之后才能执行，且每月定期清理，严禁事后补办，有力加强了对变更的现场管控。

四、强化三大举措，化解合同变更难题

讲到这里，估计有些房地产企业会非常疑惑，自己的企业也是这样管控的，为何执行不下去呢？根据实践经验，这些企业在执行过程中往往存在以下三大难题：

1. 乙方不配合甲方的管理制度。

2. 内外部人员对管理要求理解不到位。

3. 缺失及时有效的变更分析。

如何破解合同执行中的这三大难题呢？下面我们以 L 企业的合同变更管理为例，来进行详细介绍。

案例：三大举措应对合同变更管理难题

L 企业早期合同变更管理一直是老大难问题，为解决这一管理难题，L 企业在分析合同变更原因的基础上，梳理、优化了和变更签证相关的业务流程，制定了变更管理的管控制度，并提出了针对性的应对措施（具体如表 5－7 所示）。经过一段时间的推行后，L 企业基本上解决了合同变更的难题。

表 5－7　L 企业合同变更管理中三大难点的应对措施

难　点	应对措施
乙方不配合甲方的管理制度	分类、原则、流程都要在合同中有约定
内外部人员对管理要求理解不到位	在审批表单中说明要求
缺失及时有效的变更分析	定期统计分析，做分析表

1. 应对措施一：在合同中约定变更处理条款

（1）难点：乙方不配合甲方的管理制度。

（2）措施：在合同中加入和变更签证执行相关的约定条款（如图 5－13 所示）。

L 企业在合同模板的梳理中，加入了与变更签证执行条款相关的补充协议，明确了双方的权利和义务，大大加强了乙方对合同变更执行的配合力度。

2. 应对措施二：在审批表单中列出管控要求

（1）难点：内外部人员对管理要求理解不到位。

（2）措施：在合同变更的审批表单中，明确各岗位的具体管控要求。具体如图 5－14 所示。

关于设计变更、技术洽商、现场签证办理的
补 充 协 议

发包人（甲方）：
承包人（乙方）：

甲、乙双方于____年__月__日签订了《　　　　　　　　　　合同》，为了保护甲、乙双方的利益，规范与该合同有关的设计变更、技术洽商、现场签证的管理工作，分清责任，提高结算效率，特签订本协议：

一、承包人应及时、完整地执行发包人正式发出的设计变更、技术洽商所涉及的各项工作内容；发包人应按照设计变更、技术洽商和现场签证的完成及审核情况，及时审核设计变更、技术洽商和现场签证所涉及的费用，及时地向承包人支付设计变更、技术洽商和现场签证的价款（同工程进度款的支付时间和支付比例）。

二、关于办理设计变更、技术洽商和现场签证的约定

1. 定义

1.1 设计变更：由设计单位提出的对已经支付给发包人的加盖研发部（含景观、装饰、体验中心职能）"用于施工"章的图纸进行的补充、完善、优化以及根据发包人要求的功能改变所做出的相应变更。

图 5－13　合同变更签证执行条款补充协议

经 济 签 证 单（项目工程部）

承包人：____________　**所属合同：**必须填写______　共____页　**编号**______（连续编号）

事项名称				
适用范围：	（注明施工地点、适用范围）		提出时间	
签证原因	□返工　□零星用工　□零星用机械　□新增工作内容　□确定合同约定工作内容的工程量　□其他原因（请选择和注明）			
签证内容	提出人员： 工程负责人： 承包人（盖章）： 日　期：　　年　月　日			
	施工单位估价（元）		预算人员	
签证审核	监理单位	审核意见： 监理工程师： 监理单位（盖章）： 日　期：　　年　月　日		
	项目工程部	审核意见： 项目专业工程师： 项目经理： 项目部（或景观、装饰部）（盖章）： 日　期：　　年　月　日		

图 5－14　合同变更审批表单（经济签证单）

L企业在合同变更的审批表单中，针对每个具体的审批岗位，列出了明确的审批说明，加强了业务部门对管理要求的理解。

3．应对措施三：明确原因，定期统计分析

（1）难点：缺失及时有效的变更分析。

（2）措施：在合同变更的审批表单中，需要明确导致变更的原因，并定期进行统计分析，实现管理提升。具体如图5－15所示。

设计变更、技术洽商、工程签证分析及会签流转表

（内部流转分析审核）

乙方编号：________________

甲方编号：________________　　　　流转开始时间______年____月____日

类　别	□设计变更　□技术洽商　□经济签证　□见证签证	
项目名称		
原　因	□建设方	□合同未包含　□现场突发事件　□业主变更　□功能改变 □管理不到位（□研发　□营销　□工程　□造价　□物业　□商运　□其他：_____）
	□设计方	□设计补充完善　□优化设计　□设计理解确认　□设计管理不到位
性　质	提出时间	□工程实施前　□工程实施中　□工程实施后
	是否返工	□返工　□不返工
提出部门	项目团队	□营销　□研发　□造价　□装饰　□景观　□工程
	其　他	□设计院　□施工单位　□物业公司　□商运公司　□其他：__________
与合同附图核对		□吻合　□不吻合　□其他：______________
建议费用承担部门	项目团队	□营销　□研发　□造价　□装饰　□景观　□工程
	其　他	□设计院　□施工单位　□物业公司　□商运公司　□其他：__________
涉及专业	□建筑　□结构　□电气　□给排水　□通风空调　□景观　□装饰装修　其他：______	
会签人员	固定会签人	项目成本经理　项目工程经理　项目研发经理　项目总监
	选择会签人	□景观专员　□装饰工程师　□项目营销经理　□商运公司 □物业公司　其他：______________
		项目其他专业工程师：______________
经办专业工程师（签字）：______________　时间：_____年____月____日		

图5－15　变更签证表单

在变更签证的表单中，需要对引起变更的具体原因进行归类，并定期进行统计和分析，以便在后续的工作过程中依照进行改进。

五、加强台账管理，实现变更可知可控

为了保障建立完整的变更管理台账，L企业集团要求各公司造价采购部进行如下两项操作：

1. 每月进行成本回顾的规定程序

（1）核对当月台账：变更、洽商、签证台账，保证造价采购部、工程部、施工单位三方资料的完整统一。

（2）对上月台账完成金额预估：预估金额同时要反映到当月成本系统的项目动态成本回顾中。

2. 每月3日前在系统中集中公告

（1）使用《成本系统变更签证管理模块》，系统可自动生成台账，且每月3日前系统会自动推送给集团运营中心成员。

（2）集团运营中心定期公告各地区公司变更、洽商、签证台账，并进行点评。L企业变更管理台账如表5－8所示。

L企业作为行业的标杆，在变更管理措施的细节方面可圈可点：定位务实，各业务部门管理职责清晰，对变更的分类及原因定义准确，且通过流程、表单与系统控制有效地保障了变更管理的落地执行，最终通过回顾机制确保其及时、完整。

表 5 -8　L 企业变更管理台账

公司/项目	份数/金额	设计变更、技术洽商					签证		合计
		设计补充和完善	设计理解和确认	优化设计	功能改变	管理不到位	见证签证	经济签证	
××项目	本月发生份数								
	本月预估金额								
	累计发生份数								
	累计预估金额								
	本月结算份数								
	本月结算金额								
	累计结算份数								
	累计结算金额								

第四节　资金计划，“预”与“卡”的平衡

随着房地产行业的逐步规范以及政府的严格调控，房地产企业越来越重视资金的计划管理。通过对资金进行有计划的合理安排，可以减少资金占用，提高资金使用率，降低资金成本，更重要的是可以防范企业的现金流风险。

房地产企业会要求各职能部门及时上报资金实际发生情况，以修订未来的资金安排——有的是 3 个月滚动，有的是年度滚动。根据涉及的时间周期，可以分年度资金计划、季度资金计划以及月度资金计划。其中，月度资金计划是资金计划管理的基础。

一般而言，月度资金计划的范围主要包含项目成本类的资金计划，即合同付款及相关费用计划。对于销售收入资金计划、部门费用资金计划、投融资计划等，可以通过全面预算管理手段进行，不在成本管理的月度资金计划中体现。因此，本节内容所涉及的资金计划主要指成本支出计划。

那么，资金计划该如何管控呢？下面列举现实中的两家企业，它们分别采取了“卡资金”和“预资金”两种不同的管理模式。了解每种模式的优劣得失，对大多数房地产企业的资金管理将具有一定的启发意义。

一、卡资金：“4 把尖刀”硬性卡住资金需求

R 企业是一家追求管理精细化的地产公司，是集团—公司两级架构，资金调配权在集团，从一线公司到集团，每月做“月度资金支付计划”，一线公司还需要做“周资金计划”，以保障资金计划的及时性和有效性。R 企业的高管对资金计划管理提出了“4 把尖刀”的管控模式，具体如图 5－16 所示。

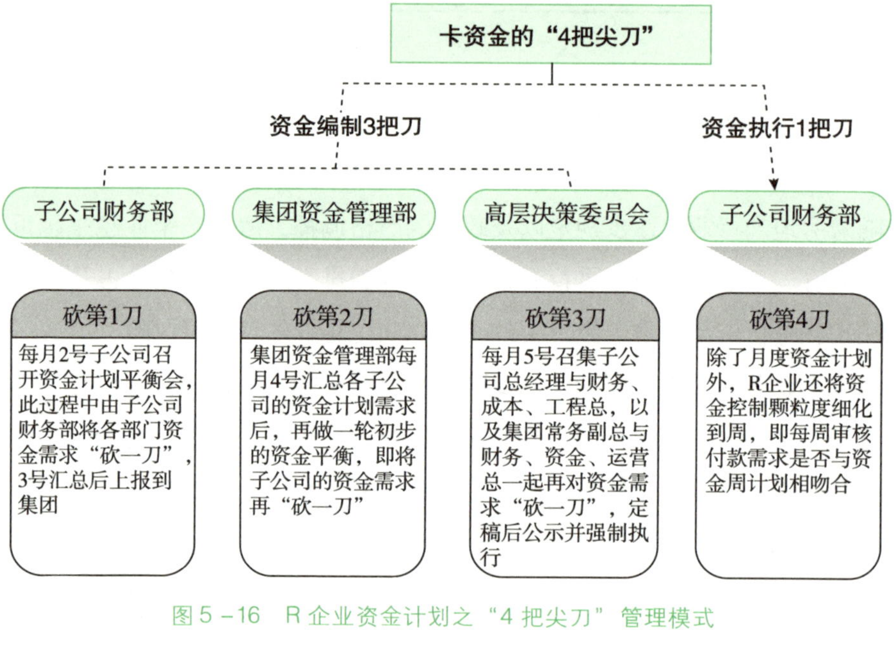

图 5－16　R 企业资金计划之“4 把尖刀”管理模式

具体来说，“4 把尖刀”首先在月度资金计划编制上祭出了“3 把刀”，编制这“3 把刀”实际上是站在集团和子公司的管理层角度，以“一线报高”为假

设，以“砍”为手段，分别经过子公司财务部、集团财务中心资金管理部以及高层决策委员会三层削减，最终完成月底资金计划的制定。然后在资金计划执行中，该企业又祭出了“第 4 把刀”，即每周审核付款需求是否与资金周计划吻合，不吻合则需要另走程序。

通过详细的数据分析可了解到，在第 3 刀砍过后，集团审批的资金计划需求相比原始的资金需求，已被砍掉了 30% ~40%。而在第 4 刀砍过后，周资金计划又在月度资金计划的基础上砍掉了 10% 左右。显然，R 企业通过这种方式的确将资金需求“卡”住了。

R 企业的集团财务总监对此颇为自豪：我们比很多标杆企业的资金计划管理更精细，月计划外的款项支付不超过 5%，月计划内的付款达成率一般控制在 90% 以下。

然而，这种操作方式的实际效果究竟如何呢？

R 企业总裁表示，在推行“卡资金”管理模式的这一年中，有些经历让人心有余悸。他举例：原定 1 月底召开集团管理层年终务虚会、公司员工表彰大会及文艺会演，所有计划都已安排妥当。但当天却有两个施工队带了 40 多名农民工围堵了集团办公区索要拖欠工资，还拉起横幅，整个过程中险象环生。经沟通协调发放了拖欠的工程款并派发了红包和春节礼品，事情也得以平息，但原定的欢庆大会喜意全无。

除了总裁这段糟糕的经历，一线员工在执行这“4 把刀”时也有一些亲身体会。具体如图 5 –17 所示。

目前，相当多的地产企业都采用了 R 企业这种资金计划管控模式，这些企业大多是在进行区域快速扩张时，希望加强对资金计划的管控，因此需要在“集团—公司”之间取得平衡，寄希望于“4 把尖刀”的精细化管控模式来提升资金使用的有效性。

然而，这种模式在实际操作过程中会对资金管控“一刀切”，没有区分轻重

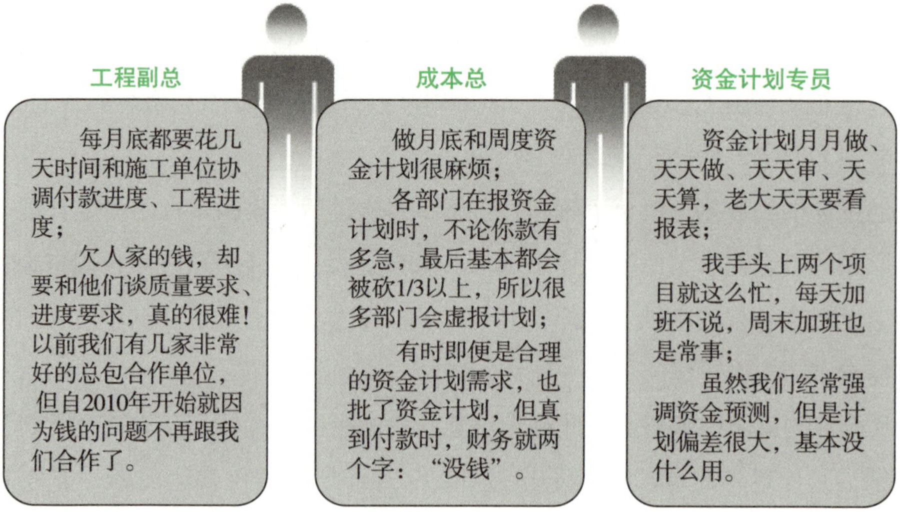

图5－17 R企业员工对资金计划管理的亲身体会

缓急，相对粗暴武断，容易导致企业的运作处于恶性循环状态，耗时耗力，且影响生产进度、供应商关系，因此这种模式在企业的实际运作中会带来一些负面影响。

二、预资金：资金计划滚动预测，对执行力要求偏高

那么，什么样的资金计划管控模式才是有效的呢？S企业给我们带来了另一种启示。

S企业是沿海一家处于快速扩张中的企业，实施了成本管理信息系统。其资金计划管理的组织设置如图5－18所示。

S企业组织设置有如下三大特点：

（1）二级公司成本部资金计划专员通常是成本部的合同管理员。这个岗位要管理所有的工程合同，对合同的执行情况很了解。

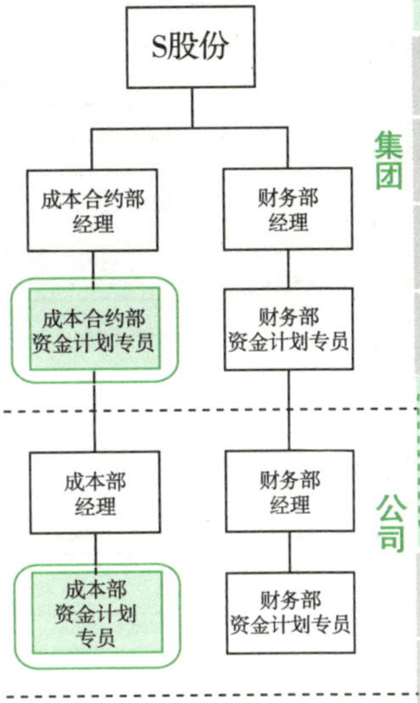

	岗位	岗位职责
集团	集团财务部经理	平衡各公司的资金计划，然后进行资金调拨
集团	集团成本部经理	对各公司的资金计划进行审核，主要审核资金计划的合理性
集团	集团财务部资金计划专员	平衡各公司的资金计划，然后上报财务部经理审批
集团	集团成本部资金计划专员	对各公司的资金计划进行审核，主要审核资金计划的合理性
公司	公司财务部经理	对各项目的资金计划进行审核，并召集会议，进行资金平衡
公司	公司成本部经理	对各项目的资金计划进行审核，主要审核资金计划的合理性
公司	公司财务部资金计划专员	审批各项目资金计划，进行资金平衡，上报财务部经理审核
公司	公司成本部资金计划专员	协调各项目、各业务部门的资金计划，并审核其计划的合理性

图 5－18　S 企业资金计划管理的组织设置

（2）集团成本部建立资金计划专员岗，针对所有二级公司的资金计划进行审核，它主要审核计划的合理性。

（3）所有的合同都需要进行应付进度款登记，以保障其与工程进度、合同条款的吻合，同时为资金计划专员审核付款计划是否合理时提供参考。

为了保障月度资金计划执行的有效性，S 企业结合公司内部的成本管理系统，梳理了月度资金计划管理流程。具体如图 5－19 所示。

在 S 企业的月度资金计划管控流程中，各公司在月底之前上报下月资金计划，集团需要在 5 号之前完成审批，并且 S 企业在内部明确了月度资金管理的四大关键点。具体如图 5－20 所示。

S 企业始终认为，对于遗留应付款，欠的是别人的钱，但是拖的是自己的进度。因此 S 企业要求，对于超过 3 个月的遗留款项，集团财务部必须满足其资金支付要求，这样可以及时暴露问题，有效规避风险。

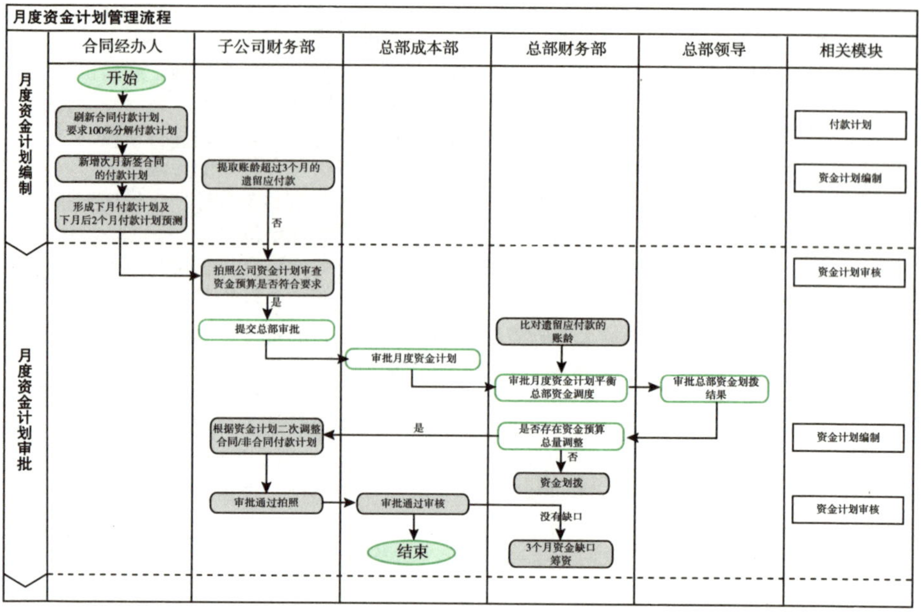

图5－19　S企业月度资金计划管理流程

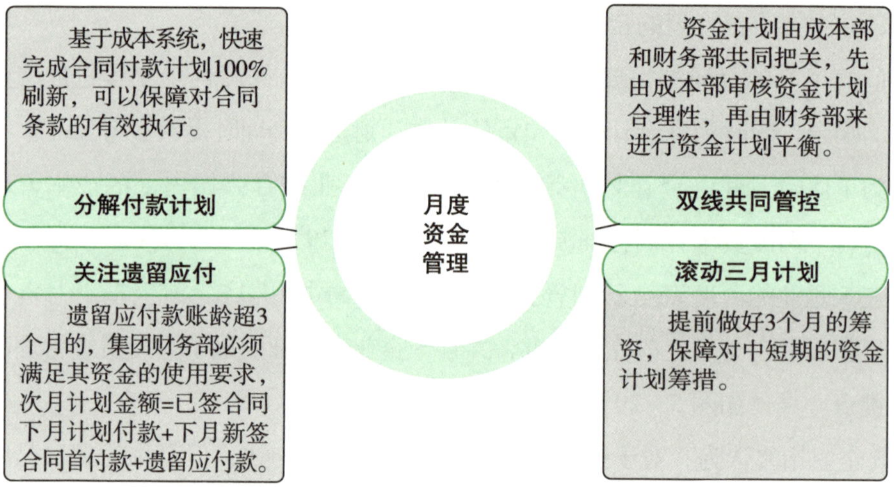

图5－20　S企业月度资金管理四大关键点

通过这一流程，集团可监控到项目的资金需求和遗留应付款账龄；集团财务部可根据需求进行资金调拨；项目公司需严格按计划进行支付，计划外的付款需集团审批。

从目前的执行情况来看，S 企业一线执行部门很乐意去做资金计划，资金计划的执行效率较高，内部管理规范，使其已成为其他企业竞相模仿和学习的对象。

三、成长型房企资金计划应寻求“预”与“卡”的平衡

由上述案例我们可以看到，一种是“卡资金”的模式，在资金非常紧张的时期，R 企业祭出了“4 把刀”，最终月度计划外付款比例不超过 5%，月度计划内付款比例控制在 90% 左右，确实将资金需求卡住了，但是却带来了诸如施工队索要拖欠工资、各专业线工作难办等负面影响。

另一种是“预资金”的模式，S 企业的资金计划管理采取了多种手段，如提报下 1 个月付款计划和下月后 2 个月的付款预测，据此统筹资金，降低筹资成本；同时，适当体现款项账龄，暴露“卡资金、拖资金”等问题，从源头上规避了资金计划管理风险。

对比 R 企业和 S 企业的资金计划管控模式发现，我们应该在“预”与“卡”之间寻求一种平衡，加强对资金计划可预见性的管理，努力尝试做到如下几点：

（1）我们追求的应是“预资金”，而不是“卡资金”，如借鉴 S 企业的资金计划管理模式，才能从源头上规避资金计划的风险。

（2）适当体现款项的账龄，将“卡资金、拖资金”的问题暴露出来，提前规避资金计划管理可能带来的风险。

（3）“1 + 2”的模式是提高资金计划的可预测性的关键所在，财务也可以据此来统筹资金，降低筹资成本。

（4）在制定制度的时候需考虑一线执行的情况，从制度层面确保资金计划的可落地性，只有这样才能实现资金计划管理的良性循环。

当然，月度资金计划要真正发挥作用，需要切实做好项目实际进度的管控，对于一些大额合同的款项支付应尽可能将其与进度节点绑定，以便更高效刷新项目支出滚动资金计划，并在年度资金预算的基础上细化对月度资金计划的管控。

本章小结：给成长型房企合同管理的实战建议

合同是项目成本的具体载体，管住合同性成本，从某种意义上说就已经管住了成本。在实际推进工作中，合同标准化、合同台账、资金计划是其中的有效抓手，我们建议成长型房企首先从这几个方面进行合同管理的优化，具体如图 5－21 所示。

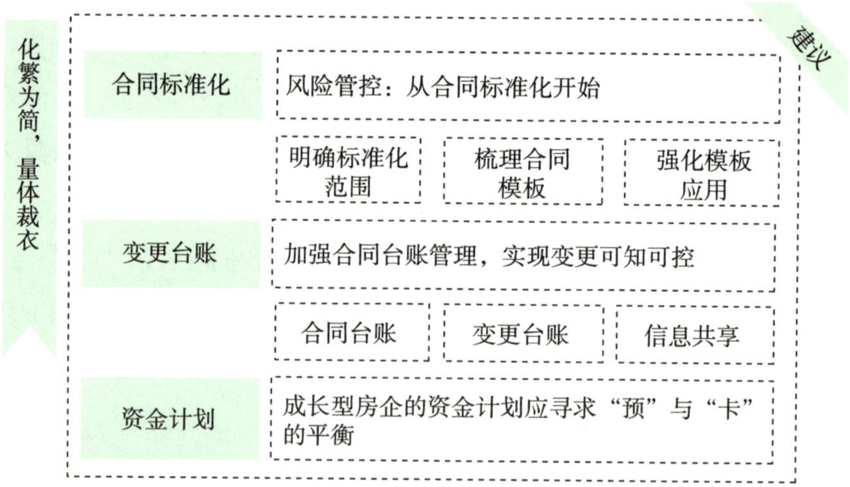

图 5－21　给成长型房企合同管理的实战建议

在合同标准化维度，企业可以选择性地对部分合同进行标准化处理，第一节提出了优先进行标准化的几个维度，但是对于成长型企业而言，直接用金额界定是更为直接的方法，我们可以按照项目进行合同金额分档统计。根据表 5 – 9，企业可以做出选择，如果通过管控 29 份合同的模板就可以控制住 97.76% 的项目成本，那么就不用全面进行合同标准化模板的梳理，这样可以提高工作效率。

表 5 –9　项目合同金额、数量分析表

金额区间	千万元以上	500 万元到 1 000 万元	100 万元到 500 万元	50 万元到 100 万元	30 万元到 50 万元	10 万元到 30 万元	1 万元到 10 万元	1 万元以下
合同数量	4	2	11	12	9	41	66	13
数量占比	2.53%	1.27%	6.96%	7.59%	5.70%	25.95%	41.77%	8.23%
金额占比	90.12%	1.80%	4.66%	1.18%	0.55%	1.17%	0.52%	0.01%
数量累计	4	6	17	29	38	79	145	158
数量占比累计	2.53%	3.80%	10.76%	18.35%	24.05%	50.00%	91.77%	100.00%
金额占比累计	90.12%	91.92%	96.58%	97.76%	98.31%	99.48%	99.99%	100.00%

在合同台账管理方面，我们也发现大部分企业建立了各自的合同台账，但是该台账在企业内部经常处于割裂的状态，如常见的现象是财务部门有一份台账，成本部门有一份台账，工程部门有一份台账，档案管理部门也会有一份台账，但是台账之间的信息往往难于同步，每到月底或者领导要数据的时候，各部门就需要进行对账处理，从而产生了额外的工作量。因此，成长型企业要建立相对全面的合同台账，包含合同的基本信息、变更信息、付款信息等等。

第六章

第 5 站：动态成本站

如果强调什么，你就检查什么；如果你不检查，就等于不重视。

——IBM（国际商用机器公司）原总裁郭士纳

众所周知，企业管理和运营就是PDCA的循环过程，但更多企业往往善于做PD，在CA（回顾、检查和调整）环节做得不足。这也说明了“凡事计划容易执行难”，而执行得好与否，关键还在于检查。对目标成本管理而言，也是如此。房地产企业需要做好每月的动态成本回顾与“检查”，才能真正做好目标成本的过程管控，才能尽可能地确保目标成本不失控。

! 案例：两千万元变更未上报，成本超支，领导火冒三丈

曾经有这么一家地产企业，在市场低迷时期领导决定对某一个楼盘进行降价销售，以快速回笼资金。但这个价格到底降多少合适呢？领导从成本人员那里了解到的动态单方是 1.2 万元，于是，领导决定从每平方米 1.8 万元降至每平方米 1.6 万元。可到项目竣工后才发现，成本单方竟然跳到了 1.4 万元，这样再考虑税金等成本后，该楼盘竟卖亏了一大截！

为什么会出现这种情况呢？原因很简单，就是当初领导做决策所依据的动态单方是不准的。为什么呢？因为有近两千万元的变更未上报，所以造成当时的动态成本不准。

我们进行成本策划、编制目标成本、分解合约规划、进行采招、签订合同等一系列的管理措施，其根本目的就是为了保障在成本执行过程中目标成本不被突破。那么，如何实现这一点呢？其实就是通过动态成本与目标成本的实时对比来实现，所以动态成本可以被理解为成本管理的“体温计”，随时反映项目的成本管理健康程度。

第一节　动态成本的概念

一、动态成本的定义

动态成本是什么呢？目前房地产企业还没有统一的定义：有的认为是已经签约的合同金额总和，有的理解为已完工产值总和，有的理解为已经支付的款项总和。上述这些都属于投资进度的概念，非常重要，但不能代表动态成本，动态成本简单地说就是项目（或产品）的预计最终成本（如图 6－1 所示）。

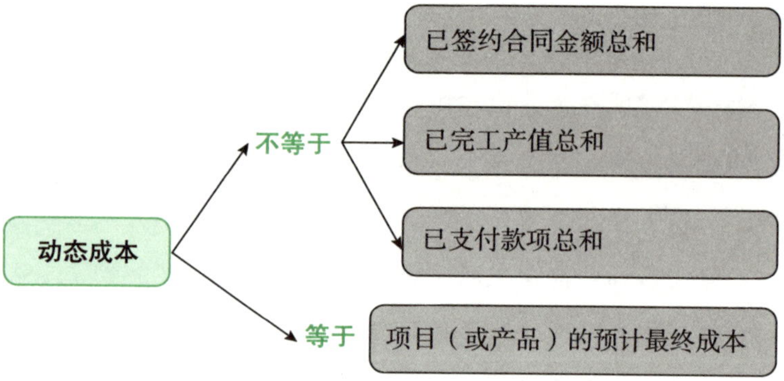

图 6－1　动态成本定义

具体而言，动态成本是指在项目启动后的任何一个时点，对项目最终结算成本的预测。由于目标成本形成后，受材料、设备、劳动力等市场价格变化，以及设计变更、经济签证、工程量变化等各种因素的影响，它会有一定的变化，这个变化就需要以动态成本反映出来，直到项目结算。目标成本、动态成本、结算成本的关系如图 6－2 所示。

动态成本等于预计的最终成本，其内涵关键在于“动态”二字，因此，在常规的项目开发三大阶段——项目启动阶段、项目开发过程和项目结束阶段，动

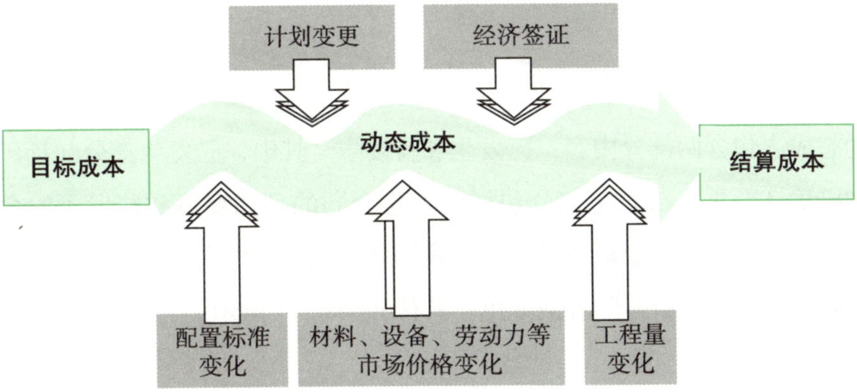

图6－2　动态成本示意图

态成本表现出三种不同的计算方式，具体如图6－3所示。

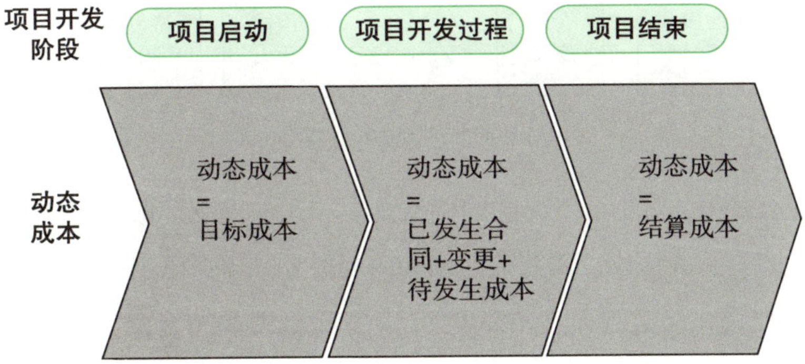

图6－3　在项目开发三大阶段动态成本的不同表现

准确的动态成本，特别是产品动态单方是我们进行产品销售定价和项目结算时成本结转的重要依据。特别是对于房地产这种采用预售制度的行业来说，动态成本的准确性更为重要，因为卖房的时候产品还没有生产完，如果不能在过程中得到有效的动态成本作为依据，将给定价带来极大风险，直至威胁项目投资收益的兑现！

二、动态成本的计算公式

动态成本包含两部分内容：已发生和待发生。其中，已发生部分包括已发生合同和已确认变更；待发生部分包括已发生合同的预估变更和待发生的合约规划。由此，我们就得出了动态成本的公式：动态成本 = 已定合同 + 已定变更 + 待发生合约规划 + 已定合同的预估变更。具体如图 6 –4 所示。

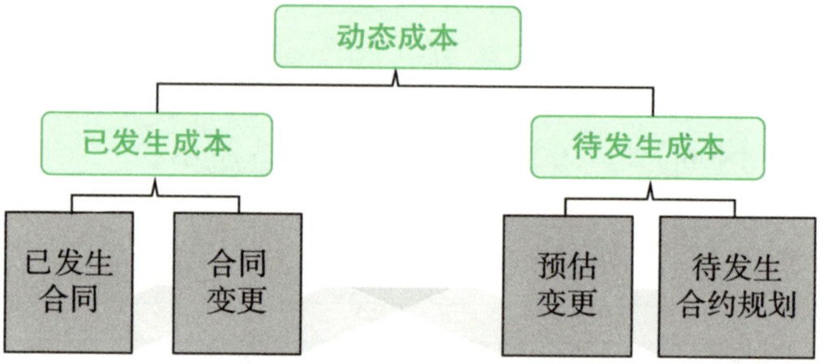

图 6 –4　动态成本计算公式

在上述公式中，对于已签合同的确认变更和预估变更要做好区分。它们在管理上的关注点有很大区别。两者的区别和内涵差异如下：已定变更指的是已签约的合同发生变更，而且这个变更的内容和涉及的成本（金额）已经得到了甲、乙双方认可，可以明确归入动态成本，这部分金额未来不太可能发生变化；预估变更包含三类内容，其中一个是供应商（施工方）已经向甲方提出变更内容及变更金额，但尚未得到甲方确认的部分。一个是供应商（施工方）尚未向甲方提出，但甲方根据市场情况预计要发生的合同金额增加。还有一个是预估需要进行的预算调整部分。具体而言，它们的区别如图 6 –5 所示。

为更好地说明动态成本，我们不妨拿建筑工程科目的动态成本为例来进行具体阐述。

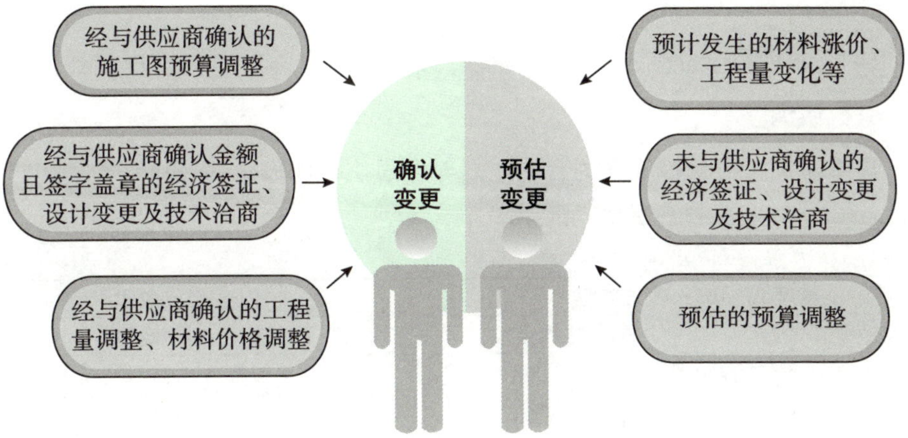

图 6－5　确认变更与预估变更的区别

案例：建筑工程科目动态成本的算法

某项目建筑工程科目的目标成本为 2 000 万元，首先要对该科目的这 2 000 万元目标成本进行合约规划分解。具体分解到了 9 个合同，并且随着项目展开，合约规划逐步被合同取代。为了让动态成本更加准确，在合同执行时需考虑如下 4 种情况：

（1）如果合同金额大于合约规划金额，则消耗科目（建筑工程）规划余量，如果合同金额小于合约规划金额，节省部分进入规划余量。

（2）如果项目开发周期比较长，市场行情变化后，需要审视已签订合同，判断其是否可能发生变更，如果有可能，就需要对该合同进行预估变更处理，做到反映合同潜在的变更。

（3）正式变更发生时，先考虑该合同是否已经准备了预估变更，如果有，则先耗用预估变更，不足部分耗用科目规划余量；如果没有，则直接消耗科目规划余量。

（4）待发生合约规划在其后续执行过程中，也需要根据项目可能发生的情况进行微调。

具体建筑工程目标成本的合约规划与合同执行如表 6－1 所示。

表 6－1　某企业动态成本

单元：万元

费项 01－05：建筑工程				目标成本	2 000
		签约金额	已确认变更	预估变更	
已签订合同	合同 1	1 000	30	25	1 055
	合同 2	200	5	10	215
	合同 3	300	5	5	310
	合同 4	40	5	0	45
待发生合同规划	合同 5	40			40
	合同 6	70			70
	合同 7	200			200
	合同 8	80			80
	合同 9	50			50
				动态成本	2 065

这样我们依据合同（合约）“先横向，后纵向”汇总，就得到了该科目的动态成本金额，从表 6－1 中我们不难得出，此时的动态成本为 2 065 万元。

第二节　如何有效管控动态成本

一、管控重心——待发生成本

动态成本是一个时刻在变动的成本概念，从其公式可以看出，动态成本包含已发生成本和待发生成本两部分。对于已发生成本（包含已签合同和已确认变更），后期变化很小；而对于待发生成本，由于包含预估变更和待发生合约，所以不可预估的变化多、未知多。管理的重心往往就是管异常和风险，因此，动态成本管控的重心就在于对待发生成本的管控（如图 6-6 所示）。好处在于对动态成本管控更加聚焦，即指向待发生合同和预估变更的管理。很多成本老总感慨，如果能把这部分控住，那动态成本将令人高枕无忧了！

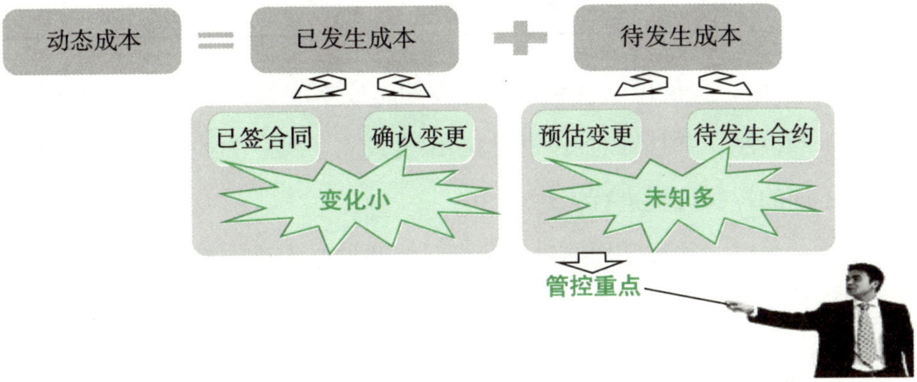

图 6-6　动态成本管控的重点在于待发生成本

二、管控手段——过程预警和强控

众所周知，目标成本超了，意味着成本失控，但是从业务上，我们还需要具体去看是哪一科目超了，是建安成本超了还是营销成本超了，具体科目还需具体分析。因此，在动态成本管控过程中，不同的企业有不同的处理方式，主流的做法如表 6-2 所示。其中的二级科目通常指土地费、前期工程费、配套设施费、建安工程费、基础设施费、开发间接费、营销费用等。

表6－2　动态成本管控中的处理方式

控制维度	控制条件	控制流程
单个科目控制（按相对值）	二级科目：差值>2%	预警
	二级科目：差值>4%	跳闸（停止付款）
单个科目控制（按绝对值）	二级科目：超300万元	预警
	二级科目：超800万元	跳闸（停止付款）
总额控制（按相对值）	总额差值> 1%	预警
	总额差值> 2%	跳闸（停止付款）

从表6－2中，我们可以看到为了达成动态成本的管理效果，企业从三个维度进行成本的控制，并且针对每一种控制维度设立了相应的控制条件，根据控制条件采取不同的控制流程进行应对。

对于单一科目，往往采用绝对值和相对值两种方式设定控制条件。例如，对前期工程这种总金额不高的二级科目，它采用相对值设置条件，如果科目的总目标成本是2 000万元，只要超过科目总目标的2%，则进行预警流程，超过4%会进入跳闸流程。但是对于建安工程这类总金额很高的科目（总金额可能达四五亿元），往往这种比例算下来控制值就会比较高，企业针对这种情况往往采用金额超标的绝对值进行控制。表中设立的条件是超过科目设定的目标成本300万元后进入预警流程，超目标800万元后，进入跳闸流程。当然，不同企业的控制条件会略有不同。在实际执行过程中，往往会采用相对值与绝对值的双维控制，只要其中一个条件达成，即会触发相应流程。

另外，为了便于进行总额成本的控制，大部分企业还会针对整体项目成本进行总额的相对值控制，严控总体成本不超标。从管理上来说，单一科目突破成本可以通过一定的科目间调剂进行平衡，但是如果总体成本突破了，企业就没有回旋的余地了，将直接影响项目的整体收益。在这里需要提醒的是，当前随着土地价款的不断提高，大部分企业的总额控制都会在分母中将土地价款扣除。

房地产企业只要在事前设置了控制的目标，并设置了预警线和强控线，就可以在过程中通过“预警”和“跳闸”两种管控流程，对项目动态成本的执行进行预先防范和提醒，从而做好动态成本的事前、事中管控。

预警是指目标成本超标达到了企业所设定的“预警线”，就会自动进行预警报告，给相关人员一个警醒，形成目标成本过程管控中的第一道防线。单个成本科目如果碰到“预警”，项目业务可照常运行，但已经受到集团关注。如果一旦成本继续超额，到达设定的“强控线”，那么就会“跳闸”，集团强制停止付款，项目必须就成本超支问题进行总结，说明原因，然后由集团根据实际情况采取相应措施。当然，这种预警与跳闸流程能否执行仍与企业的运营要求相匹配，是否愿意在项目成本超标的情况下将工程停下来整顿，这取决于企业的管理决心有多大。从实际的执行情况来看，大部分企业的进度要求要高于成本要求，因此我们观察到的现象是，先使用预警流程，视情况考虑是否启用跳闸流程。

三、监控方式——动态成本月报暴露成本异常

房地产企业对成本异常的管理均高度重视，除了采用过程的预警和强控外。在实际执行中，通过成本月报来实现成本异常的暴露和呈现是更为常见和有效的方法。

成本月报是用以总结和分析成本发展情况的有效载体，在不同企业差异比较大，但一般包含下述几方面的内容：编制说明、项目成本整体信息、成本明细、招投标、合同付款、签证变更、合同预结算情况等。具体如图6－7所示。

从成本月报的应用来看，月报本身的构成是要点，但是真正的难点往往体现在月报中数据的及时性和准确性上，经常表现为，在审批的合同未能统计进入动态成本，在审批的付款和上月应付未付款未能及时统计，而变更签证的月清月结

更是其中的重灾区，这些都直接影响成本月报的动态有效性。

1	编制说明	统一口径，明确上报起始日期、上报频率、对接人等
2	信息概况	分期统计一级科目目标成本和动态成本 与上月相比，目标成本和动态成本变化情况
3	动态成本明细	洞察细节，按分期统计明细科目动态成本变动情况
4	招投标信息	本月项目招投标情况（采购方式、中标方式、中标单位、定标价、目标成本等）
5	合同付款	大额合同签订情况，预测资金风险
6	签证变更统计	统计设计变更、签证比例 明确变更提出方和变更原因
7	市场情况	根据政策及市场变化情况，预测可能的成本变化
8	预结算管理	合同结算情况，包括本月提交和本月完成结算合同

图 6 –7　成本月报编制的八大要素

通过明确动态成本构成、进行动态成本回顾和固化动态成本月报等手段，可以准确、及时地掌握动态成本的变化趋势，从而实现成本过程管控的第一个目标——动态成本可知。

比如，某公司在招标环节的回顾，重点从 3 个方面，即本月招标项目（指已完成开标、评标、定标报批，但合同尚未签订的项目）、本月在签合同（指已正在签订走相关流程的项目）、累计签订合同（指已完成合同签订，并同步向集团完成合同备案的项目）进行全面的回顾，最终实时地反馈整体招标进度信息。

第三节　建立回顾机制，保障动态成本不失真

预警和强控固然形成了成本过程的事前、事中管控能力，但相对而言，它们偏向于成本单科目的控制，也属于事件触发的定点检查机制，房地产企业面临的更大挑战是整体成本的超标。为更全面、更精细地实现动态成本的可知、可控，我们还需建立过程定期管控机制，否则对动态成本的贯彻与落地就成为空谈。其中主要的手段是动态成本的月度回顾机制，通过定期性的成本月度回顾，让全员参与到成本检查和回顾中来，不断提高全员的成本管理意识，提前发现成本风险，并在过程中给出解决之道，过程中配合成本月报，帮助企业及时暴露成本异常，从而快速洞察成本问题并针对性解决。

一、谁来回顾——从单纯“成本经理”向“全员”转变

成本人员对成本进行回顾属于本职工作范畴，但真正做好成本回顾，单纯依靠成本人员是远远不够的，还必须让业务部门全面深入参与进来。业务部门作为成本的实际规划者和执行者，需要对各自业务线的成本进行回顾。例如，设计要回顾设计的成本，营销要回顾营销的成本，工程要回顾工程的成本。只有业务部门也参与进来，才能从源头进行成本审视。没有业务部门参与的成本回顾，不是真正意义上的成本回顾。

二、回顾内容——重点关注待发生成本及异常变动

前面我们介绍了动态成本管理的难点和管控重心在于“待发生成本”，因

此，动态成本回顾的聚焦点也是待发生成本。根据诸多标杆房地产企业成本回顾实践，我们发现动态成本回顾的内容主要有如下几点：已签合同的确认变更金额、已签合同的预估变更金额、甲供钢筋市场价格是否影响成本、合同约定的调价条款是否影响成本、签约后合约规划余额是否调整为规划余量、库存材料费每月结转是否进入项目成本、合约规划按月梳理，科目归集是否正确。具体如图 6－8 所示。

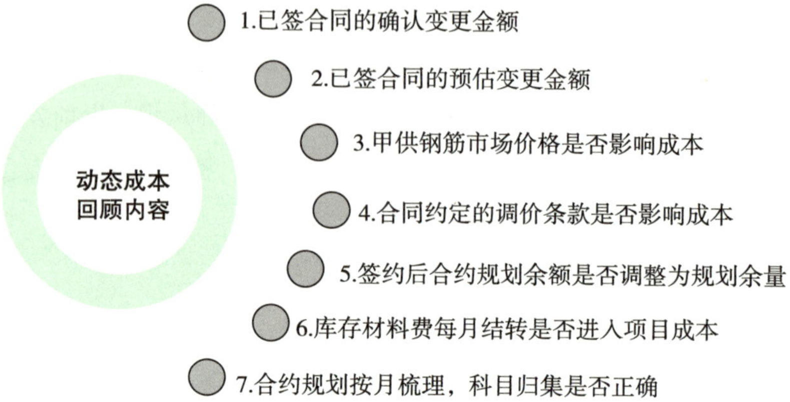

图 6－8　动态成本的回顾内容

比如，某标杆企业的动态成本回顾，就要求各个公司造价采购部对每月成本回顾形成规定动作：首先，需要核对当月台账，如变更、洽商、签证台账等，保证造价采购部、工程部、施工单位三方资料的完整统一；然后，对上月台账未完成金额进行预估，预估金额同时反映到当月成本系统的项目动态成本回顾中。

从主流企业的动态成本回顾内容来看，我们认为动态成本回顾可以分成两层四部分内容，第一层是针对成本的回顾，主要包含对项目整体成本的回顾，对各个控制科目成本与规划余量的回顾，这两个部分主要考察成本是否有超标的风险，第二层是合同的回顾，包含针对已经签约的合同及其已定变更、预估变更的回顾，也包含对于待发生合约规划的预测与修订。这两层中，第一层主要由成本人员完成，并在发现异常后向管理层和对应的管理部门负责人反馈。第二层主要由各业务部门自行完成，在发现异常后向部门负责人汇报。以上的回顾内容最终都应汇总到动态成本月报中。

三、如何回顾——规范动态成本回顾流程

在明确了由谁来回顾以及回顾什么内容之后，还需从流程上形成对动态成本回顾的固化。固化回顾流程，最好借助信息化系统，将回顾的动作在成本管理系统中进行固化和规范，以利于集团和成本管理者对成本实际发生情况可知、可控。

信息化系统的主要优势在如下几个方面：第一，有统一的数据平台，企业内各个部门可以快速地通过平台进行数据汇总，减少数据统计、核对的工作量。第二，能有效地统一各个部门的业务习惯，不会因为习惯的差异而导致数据偏差。第三，有利于推动部门间的协同，通过信息化流程推动大家按照指定的时间、方式、动作进行成本回顾。

具体而言，需要业务部门针对合同执行的已发生成本、合同付款及款项支付、规划余量等进行归集、检查，并重点对未发生成本进行预估汇总审核。项目成本经理在每月最后一个工作日前完成《项目月度成本回顾报告》。成本回顾的具体流程如图6－9所示。

在实际动态成本回顾中，有可能触发目标成本的调整，即当总动态成本大于总目标成本时，需要发起目标成本调整审批。这种调整审批流程某种程度上也反映了企业对目标成本考核和管控的严肃性。

为更好地实现动态成本的落地，很多标杆企业选择借助信息化系统，实现业务过程的标准化、精细化、留痕化，最终固化整个动态成本的执行流程，实现动态成本回顾的刚性落地。

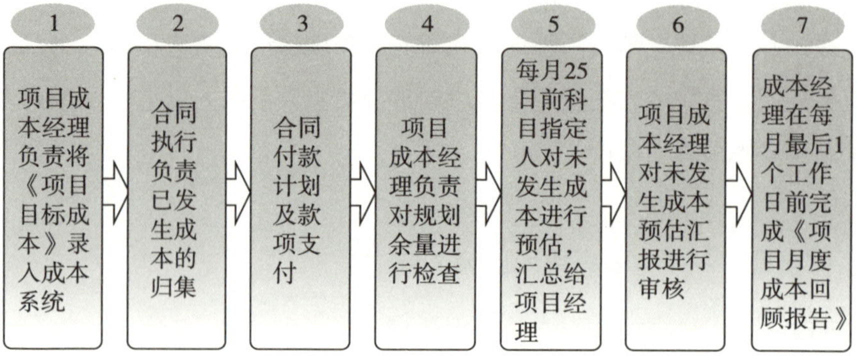

图6－9　规范动态成本的回顾流程

下面我们来看一个案例，具体了解如何借助信息化系统来实现动态成本回顾流程的固化。

案例：借助成本系统，固化动态成本回顾流程

借助成本系统，固化动态成本的回顾流程具体如图6－10所示。

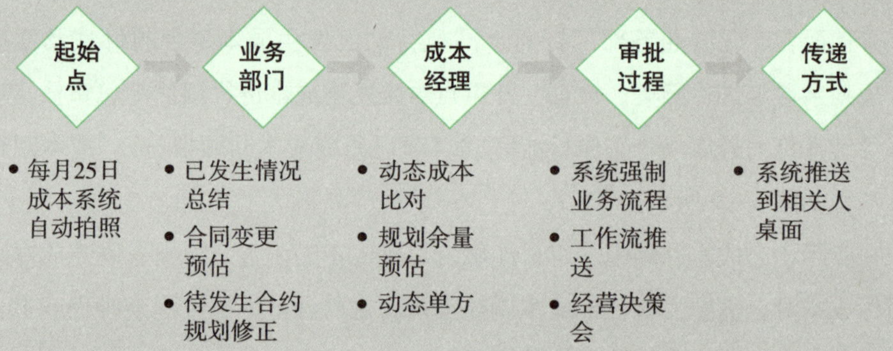

图6－10　基于成本系统的动态成本回顾流程

首先，每月25日，对当时的动态成本进行拍照。

其次，合同（合约规划）的责任部门对已发生情况进行总结，其中重点是预测自己管辖内的合同的预估变更，包括根据项目开发情况，对待发生合约规划进行微调和修正。比如，对某些未能明确的合约规划进行分解（例如营销类合约规划、设计类合约规划等）；对某些合约规划进行合并（集中采购需要、工作界面合并等）；而对某些合约规划则要取消（具体操作方式可以参见《合约规划管理》章节）。

再次，成本经理需要整体回顾科目级的动态成本偏差，找到偏差原因，并对规划余量进行评估。比如，整个项目的成本是不是已经很紧了，某些科目是不是有被突破的风险等。

最后，以流程审批方式进行成本回顾审批。审批过程进行分级管理：当项目动态成本超过目标成本时，需要审批到区域总经理，并触发目标成本调整流程；当项目动态成本小于目标成本时，审批到项目总监即可，并抄送区域领导。

四、回顾要点——动态成本的过程“三控”

从动态成本的内涵，我们知道了动态成本等于已发生成本加待发生成本，从动态成本的管控难点来看，已发生部分的难点是合同的变更管理，待发生部分的难点是预估变更和待发生合约规划。从标杆房地产企业动态成本管理的实践来看，也是主要管好合同变更、预估变更和待发生合约规划。这3点也是动态成本的回顾要点，具体如图6－11所示。

1. 一控合同变更

对于已签合同的确认变更来说，难点在于变更是否能够及时反映出来。变更

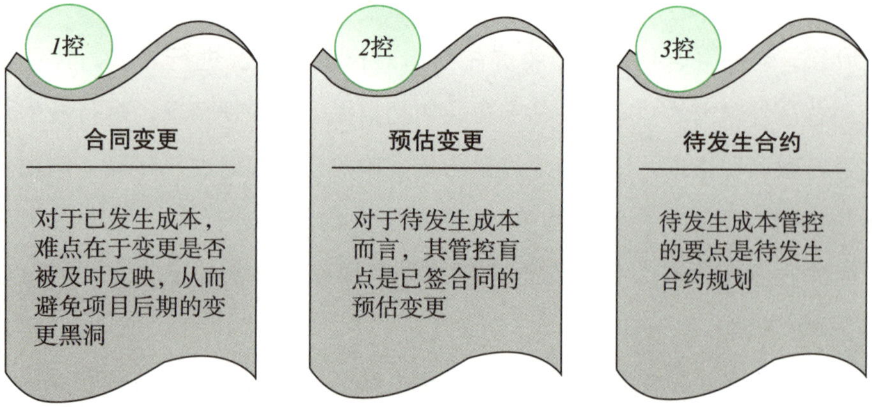

图 6－11　动态成本的“三控”

如果不能被及时反映出来，会导致项目竣工时，产生变更大爆发的“变更黑洞”问题。

变更为何不能及时、准确地反映出来？仔细分析下来，我们发现原因有如下 3 点，具体如图 6－12 所示。

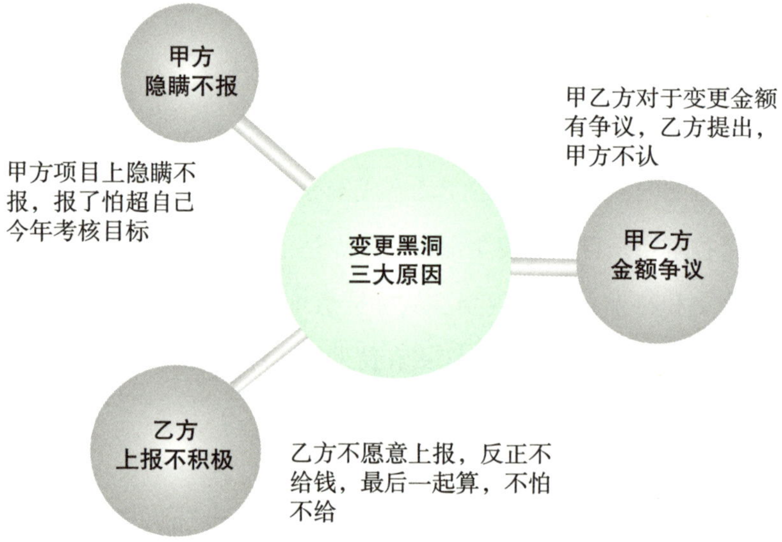

图 6－12　合同变更黑洞的三大原因

如何解决变更不及时反映的问题？我们提出 3 个保障，具体如图 6－13 所示。

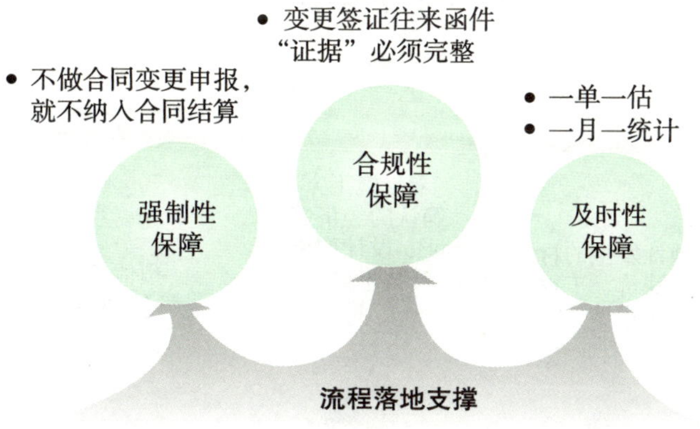

图 6－13　遏制合同变更黑洞的三个保障

（1）强制性保障

需要甲乙双方在签署合同时就对签证、变更给予明确的界定和流程规定，重点强调"如果乙方不及时申报变更，甲方有权不纳入结算"。另外，所有变更必须以甲方签发的"变更指令单"为准，否则不予结算。

（2）合规性保障

为了避免扯皮和最后变更范围界定不清楚的问题，乙方在变更申报时必须提供详尽的附件资料，如图纸、清单等。同时，甲方要注意保留双方往来的函件。

（3）及时性保障

对于不少地产企业来说，想要做到"一单一算，一月一清"很难，但必须做到"一单一估，一月一统计"，从而保障变更金额（预估金额）及时进入动态成本。

2. 二控预估变更

待发生成本的管理难点之一就是已签订合同的预估变更。什么是已签订合同的预估变更？具体来说，预估变更是指施工方已提出变更及变更金额但甲方尚未确认，或施工方未提出、甲方预计要发生的合同金额增加情况，具体包括的内容如图 6－14 所示。

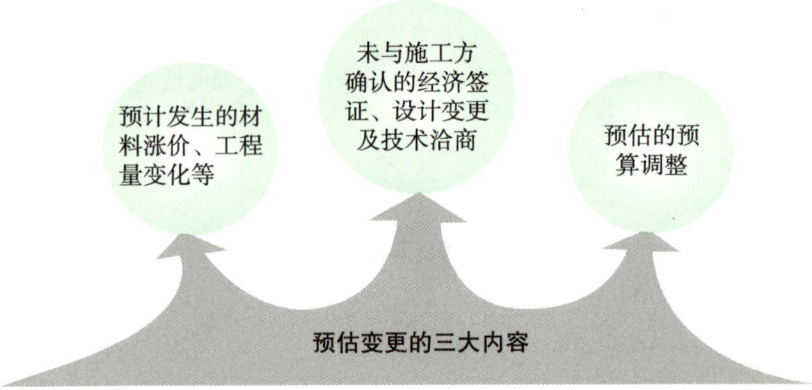

图 6－14　已发生合同预估变更的内容

实际上，目前在房地产企业中，仅有极少数企业进行了预估变更管理，我们接触的绝大部分房地产企业并没进行预估变更管理，主要原因有如下两点：

（1）精力顾及不到。成本人员连合同、变更台账统计都没有时间做，更没时间预测变更；

（2）预测不准，成本人员对合同在现场执行情况不清楚。

从实践来看，预估变更是动态成本非常重要的组成部分，缺失预估变更，动态成本就容易失真，且缺乏灵敏度，只有等到变更发生时才能反映到动态成本中。因此，进行合同的预估变更管理可以有效规避“项目后期变更集中爆发”的情况。

3. 三控待发生合约规划

待发生合约规划就是预计要签约的合同，这部分发生变动的可能性最大，特别是项目早期，受限于经验不足，企业对后期的合约规划金额预估不准。通过分析我们发现，待发生合约规划产生变化的主要原因有3点，即合约范围不准、合约数量失控、合约金额易变。具体如图6-15所示。

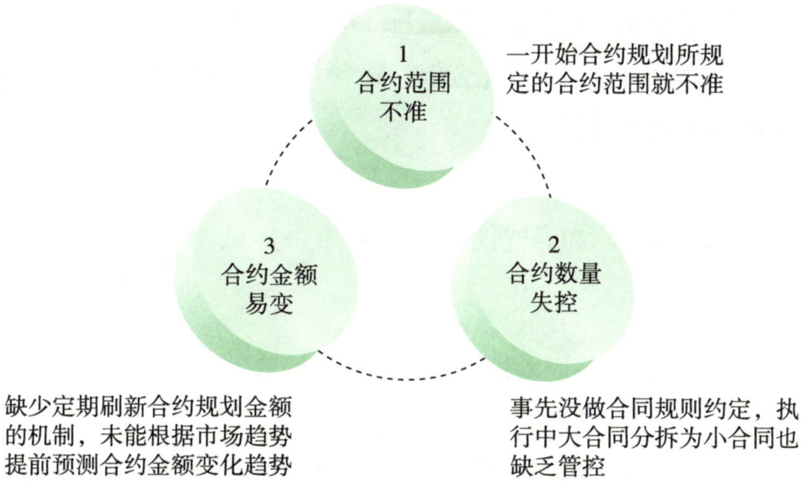

图6-15　待发生合约规划易变的三大原因

为了应对这些挑战，建议对待发生合约规划做如下3个规定：

（1）检查合约规划的范围

在合约规划制定时，必须事前清晰界定合约范围，特别是总、分包之间的工作界限要规定清楚，避免在招标时出现范围不清的问题，这也是规避合同变更的前提。执行中，关键就是检查合约规划范围是否合规，是否按照前期的规定有效执行。

（2）合约规划数量的过程严控

例如，某企业规定合约规划一旦建立就不允许调整数量，如需调整必须上报总裁，这样可以有效规避大合同拆小，避免成本失控。这种管控机制的关键在于：集团制定合约分判方式，项目遵照执行不允许随意调整。项目在编制合约规划时，必须按照集团规定的分判模式执行，原则上不允许调整，如需调整应报集团审批。

（3）建立合约规划定期刷新机制

可以结合动态成本回顾，由合约责任人（不仅仅是成本部门）对待发生合约规划进行回顾，根据市场行情变化预判待发生合约规划是否需要调整，如果需要调整，要注明理由并预估其变化金额，最终由成本部门综合分析后，编制成本月报，预测成本管理风险。

第四节　管好规划余量，保障目标成本不被突破

一、规划余量的价值——成本控制松紧度的晴雨表

我们知道，成本管理的好坏取决于动态成本是否能够被控制在目标成本附近波动，而成本管理的最高境界，就是当竣工结算时，动态成本正好等于目标成本，即动态成本与目标成本为零偏差。为了追求这个最高境界，我们就引入了一个关键的概念——规划余量。规划余量的计算公式如图 6 – 16 所示。

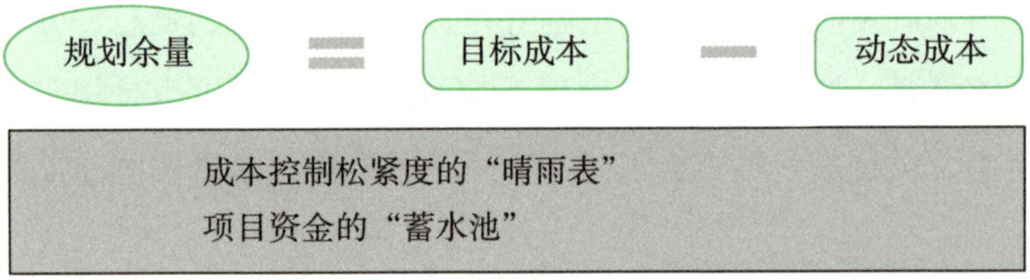

图 6 – 16　规划余量的计算公式

规划余量到底是什么？从“规划余量 = 目标成本 – 动态成本”这个公式可以知道，规划余量相当于项目成本的“蓄水池”。这个蓄水池主要是面向控制科目而言的。当目标成本大于动态成本时，“蓄水池”为正水位；当目标成本小于动态成本时，“蓄水池”为负水位。对于“蓄水池”的水位，我

们并不是单纯地监控正、负水位。我们更关注水位的高低，如果在正水位，而且有很多的余量，其实恰恰说明项目的成本风险较高。要不就是成本留有较大余地，导致合约规划的金额远小于科目的总成本，此时应该责成成本人员查明原因。要不就是合约规划完成的质量太低，不能反映项目的实际情况。不管如何，正水位如果太高，容易给管理人员带来错觉，认为成本管理得不错，有很大的回旋余地。而出现负水位，往往就真的意味着成本的超标风险了。

可以说，在目标成本合理的前提下，成本是否可控的关键就是对规划余量建立管理规则。具体实现过程需要分两步走：第一步，建立分级预警机制，为成本管理设定“警戒水位”；第二步，对规划余量建立管理规则。

成本过程管控的本质就是对余量的控制。我们首先要弄清楚，余量代表了什么？余量其实代表了还没有想清楚去处的目标成本。如果我们把目标成本的投放途径（合约规划）完全想清楚，也就没有了余量，也即意味着目标成本等于动态成本（目标成本 + 调整 = 动态成本），这就是我们说的成本管控的最高段位。为更好地说明余量管理的要点与价值，我们特别选择标杆 X 企业的做法，来阐述余量管理之道，下面将重点介绍。

二、规划余量的形成——三级储备的层层抽取

规划余量是成本管理和调控的蓄水池，房地产企业可以通过调整规划余量，来实现成本的腾挪与管理松紧度的调节。在规划余量的管理执行中，关键在于做好规划余量的设置和应用。

规划余量的具体形成，不同的企业有不同的方法，这里我们重点介绍华南 X 企业的“三级储备”管控方法。

1. 什么是三级储备

三级储备就是把规划余量分为三个部分，即管理储备、项目储备和品质储备（具体如图 6－17 所示）。通过这种分级储备方式，强制把没有想清楚的余量提前分解出来，最终用于未来不时之需。在这种规则下，该企业的目标成本＋调整＝动态成本（已定合同＋待发生合约规划＋管理储备＋品质储备＋项目储备）。

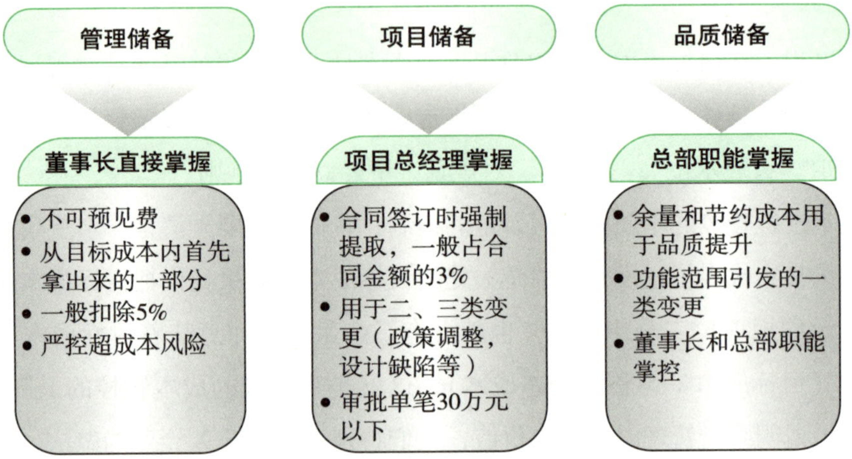

图 6－17　成本管理的“三级储备”

2. 三级储备的应用机制

X 企业三级储备的应用机制具体如图 6－18 所示。

（1）管理储备预先留存

项目预算下达时，首先需要预留管理储备，将预留管理储备后的目标成本再进行合约规划分解，此时需要将目标成本 100% 分解为待发生合约规划。

（2）项目储备强制提取

强制提取合同定标金额的 3%，比如合约规划为 100 万元，定标金额为 90 万元，那么项目储备就是 2.7 万元。如果还有剩余，如本例余额是 7.3 万元

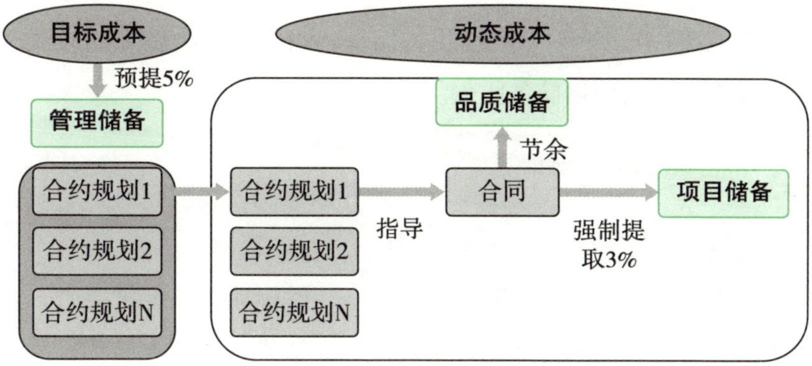

图6－18　分级储备实现图

（100－90－2.7＝7.3），将自动进入品质储备。如果合约规划为100万元，定标金额为100万元，那么项目储备仍需要提取3%，也就是3万元，那么这3万元从哪里来呢，从科目的品质储备内提取。具体如表6－3所示。

表6－3　项目储备强制提取

序号	合约规划金额（万元）	定标金额（万元）	项目储备（万元）	品质储备（万元）
1	0	0	0	0
2	100	90	2.7	7.3
3	100	100	3	4.3

（3）品质储备节余转入

合同签订时，需要对应合约规划，此时需要做判断，如果没有超过合约规划，即有结余，就可以进行项目储备和品质储备。

通过上述示例，我们可以总结出：第一，管理储备是在目标成本下达到项目之前就已经提取出来了；第二，在合同签订时，强制提取一定比例的项目储备，不管规划金额是否足够，必须提取；第三，剩余部分（如上面的7.3万元）进入品质储备。这样就将余量的出路全部规定清楚了，也即对余量建立了管理规则。

当然，示例中该企业在提取项目储备时进行了“一刀切”，即不论什么类型的合同统一提取3%作为应对合同变更的储备，当然，更为精细的方式是对不同类型的合同设定不同的项目储备比例。

三、规划余量的应用——“三级储备”做好成本蓄水池

X企业的成本管理有两个重要原则：第一，目标成本不能被突破，这方面控制得非常严格；第二，成本并非出现节约就好，如果出现成本节约，需把这部分预算投入到产品品质提升的各个方面，以兑现客户价值。

在这两个原则的指导下，该企业建立了成本的三级储备管理机制，从而可以在后期成本执行中，有效指导并应用于合同签订及合同变更，发挥了很好的成本蓄水池功能。其三级储备的机制具体如图6－19所示。

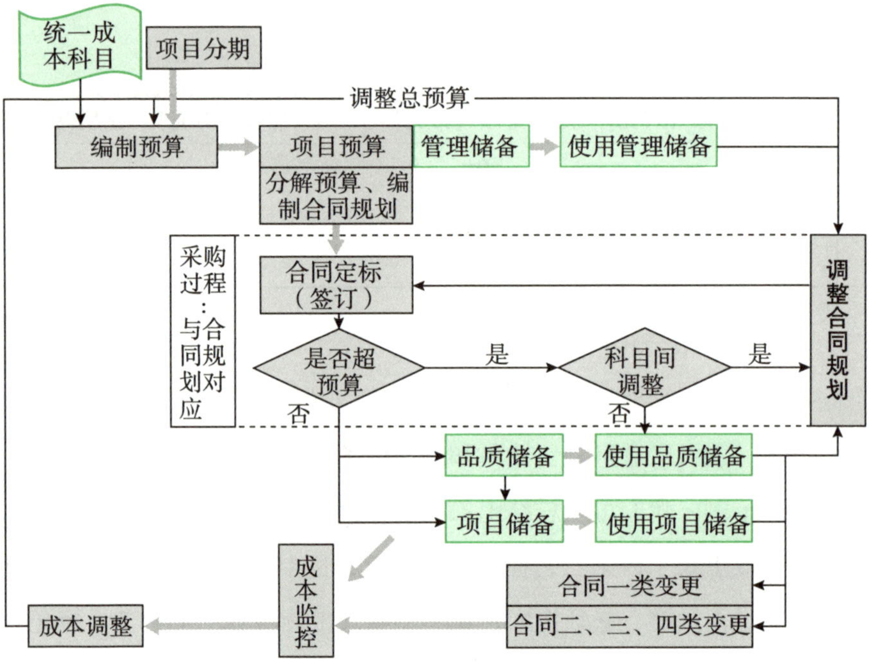

图6－19 三级储备的机制

1. 三级储备应用于合同签订

在采购过程中，合同签订首先与合约规划对应，并实际应用于合同定标（签订）的预算审核，如果合同定标超过合约规划的金额，就不允许直接签订，需要考虑该部分超支的来源问题，主要的处理方式包括如下几种。第一种方式，判断是使用品质储备，还是调整科目内、科目间的合约规划，以腾挪出足够的金额。第二种方式，考虑动用董事长手中的管理储备，从管理储备内结转到所需科目。如果董事长手中的管理储备都已经用尽，则此时就必须采用第三种方式，即只有追加目标成本，才可以支撑合同的签订。

2. 三级储备应用于合同变更

在进行三级储备使用时，该企业首先对合同变更进行了标准化分类（具体如图 6－20 所示），在合同执行过程中，当变更（包括签证、设计变更、其他变更）发生时，不同变更应对不同的储备。

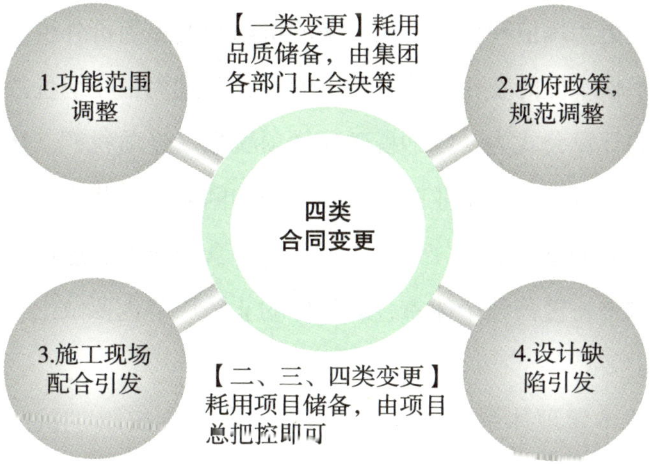

图 6－20　四类合同变更

在合同签订后，品质储备用于一类变更，项目储备用于二、三、四类变更。即若发生一类合同变更，即由功能范围引起的调整，则由集团各部门上会决策，后续通过品质储备满足一类合同变更；若是发生二、三、四类变更，则由项目储备满足，整个调整由项目总经理控制即可，具体如图6－21所示。

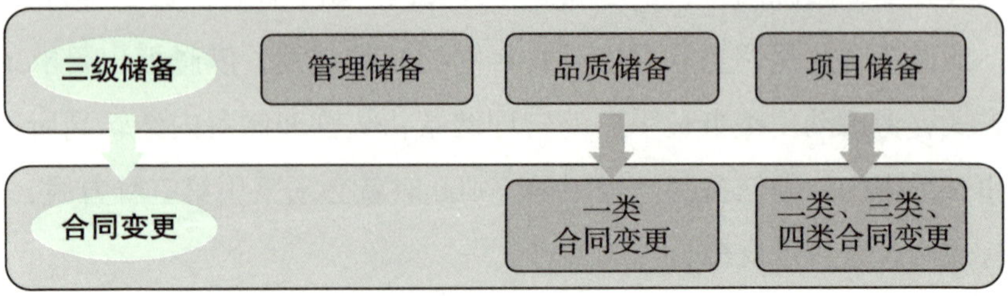

图6－21　三级储备主要应用于合同变更管理

第五节　营改增对于地产成本管理体系的新要求

自2016年5月1日起，国家开始全面推行增值税，房地产开发企业从原来的营业税体系变更为增值税体系，从原来的价内税变更为价外税。应纳税额的计算逻辑也发生了根本性的变化，营业税下的计算公式为：应纳税额＝营业额×税率。而增值税的计算公式为：应纳税额＝销项税额－进项税额。从本质来说，能否获得足额的进项税额成为企业成本必须考虑的问题。因此，企业在成本管理方面需要做出相应的调整，需要分为不含税成本、含税成本、进项税额三个方向进行管理。这种调整将覆盖整个体系，对具体的业务环节也要做出相应的措施，以满足新常态的需要。

在传统的成本管理体系中，房地产开发企业都会按照“目标成本—动态成本—数据沉淀”的思路来进行成本管理。在增值税体系下，目标成本、动态成本、成本指标需要按照“不含税成本”和“进项税额”来进行分离，以便满足税务管理和成本管理的双重需要。其中，成本管理体系需要做出三方面的调整，具体如图6－22所示。

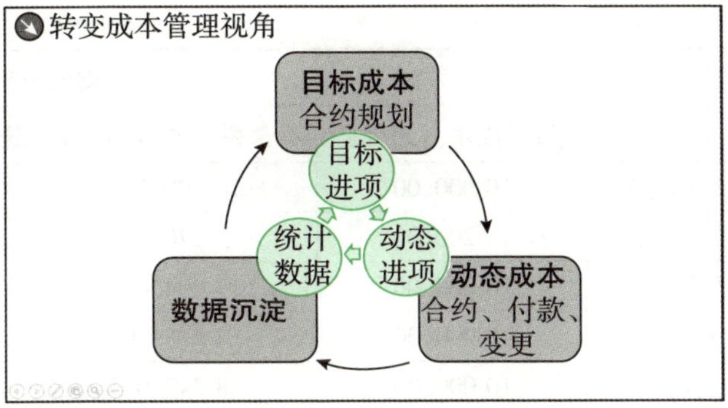

图6－22　成本管理体系三大新要求

第一，目标成本制定环节的价税分离。在目标成本设定环节需进行价税分离，分别设定不含税目标成本金额以及目标进项税额，便于后续进行分别管控。

第二，在动态成本管理时需要价税双维进行成本管控。例如，在合同签订、合同变更、合同付款、合同结算等业务环节需要进行价税双维成本管控。

第三，基于增值税沉淀新的经验数据。价税双维的管控思路中需要用到一些原来使用不到的数据，如进项收入比、进项成本比、各档税率进项取得占比、无进项成本占比、不可取得的成本占比等，这些数据直接影响项目成本测算的准确性，在业务过程需要实时进行沉淀、分析。

一、目标成本制定环节的价税分离

在原有营业税制下，目标成本是含税成本，房地产企业不需要单独进行税的管理。但是在增值税体系下，即使企业仍然将目标成本设为含税价，但是因为进项税额和实际成本本身存在不确定性，而且因为地产的进项税额巨大，占总成本

11%左右，如果不进行目标管理容易产生较大的偏离。因此，行业中倾向于对目标成本实行价税分离管理。具体如表6－4所示。

表6－4　两种税制目标成本差异

		营业税制	增值税制	
		目标成本（万元）	不含税成本（万元）	进项税额（万元）
1	土地成本	10 000.00	10 000.00	
2	前期工程	200.00	170.94	29.06
3	建安工程	20 000.00	17 094.02	2 905.98
3.01	基础工程	5 000.00	4 273.50	726.50
3.02	土建工程	10 000.00	8 547.01	1 452.99
3.03	门窗工程	500.00	427.35	72.65
	……			

从表6－4可以看出，企业需要把目标成本分为不含税成本、进项税额两列，更有些企业会进一步把该科目的专票比例也纳入管理范畴。在后续管理过程中，分别围绕该表中的各目标进行过程管理与控制。

从目前的房地产企业实践来看，表6－4的测算难点在于进项税额，因为不同的供应商往往会提供不同税率的税票。房地产企业需要对所有供应商的纳税资格、成本构成、不同税档的专票取得比例等有通盘的了解，进而制定相对准确的目标进项税额。

我们认为目前最可行的制定目标进项税额的方法有以下两种，分别是基于成本科目估算和基于合约规划估算。

1. 基于成本科目进行估算

我们可以基于成本科目来进行大致的估算。按照以下四步进行目标进项税额的估算，具体如表6－5、表6－6所示。

表 6－5　成本科目两种税制成本差异

		营业税制	增值税制			
		目标成本（万元）	不含税成本（万元）	税率	专票比例	进项税额
1	土地成本	10 000.00	10 000.00			
2	前期工程	200.00	170.94	17%	100%	29.06
3	建安工程	20 000.00	17 094.02	17%	100%	2 905.98
3.01	基础工程	5 000.00	4 273.50	17%	100%	726.50
3.02	土建工程	10 000.00	8 547.01	17%	100%	1 452.99
3.03	门窗工程	500.00	427.35	17%	100%	72.65
	……					

表 6－6　科目成本构成的两种税制成本差异

项目	成本占比	目标成本（万元）	税率	专票比例	不含税成本	进项税额
材料	20%	100.00	17%			
工程	70%	350.00	11%			
服务	5%	25.00	5%			
其他	5%	25.00	5%			

第一步：将开发成本科目尽可能地细分，并测算其含税目标成本。

第二步：详细分析成本科目的构成情况，按照对应的税目确定其进项税率。如果某科目涉及多档税率，则需要进一步按照其成本结构来测算每个细项对应的税率。

第三步：根据过往的供应商合作经验，估算每一个科目对应的专票取得比例。

第四步：根据第二步和第三步的值，再进一步计算每一个科目对应的进项税额，从而得出每个科目和整个项目的目标进项税额。

2. 基于合约规划进行估算

使用科目测算方法整体思路比较清晰，测算方法相对简单。但是，对成本管理和供应商管理的经验值的要求非常高，从实践来看，容易出现一个科目与多个合同对应，甚至多个科目和多个合同交叉对应的情况，从而会出现大量的拆分、对应、归集的工作量，势必导致测算的准确度和效率严重下降，对于追求速度的开发商来说并不是特别实用。

标杆房企提出第二种目标进项税额的估算思路——基于合约规划来进行估算。我们以合约为分析对象，根据合约所约定的货物或应税服务项，再针对不同的货物与应税服务项来设置其对应的税率，最后对整份合约的目标进项税额进行整体测算，步骤如下：

第一步：详细罗列此项目的所有合同，确保没有漏项。

第二步：详细分析合约所约定的货物或应税服务项，按照对应的税目确定其进项税率。

第三步：根据过往的成本管理经验，明确每一个应税服务项的成本占比。

第四步：根据过往的供应商管理经验，对其专票取得比例进行大致的估算。

第五步：根据第二、三、四步的估算值，再进一步算出合约的目标进项税额，从而得出整个项目所有合约的目标进项税额。

总体而言，对比这两种测算方法，第一种方法相对更简便，但对经验数据要求较高，且对科目和合同的对应关系的单一性要求更高，容易导致测算结果出现较大的偏差。第二种方法的工作量相对较大，但是更符合税负测算的思路，测算的结果也相对更准确。

从实操角度来看，以上测算方法的难点均在于“专票比例”和“税率”的估算，该两项数据依赖于合作供应商的纳税资格，需要企业与供应商不断进行沟通，同时也是后续项目开发过程中需要监控和沉淀的数据。

二、动态成本管理细化

在目标成本发生价税分离后，我们的动态成本管理需要围绕“不含税成本”“进项税额”分别进行管理和监控，只有分项受控，总体才能得到有效的控制。这种情况也将对动态成本的管理程序产生影响，主要体现在两个方面，一是动态成本数据变化，二是动态成本管控维度增加，具体如图 6－23 所示。

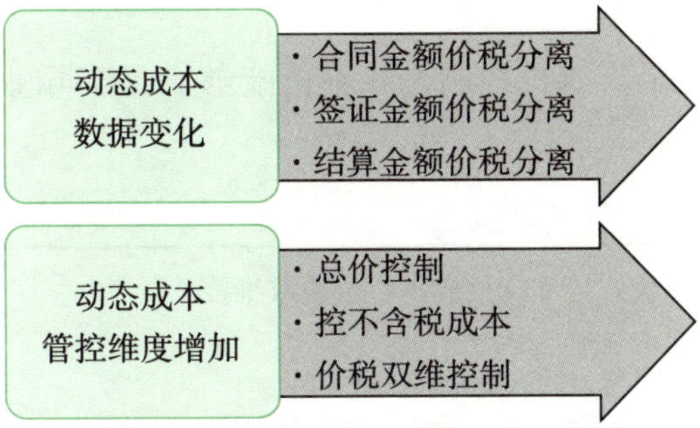

图 6－23　动态成本管理变化的两个维度

1. 动态成本数据变化

在实际的动态成本管控业务中，需要对所有的动态成本数据按照“含税”和“不含税”两个口径进行整体统计，如图 6－24 所示。

这就要求支撑动态成本的所有底层业务数据都要进行价税分离，比如签约金额、变更签证金额、结算金额、预估变更金额、规划余量等，均按照“含税”和“不含税”两个口径进行统计。

2. 动态成本管控维度增加

企业控制动态成本的主要方法是，设置每一个科目的预警值和强控值，当控

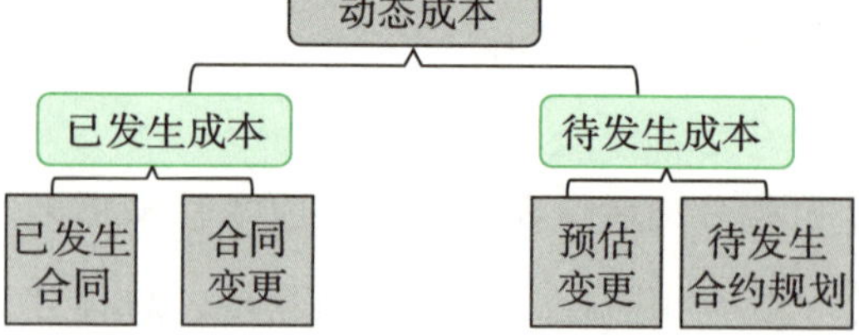

图 6－24　对动态成本数据的统计

制科目下的各合同金额与待发生合约金额的总和超过相应阈值的时候，会触发成本的预警和强控。

但是，在增值税下，这种控制方式不再能够满足实际业务的需求，具体如图 6－25 所示。

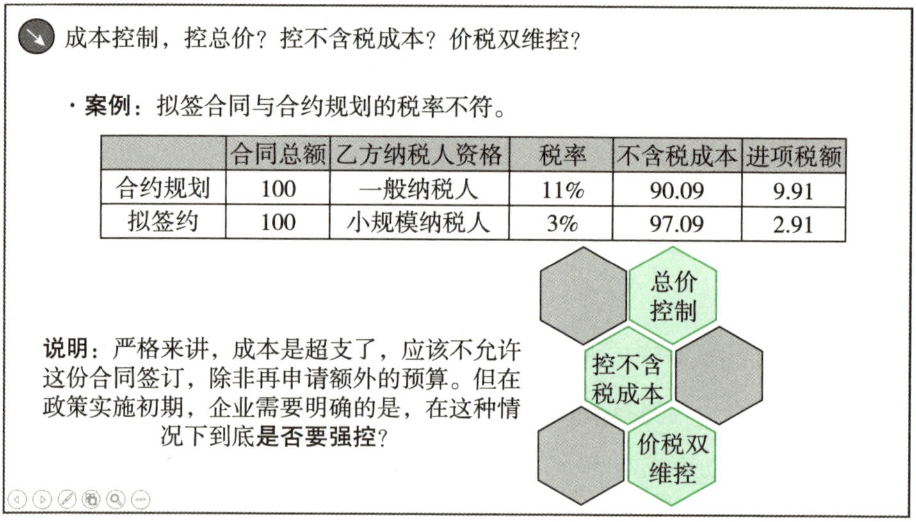

	合同总额	乙方纳税人资格	税率	不含税成本	进项税额
合约规划	100	一般纳税人	11%	90.09	9.91
拟签约	100	小规模纳税人	3%	97.09	2.91

图 6－25　成本控制的三种方法

例如，有一个待签合同，合同的规划金额是 100 万元，进项税率为 11%，不含税成本为 90.9 万元，进项税额为 9.91 万元。如果拟签的合同条款中，明确合同金额为 100 万元，进项税率为 3%，不含税成本为 97.09 万元，进项税额为

2.91 万元。此时房地产企业是否应该签署此份合同？

通过这个案例，我们可以看到，虽然合同总金额同样是 100 万元，从总额来看，并没有超过目标成本，预警和强控条件都未能达到。但是实际情况是，能取得的进项税额由于供应商纳税资格的不同而发生了变化，导致此合同对应的成本上升，所以明显不应该签署此份合同。我们应设立新的动态成本控制思路，以规避此类合同的成本超支风险。实践中主要有以下三种控制方法：

第一种方法：沿用原有方式，直接采用总价控制，操作简单，但成本超支风险大。

第二种方法：控不含税成本。有些企业认为，在增值税实施的初期，因为对税率、进项税额的前期预估还比较难以做到位，所以只控不含税成本就相对更容易开展业务。

第三种方法：价税双维控制。除了对不含税成本进行动态管控之外，还对目标进项税额进行动态管控。这种方式对于管理成熟度高的企业来说，控制的效果会更好。但需注意的是，这种控制方法对企业的增值税体系下的经验数据沉淀要求较高。

三、关注成本数据的沉淀

影响整个成本管理体系的关键因素是，目标成本是否能够合理、准确地得到。从当前来看，房地产企业在增值税下的经验数据尚不足以支持，或者说不能支持快速地完成不含税目标成本及目标进项税额的测算。因此，在成本管理的过程中，企业需要考虑完成一定的数据收集和统计功能，或者我们可以理解为，需要在成本数据库管理中加入以下几个要素：进项收入比、进项成本比、各档税率的税额比例、无进项的情况、不可抵扣的情况等。

其中各指标的基本定义如下：

进项收入比：企业在新项目拓展时，对进项项目整体利润进行测算时需要使用的数据，它的大小影响项目的毛利润。

进项成本比：企业快速估算项目目标进项的关键数值，当前一般企业没有该数据的经验值。

各档税率的税额比例：企业在进一步细化每一个科目、每一个合约规划时需要使用的数据，在一个科目下包含材料采购、工程服务两档税率混合时需要使用的数据。

无进项占比：需要结合不同类型的供应商（政府职能）交流后不断沉淀。

不可抵扣占比：当前因为政策还没有正式执行，需要在后续持续执行中不断与主管税局交流后才能逐步清晰，而且不同地区的政策可能会有所不同。

总的来说，对于项目成本的影响，我们不但要关注内部的成本管理程序，还需要向上游延伸，关注供应商的成本结构，关注对方的进项获取比例，这样才能在营改增的新常态下做到游刃有余。

本章小结：给成长型房企动态成本管理的实战建议

在动态成本管理环节，成长型企业常见的难点是，动态成本的准确性不高，主要体现在对动态成本公式的认可度不高。很多企业已经理解了动态成本公式，但是在执行过程中往往更加关注已发生成本，而待发生部分因为确定性不强，企业难于对其进行有效管理，因此给予的关注度不够。

我们建议成长型企业在进行动态成本管理的时候，首先要保障已发生成本的及时归集和准确归集，特别是对于变更和签证的及时统计，以实现动态成本的可知。具体如图 6－26 所示。

在异常管理方面，大部分企业都有预警和强控机制，但是在成本控制和进度要求、营销要求相冲突的时候，企业往往难以采用第二节所讲的强控措施，使成

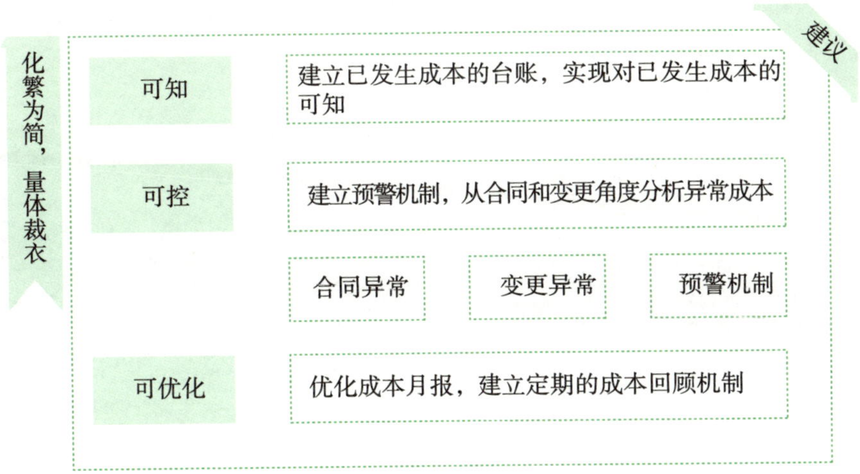

图 6－26　给成长型房企动态成本管理的实战建议

本控制的权威受到挑战。我们认为企业如果希望实现前面章节所说的强控措施，更大程度上在于企业决策层面对这种冲突，是否有足够的决心来支持成本部门的制度。这对于成长型企业来说比较难以实现，我们建议企业在初期还是采用先预警、不强控的方式推进，以减少阻力。

第三部分
两大加油库

第七章

第 1 库：供应商资源库

能用他人智慧去完成自己工作的人是伟大的。

——管理专家旦恩·皮阿特

众所周知，房地产企业是资源整合型企业，项目开发的绝大部分工作都通过委托供应商来完成，供应商的好坏对企业产品质量、成本控制与运营效率都有直接影响，一家成功的房地产企业的背后必有一群通力合作、相扶相帮的合作伙伴的支持。能否用好供应商、管好供应商，已成为开发商的核心能力之一。

案例：为何黑名单里的供应商能“死而复生”？

A企业是跨区域多项目发展的房地产开发企业，在供应商选择上常常遇到这样一个问题：一家供应商在上一个项目中其评价极差，已被列入黑名单，结果却在下一个项目中又合作了，并且在上一个项目中出现过的问题还是出现了。其实，这是很多房地产企业在供应商管理上存在的一个通病。为何一家被列入黑名单的供应商能在下一个项目中“死而复生”？这就是我们下面将要分析的房地产企业供应商管理面临的三大挑战之一——缺乏与供应商交互过程的沉淀。

良好的供应商管理是房地产企业追求项目运营效率、产品品质、品牌形象的有效保障。可以说，供应商资源已经成为开发商的“竞争性”资源，管理供应商的能力已经成为开发商的核心竞争力之一。但目前，开发商在供应商管理方面却面临着三大挑战，具体如图7-1所示。

1. 挑战一：缺乏合适的供应商资源

合适的才是最好的，合适的标准是指适用的产品、合理的价格以及跟得上的

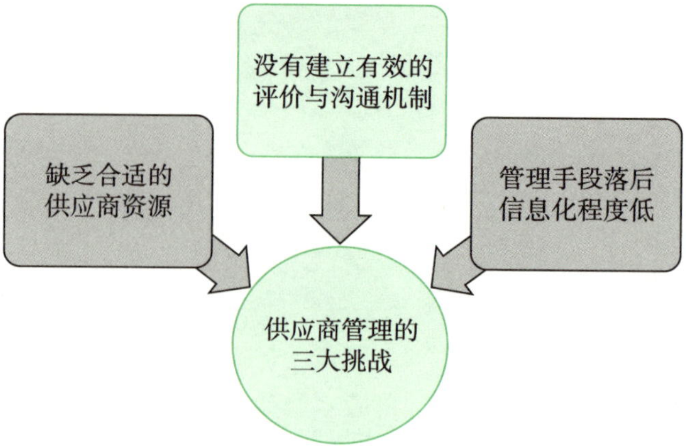

图 7－1　供应商管理的三大挑战

服务。在供应商的选择方面通常会面临两个矛盾：

一是价格与质量及服务的矛盾，价廉物美只是一个美好的期望。

二是老单位的持续合作与新单位的引入之间的矛盾，有些企业每个项目的合作单位都是新面孔，不仅招标费时费力，合作过程还需要不断磨合。而有些企业正好相反，总是那几张老面孔，虽然知根知底，配合相对顺畅，但难免审美疲劳，因为有些问题积重难返、无可奈何。

还有一个问题是，很多企业把供应商寻源当成突击任务对待，仅根据当前招标需要而开展，并不会进行主动性的、常态化的寻源工作，资源储备不充分，需要用时紧急突击，难免会存在考察不深入、了解不全面、竞争不充分的问题。

从专业分类角度来看，材料设备由于具有工业化、标准化的属性，一般来说比较容易寻找与选择，可替代性也强。而工程施工与服务类由于其项目化、非标准化、属地化的特点，选择起来相对要困难一点，替代难度大、成本高。

2. 挑战二：没有建立有效的评价与沟通机制

评价是沟通的基础，是合作与否的参考依据。评价是手段不是目的，一是为了及时反映合作过程的问题，便于及时沟通并解决；二是记录合作过程历史为后续选择提供参考依据。行业普遍的情况是只重视前端招标阶段的评价，而不重视合作过程中或事后的评价，也有人认为虽然没有系统性的评价机制，但是日常沟通一直很密切，有问题已经及时解决了，所以未必需要正式的评价机制。但是如果企业规模大了，跨区域的项目多了，内部人员变更快了，供应商跨区域合作多了，仅靠个人的、单方面的、口头的、片面的意见以及一时的好坏定结果就显然不合适了。因此，必须建立一个动态的、多职能参与的、有明确评价维度的评价体系。

但也要注意手段宜简单才便于执行，评价维度不宜太多，最好是定量指标与定性指标相结合；参与人员不宜太多，最好是一线执行团队的权重要高于后台管理与服务团队的权重；评价频率不宜太高，基于事件评价（比如达到某节点）与定期评价（比如按季度）相结合。企业推行供应商评价机制会经历一个反复优化的过程，详细请见本章第二节。

3. 挑战三：管理手段落后，信息化程度低，互联网应用薄弱

很多企业还停留在传统的手工作业模式，供应商信息库以 EXCEL 的方式进行管理，内部审批如考察报告、入库、资料更新等流程都还是纸质方式，招投标过程与供应商的交互也几乎都是线下、纸质的方式，信息共享效果与协同效应都较差，不仅工作量大、效率低，在跨区域多项目分权管控模式下很容易出现由于信息不对称而导致的错漏。标杆企业不仅在企业内部流程信息化方面已经有了很深入的应用，如考察报告、入库资料、入围单位、评定标、履约评估等业务流程都已经通过内部 ERP 进行管理。在与外部供应商的协作方面也通过互联网或移动互联网的方式全面展开，如供应商招募、招标报名、标书下载、答疑、回标、澄清、履约评估以及相关通知等都已经通过互联网或移动互联网等途径实现。标杆企业在供应商管理信息化与互联网应用方面值得同行借鉴，这不仅仅只是一种工具的应用，更意味着一种解决问题的思维模式的转变。

第一节　搭建规范、统一的供应商信息库

随着房地产行业的快速发展，众多房地产企业已经步入跨区域的快速成长之路，合格的、稳定的供应商团队已经成为房地产企业跨区域快速成长的核心支撑要素，而规范、统一的供应商信息库是供应商管理的基础，以此作为招标的资源池、参与招标的门槛，也作为供应商结构分析、资源充分程度衡量的一个基础。

一、信息库搭建两大原则：整合与细分

供应商资源库主要是指，通过各种方式收集并沉淀的供应商的基础资料，其内容包括企业基础信息、经营信息以及产品服务信息。供应商信息库的搭建要遵循两大原则：一是整合。保证供应商信息的完整性，包括注册、评估、招投标、合约、付款等多维度信息的整合。二是细分。实现以供应商、产品服务、价格三个核心维度的细分，以供采购决策。

二、供应商类别划分与责任归属

供应商的基础信息是按照其所提供的“产品与服务的类别”来进行分类管理的，根据供应商所提供的产品与服务的类别可以将供应商分为咨询服务类、勘察设计类、工程施工类、材料设备类，另外还有一些特殊类别的供应商，例如政府单位，则属于政府机构类供应商。

针对不同类别的供应商，其信息收集的责任部门也不一样。各职能部门根据自身专业情况，分别参与相关专业供应商的基础资料管理、资质评估、现场考察和履约评估等，具体如表 7－1 所示。

表 7－1　供应商类别划分与责任归属

类　别	子　类	责任部门
勘察设计类	规划设计单位、建筑设计单位、机电设计单位、精装修设计单位、景观设计单位、幕墙设计单位、泛光照明设计单位、市政设计单位、施工图设计单位等	规划设计部（方案与初步设计单位、景观设计单位） 项目部（非一体化设计的施工图设计单位）
工程施工类	总包单位、专项分包单位	项目部
材料设备类	甲供材料设备、甲控乙购材料设备	项目部
咨询服务类	工程监理公司、工程顾问专家	项目部
	设计监理公司、设计顾问专家	规划设计或项目部
	管理咨询公司	运营管理部或人力资源部
	营销策划公司、销售代理公司	研究发展部
	物业管理公司	客服中心

注：1. 分类可以根据需要进一步细分，特别是工程专项分包单位与材料设备供应商在实际使用时可进一步按其所提供的产品与服务进一步细分，这样可以更方便地进行查询。

2. 供应商分类与产品及服务分类本质上应该是相互关联统一的，是一体两面，是从不同角度对供应商与产品及服务进行归类，都是为了便于快速定位到目标供应商或所需要的产品与服务，可以借助 IT 工具将丰富的分类属性以网状结构进行呈现，而不是单纯的树形目录结构。

三、建立供应商库信息化平台

手工或电子表格的管理方式无法满足跨区域、多职能协同共享的需要，为了实现有效的协同共享，必须借助信息化管理平台，如图 7－2 所示。

在供应商库中，各职能部门可以自行维护本职能的供应商资源或集团集中统一维护，供应商入库以及资料修改必须经过对应的审核与审批流程，可以根据类别与相关条件进行供应商查询。

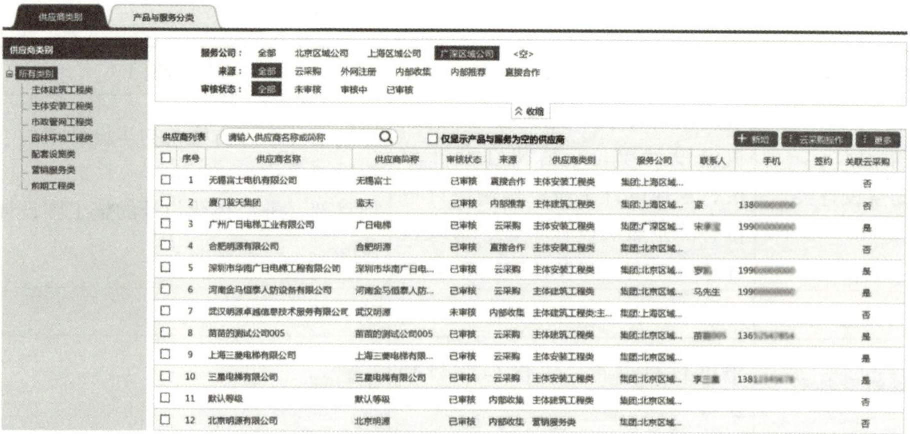

图 7 –2　供应商库信息化平台

如图 7 –3 所示，通过信息化平台，可以查询到每个供应商的基本信息（资质等级、纳税人资格、证照、联系人等）、产品与服务信息、履约评估信息、参与招标的信息、签署的合同或战略协议信息等，信息越完善，价值越重大。所以，企业在搭建供应商库信息化平台时必须注重对数据质量的把关，否则容易滋生垃圾信息，这需要企业供应商管理部门与 IT 部门的共同努力。

图 7 –3　查询供应商的基本信息

第二节　选、用、育、留实现供应商有效管控

应该如何管理供应商？某标杆企业在选择供应商时非常强调“同路人”原则，即将供应商视为企业内部员工，对供应商管理采取“选、用、育、留”的思路，实现供应商的优胜劣汰，为企业不断积累合格供应商资源。其管理思路具体如图 7－4 所示。

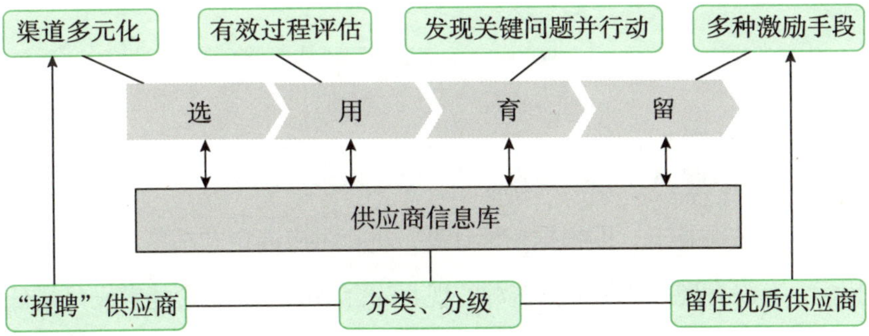

图 7－4　供应商的选、用、育、留

一、选——阶梯式发展思路，有序补充供应商资源

处于不同发展阶段的企业对供应商的需求是不一样的：比如 A 企业，十几年来一直在广州发展，现逐步向外扩张，目前已发展到上海，那么它需要的是更多的上海当地供应商；而 B 企业原先一直在做住宅项目，现在逐步拓展到商业项目，那么它需要的是更多商业领域的供应商，无论策划、设计、材料设备供应、装修施工、招商代理与物业管理，都应该找商业领域的专业供应商。另外，房地产开发领域的供应商按专业细分少说也有几百类，这么大量的供应商不可能在短时间内积累而成。那么，如何选择吻合企业发展阶段的供应商呢？我们建议采用“中期、短期、长期的阶梯式发展”思路，有序地补充供应商资源。具体如图 7－5 所示。

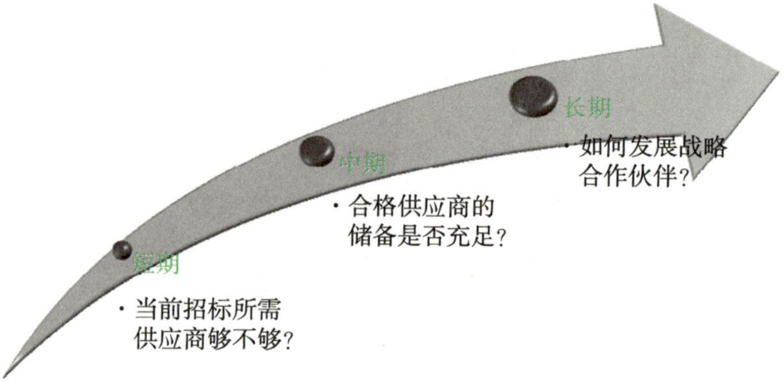

图 7-5　供应商资源拓展的阶梯式发展思路

1. 短期——依据当前招标计划，定向补充供应商

短期供应商资源补充，即根据招标计划，进行供应商定向招募、招标：哪些供应商需要招标？有没有现成的供应商资源？现有的合格供应商是否能够满足最低入围数量的要求？如果不足，就需要去寻找和考察，定向补充，这样才能满足招标需要。

2. 中期——盘点储备缺口，填补最低入围数量

一般企业在招标时，对入围供应商的数量有一个最低数量限制，比如 B 企业要求最低入围单位数量≥2N+1（N 为标段数）。供应商资源补充的中期做法，就是要对现有的供应商资源库按类别进行盘点分析，如果合格供应商的储备数量少于最低入围数量，就要定向发展，由采购部门有针对性地收集相关专业的供应商资源，提前进行资质评估或考察。否则，一旦开始招标就变得紧急，会影响招标进程或价格谈判。在这方面明源不仅是理念的倡导者，也是实践者、撮合者，截至 2016 年 8 月，云采购平台已经开展 15 次供需对接会，成功促成 128 家房地产开发企业与 1 300 多家供应商达成合作意向。

比如，B 企业针对土建工程部分的合格供方结构进行盘点统计，梳理出合格

供方数量储备少于 3 家的供应商类别为胶粉聚苯颗粒、钢结构工程、屋面瓦这 3 类，后续便会针对这 3 类进行补充招商。具体如图 7－6 所示。

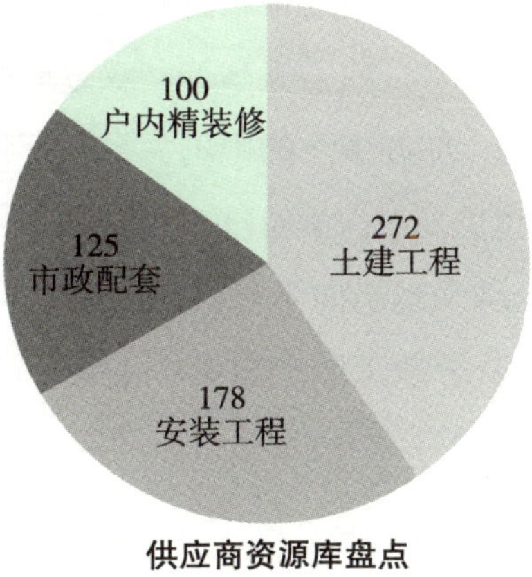

工程类别	材设工程子类	数量
土建工程部分	土方	9
	降水护坡	5
	地基处理	12
	工程施工总承包	15
	钢材	10
	混凝土	19
	水泥	8
	防水材料	20
	粉刷石膏	4
	外墙砖勾缝剂	5
	瓷砖黏接剂	5
	挤塑聚苯板	7
	胶粉聚苯颗粒	2
	钢结构工程	2
	栏杆铁艺	10
	外墙涂料	20
	屋面瓦	2
	铝合金门窗幕墙	26
	五金件	7
	玻璃	6
	石材幕墙	23
	外墙砖	13
	户门	19
	防火门	23

找出合格供方数量储备少于3家的供应商类别

图 7－6　供应商资源库盘点

3. 长期——基于公司发展，培育战略合作伙伴

从房地产企业与供应商的关系来看，大致经历了四个阶段。第一个阶段的特点是一般的买卖关系，这个阶段对供应商的选择随意性强，因此房地产企业与供应商之间是一种不稳定关系，主要是针对一些替代性比较强的材料设备供应商或零星工程施工单位。第二个阶段的特点是稳定的供求关系。此时房地产企业与供应商建立了相对长期的合作，但也仅限于一般的买卖关系，主要是根据企业产品定位要求保持相对稳定的品质与特征，比如大型机电设备、厨卫设备、饰面材料等。第三个阶段的特点是合作伙伴关系，此时已是长期合作，相互之间的信任度

较高，合作形式开放，信息透明，且有了一定程度的其他合作，如技术、培训、资金等，那些对品质、进度与成本影响重大的单位，如总包、装修单位应往这个方向发展。第四个阶段的特点是，建立战略联盟，此时房地产企业与供应商建立了非常紧密的合作关系，比如联合开发、股权合作、收益共享等，双方形成了更紧密的“利益共同体”，不再是那种“我付钱，你办事”的甲乙关系，万科近年所推行的外部合伙人机制就是其中一例，但也仍处在探索阶段。

从目前行业的发展趋势来看，标杆企业越来越趋向于与供应商建立持续稳定的合作关系，从机会主义走向共享主义，从分散采购走向集中采购、战略采购。通过规模化降低成本，通过建立持续稳定的合作关系提升服务品质。具体如图 7 - 7 所示。

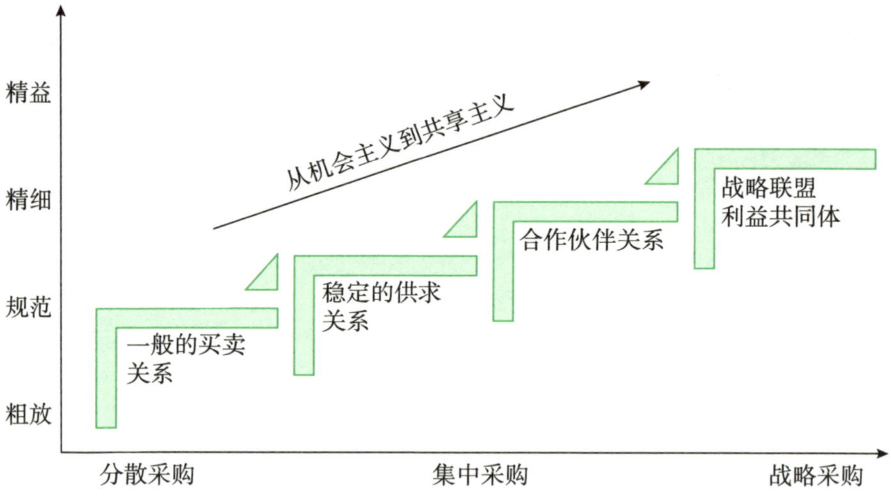

图 7 -7　供应商管理发展趋势

二、用——建立优胜劣汰长效机制，强化过程管控

评价是沟通的基础，是合作与否的参考依据。因此评价体系应是全面的、系

统的，而不是片面的、单一的，但评价是手段而不是目的。因此在评价体系的设置上要注意便于执行，手段宜简单执行才高效，评价维度不宜太多，最好是定量指标与定性指标相结合；参与人员不宜太多，最好是一线执行团队的权重要高于后台管理与服务团队的权重；评价频率不宜太高，基于事件评价（比如达到某节点）与定期评价（比如按季度）相结合。

1. 供应商评估的整体逻辑

“用”更多地是通过对供应商合作全程的评价来反映。供应商评估是供应商管理中的核心业务环节，涉及资质评估、履约评估、年终评估等环节，其整体逻辑图如图7－8所示。其中，资质评估是针对供应商入库环节，把好供应商引进的质量关；履约评估是针对合同执行环节，把好合同执行的质量关；年终评估是针对年度内有合作的供应商进行定级排名，把好优胜劣汰关。

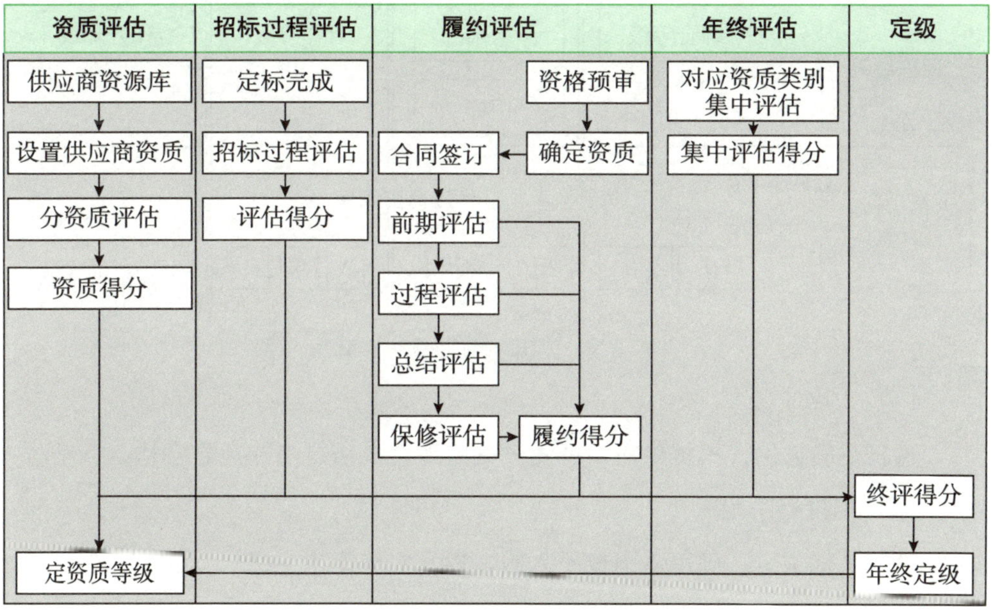

图7－8　供应商评估整体逻辑图

知识加油站：北京 H 企业供应商管理的整体框架

北京 H 企业将供方合作的整个过程分解为入库、招投标、合作和年终总评四大阶段，每个阶段都有相应的评估，评估结果直接形成对供方的综合定级及合作定级，并随时进行动态调整，实现了供应商从潜在供方、入围供方、ABC 定级供方再到战略供方的整个生命期的管理。具体如图 7－9 所示。

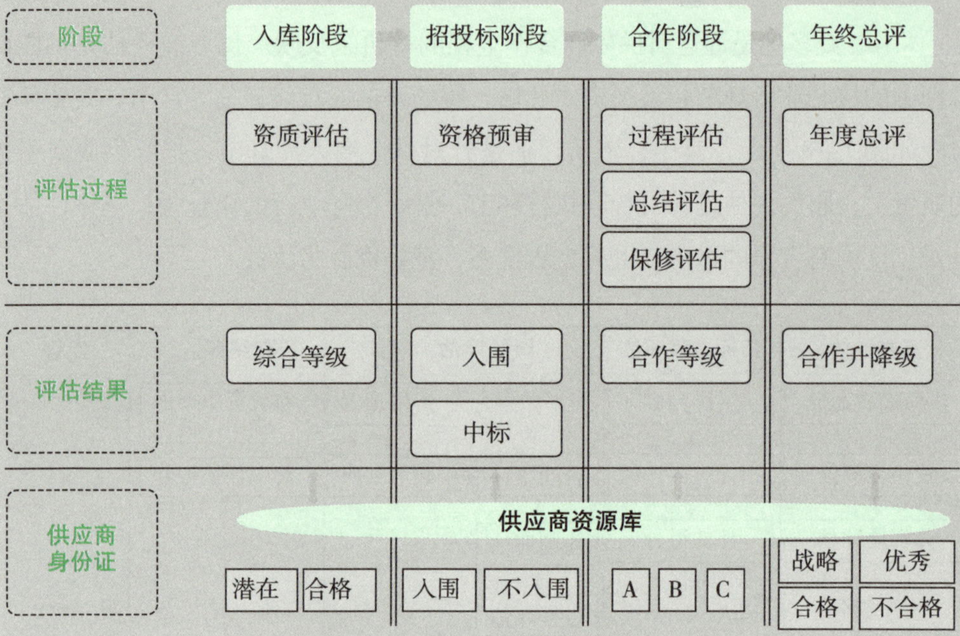

图 7－9　供应商管理整体框架

（1）入库阶段

进行资质评估，根据供应商的资质确定综合等级是潜在还是合格。

（2）招投标阶段

进行资格预审，确定入围或不入围，以及中标或未中标。

（3）合作阶段

定期或者根据需要进行履约过程评估，在竣工交付后一定周期内进行总结评估，在保修期结束后进行保修评估，并确定合作等级 A、B、C。

（4）年终总评

年终根据各阶段评估结果，进行等级评定，划分为战略、优秀、合格、不合格 4 个等级。

知识加油站：什么是休眠供应商？

深圳 X 企业将供应商等级划分为：待用、准入、不合格、禁用、合格、优秀、战略、休眠等几类供应商。其他几类都比较容易理解，这里解释一下“休眠供应商”。休眠供应商即优秀供应商和合格供应商连续两年没有进行合作者，以及准入供应商在最近一次考察之后两年没有合作者。对休眠供应商再次启用需重新考察，并依据考察的情况再次确定供应商的级别。

2. 两大方式加强履约评估，实现供应商过程管控

对已合作的供应商，重点应关注其履约表现。业内标杆企业对供应商履约评估的做法主要呈现为两种典型的方式——按阶段评估与定期集中评估，具体如图 7－10 所示。

“按阶段评估”的“阶段”，是指前期履约准备，以及招标过程、施工过程、竣工交付和保修期这几大阶段。在施工过程中，甚至还可能有多次评估。这种评估模式适合那些管理精细程度较高的企业，其好处在于能及时帮企业发现供应商在合作过程中存在的问题，促使企业及时督办、改进。但因为评估频率较高，所以执行难度也大。特别是施工过程中的评估，涉及多个业务部门参与，如果供应

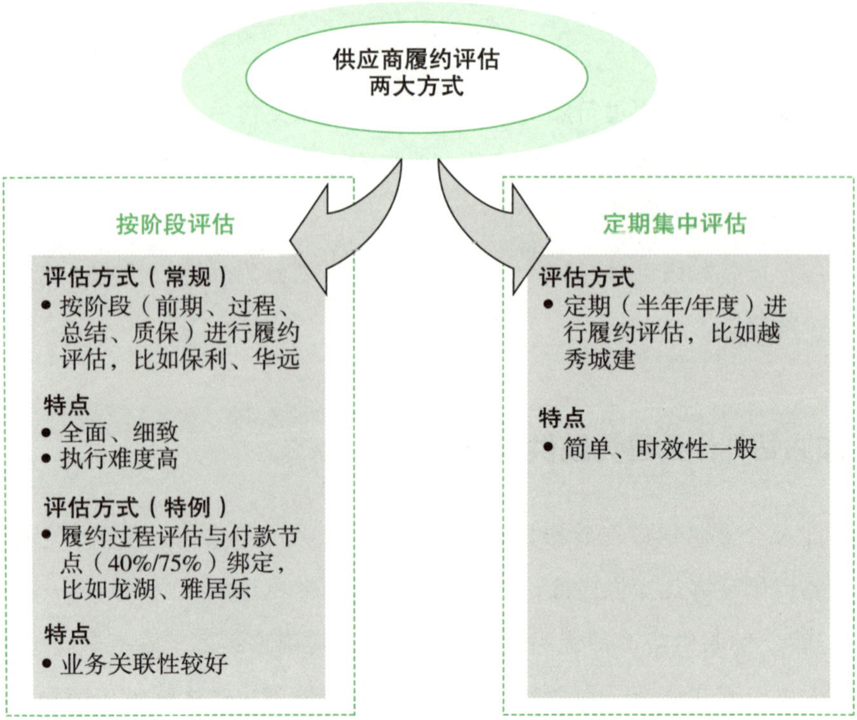

图 7－10　供应商履约评估两大方式

商评估对日常工作本身没有促进作用，反而是个累赘，就会存在部门不配合的问题，执行效果打折。

按阶段评估模式中，行业内一些标杆企业还采用了另外一种比较独特的方式——将施工过程评估与关键的付款节点进行绑定，以付款来驱动评估，评估结果不理想的可能会影响付款进度。这样做既保证了评估的及时开展，也能将评估结果进行直接应用。通常会选择在付款到 40% 与 75% 这两个时点进行评估，付款到 40% 时刚好过了磨合期，到 75% 时工程基本完工，都是比较能反映问题的时点。

“定期集中评估”，是指每半年或一年集中对在合作期内的所有单位（主要是指工程承包商与材料设备供应商）进行评估，处在哪个阶段就评估相应的维度。这是一种运动式的评估模式，执行难点相对来说要小，但在时效性上要弱一点，适合那些管理相对粗放的企业，可以通过供应商评估获得一个结果并进行排名，然后再开展相应的奖惩。

案例 1：Y 企业的定期集中评估模式应用

Y 企业是广州一家老牌房地产开发企业，拥有近 30 年的历史，属于上市公司，年销售额过 100 亿元。一直以来，Y 企业都比较重视供应商管理，在集团的招标管理中心设有专门的供应商管理组，负责供应商信息的收集、维护以及供应商履约评估。其供应商评估主要采用了定期集中评估的模式，具体如表7－2 所示。

表 7－2　Y 企业供应商集中评估案例

	内　容	备　注
对象	1. 当前评估周期内新签的合同 2. 当前评估周期内正在执行的合同 3. 当前评估周期内新进入维保期的合同	承包商、材料设备供应商
评估人	1. 项目管理中心及下级公司领导 2. 招标中心负责人（招标阶段参与） 3. 项目经理、项目总监 4. 物业公司（维保阶段参与） 5. 供应商互评（作为内部评估的参考）	互评： 1. 总包与分包之间 2. 装修安装单位与材料设备供应商之间
周期	每半年一次	6 月，12 月
维度	供应商履约评估问卷	供应商评估管理文档
结果应用	供应商评估大会	优秀供应商表彰、奖励

1. 评估周期：每半年一次

每半年开展一次评估，每年的6月、12月启动，并于7月、次年1月出结果，一般耗时1个月左右。

2. 评估对象：重点关注工程承包商以及材料设备供应商

关注重点而不是包罗万象，虽是针对当前评估周期内所有新签、正在执行以及进入维保期的所有合同，但仅限于工程承包商及材料设备供应商，其他类别未纳入，故精减了数量，避免成为一项包罗所有业务部门的运动。

3. 每份合同多人评估，不同人设置不同权重

每份合同由多人进行评估，重点是以项目部、招标中心、物业公司以及项目管理中心这4个部门的人员为主。对不同的人分别设置不同的权重，项目经理40%，项目总监40%，主管领导20%（若主管领导没有打分，则其权重平分到项目经理与项目总监），物业公司10%（若还未到保修阶段，则其权重平分到项目经理与项目总监），招标中心的评价结果作为参考。

4. 设置供应商互评环节

在内部人员开展评估之前，会先让供应商之间进行互评，即总包与分包之间互评、装修安装单位与材料设备供应商之间互评，互评结果作为内部评估的重要参考，也算是广开言路，充分征求意见，避免片面。

5. 按阶段设计评价指标，统一打分标准

不同专业的供应商评估的维度有所侧重，分别设置了施工总承包、机电装

修、施工其他专业以及材料设备四类不同的评估问卷。比如针对施工总承包合同的评估问卷，就是按阶段设置评价指标内容，具体应用时，根据合同所处的阶段确定需要评估哪些指标。每个指标内容有相应的分值，为了避免随意打分，针对每一个维度设置了统一的打分标准。

6. 评估结果及应用

合同最终得分＝各维度的评分合计/各维度的总分合计×100，比如某合同正处于施工阶段，则其应评估维度的总分为85分（验收及移交阶段的两个指标不参与评估），如果该合同各维度的评分合计为80分，则该合同最终得分＝80/85×100＝94分。

如果一个供应商同时有多个合同在执行，则将多个合同的得分合计后再取算术平均值，作为该供应商在该评估周期的最终得分。60分以下为不合格，60～75分为合格，75～85分为良好，85分以上为优秀。

评估完成后撰写评估报告，进行分类分析。对于表现优秀的供应商给予肯定并可能建议作为战略合作伙伴，对于表现较差的供应商分析原因并给出后续合作关系的建议。之后在供应商大会上通报评估结果，对于表现优秀的企业给予奖励，从而促进供应商的优胜劣汰。

! 案例2：G企业按阶段评估的常规做法

G企业是从成都发展起来的一家企业，目前已发展到北京、云南、重庆、杭州等多个省市地区。G企业追求管理精细化，其供应商评估采用按阶段评估模式，具体如表7－3所示。

表7－3 G企业供应商按阶段评估案例

评估类别	招标过程评估	合作过程评价	合作结果评价
评估周期	《定标推荐报告》完成审批后	合同开始执行后每两个月一次	项目竣工交付后两个月
评估供应商	一类供应商（土建总包，水电安装，消防工程）	一类供应商和二类中的景观类、装饰类	一、二类供应商
评估重点	供应商在招标过程中的配合程度，反向检查招标流程是否有需要改进的地方	合作供应商的工程质量、工程进度、安全文明施工、现场配合	工程质量、工期控制、安全文明施工、现场配合等合同履行结果及对甲方的满意度评价
评估部门	招投标小组	供应商服务部组织，分公司工程、研发、成本等部门配合	供应商服务部组织，分公司工程、研发、成本等部门配合
评估报告	《招投标信息反馈和过程评价表》	《供应商合作过程评价报告》	《供需双方双向履约评价报告》

1. 招标过程评估：评估供应商的同时反向检查自身招标流程

对于一类供应商，即土建总包、水电安装以及消防工程，会在《定标推荐报告》完成审批后由招投标小组进行招标过程评估，一方面评估供应商在招标过程中的配合情况，另一方面也反向检查自身的招标流程是否有需要改进的地方。

2. 合作过程评估：每两个月评估一次，及时反映供应商履约情况

在合同执行过程中，会对土建总包、水电安装、消防工程、景观类以及装饰类供应商进行评估，并且是从合同开始执行后每两月评估一次，这个环节的评估由供应商服务部组织，分公司工程、研发、成本等多个部门共同参与评估，以便于及时反映供应商的履约情况。评估完成后形成《供应商合作过程评价报告》，按类别进行供应商评分及排名，并且与上期排名进行对比，分析排名升降情况，进行及时奖罚，促进供应商优胜劣汰：对于各专业排名第1的供应商会给予一定比例的现金奖励；而对于排名下降较多的供应商则分析原因，

并及时约谈、责令改进。

3. 合作结果评估：项目竣工交付后两个月进行评估，注重甲乙双向评估

在项目竣工交付后两个月要进行合作结果评估，由供应商服务部组织，分公司工程、研发、成本等多个部门共同参与，这个阶段直接面向最终客户，是对客户体验影响最关键的阶段，通常质量问题和维修服务问题会集中暴露，能真正地反映产品质量与服务质量，所以这个阶段的评估非常重要。

G 企业对供应商是一种比较开明的态度，能充分听取供应商的意见与建议，所以在合作结果评估时还包括供应商对甲方的满意度调查，了解合作满意度以及后续合作意愿，并收集相关意见，分析自身可优化改进的地方。比如，在某一次调查中发现供应商普遍反映结算进度慢的问题，G 企业非常重视，在内部发起了一次流程优化，进行了适当改进。

案例 3：B 企业按阶段评估特例——履约过程与付款节点绑定

B 企业明确表示其供应商评估的目的有三个方面：

其一，建立供应商评估体系，客观评估供应商，为公司发展储备合格供应商资源；

其二，建立供应商激励机制，根据评估结果进行供应商分类，形成战略供应商资源库，体现同路人原则；

其三，提升招标效率，目标是达到 80% 的招标不需要进行即时的考察与资格预审，供应商资源库即可满足 2N +1 的招标要求。B 企业评估模式的简要情况如表 7 –4 所示。

表7-4 B企业供应商评估将履约过程与付款节点绑定

评估类别	过程履约评估	集中交房期评估	磨合期评估
评估时间	与付款节奏绑定： 合同在40%、75%的付款临界点	半年一次： 1～6月交房，在7月10日前评估； 7～12月交房，在次年1月10日前评估	每年一次： 客户入住开始，2年保修期结束
权重	60%	40%	修订之前的评估结果

评估对象包括在合作范围内的所有供应商，主要以企业单位+项目负责人作为考核对象，以合同为基本单元，一个供应商承建多个项目的，按合同分别评估，最后取平均值。其中过程履约评估占60%的权重，集中交房期评估占40%的权重，磨合期评估作为相关补充，用于修订之前的评估结果。

1. 过程履约评估：与付款节奏绑定

（1）与付款节奏绑定

过程履约评估的特点是与付款节奏绑定，即在合同付款到40%、75%这两个时点时要求进行履约评估，且工程及其他相关人员在合同实施中也可随时发表评价。这种方式既避免了Y企业集中评估模式下不及时的问题，也避免了G企业按阶段评估模式下合同开始执行后每两个月评估一次操作难的问题，充分兼顾了及时性以及可操作性，也是我们比较推崇的一种评估模式。

（2）不同岗位设置不同评估维度及权重

针对不同类别的供应商，其评估维度各有侧重，主要分为设计、监理、造价咨询、施工、集采这五大类，特别是针对施工类合同，需要多个不同岗位参与评估，不同的岗位关注的维度也会有侧重，并且针对不同的岗位进行评估维度的权重设计，具体如表7-5所示。

表7-5　B企业过程评估阶段不同岗位的维度及权重

岗　位	评估维度	评估权重
成本经理	重点关注与成本相关的维度，包括施工图预算的质量与及时性、变更签证申请资料的质量与及时性、合同内提出经济争议问题的合理性、项目进度产值提出的准确性以及是否拖欠民工工资及民工聚众事件7个维度	35%
工程经理	重点关注项目组织构架的设置，项目经理、技术负责人的组织协调管理能力，进度、质量把控能力，安全、文明实施状况，以及与甲方及其他供应商的协调配合情况，每个维度设置固定的分值，根据评分标准进行打分	*
项目总监、工程、造价采购职能负责人	重点关注关键节点进度计划实施把握能力、与甲方主动配合意识及对外协调能力、与其他供应商的配合协调能力、合同内提出经济争议问题的合理性以及是否拖欠民工工资及民工聚众事件	*

2. 集中交房期评估：六大维度的不同权重及分值设置

集中交房期评估每半年开展一次，1~6月交房在7月10日前评估，7~12月交房在次年1月10日前评估。由项目总监、工程、造价采购职能负责人共同参与评估，主要从拖欠民工工资及民工聚众事件、竣工验收交房配合、分户验收整改及时性、户均报事量、报事完结率、合同交房完成率六大维度进行不同权重及分值的评估，具体如表7-6所示。

表 7-6 B 企业集中交房评估阶段的维度及权重

编号	项目总监、工程、造采职能负责人评价维度	权重（%）	分值	评价标准
1	拖欠民工工资及民工聚众事件	5	5	未出现为 5 分；未出现但有风险为 3 分；出现为 1 分
2	竣工验收交房配合	5	5	优 5 分；良 4 分；一般 3 分；欠缺 2 分；差 1 分
3	分户验收整改及时性	10	10	**按整改通知书要求：** 按时完成 10 分；延迟 1~5 天 8 分；延迟 6~10 天 6 分；延迟 11~15 天 4 分；延迟 15 天以上 2 分
4	户均报事量	40	40	排名前 25% 得 40 分，后 25% 得 0 分，中间得 20 分
5	报事完结率	40	40	排名前 25% 得 40 分，后 25% 得 0 分，中间得 20 分
6	合同交房完成率	10	10	**同一分期，所有分供方相同：** 实际已交房总套数/本期项目的交房总套数

3. 磨合期评估：重点关注工程质量与维修服务

每年开展一次，从客户入住开始，到两年保修期结束。这个阶段评估客服与物业是主力，评估维度还是重点关注工程质量与维修服务，即户均报事量与报事完结率。在这个阶段还涉及竣工结算，所以竣工结算资料的及时、准确也是评估的重要维度之一。除此之外，如果在此期间发现重大质量缺陷则视情节轻重扣 10~20 分。具体如表 7-7 所示。

表 7－7　B 企业磨合期评估阶段的维度及标准

评估部门	项目团队阶段评估维度	权重（%）	分值	评估标准
客服、物业	户均报事量	80	40	排名前 25%，得 40 分；后 25%，得 0 分；中间 50%，得 20 分
	磨合期报事完结率		40	排名前 25%，得 40 分；后 25%，得 0 分；中间 50%，得 20 分
造价	竣工结算资料及时、准确（是否高估冒算）	20	20	**申报结算与最终结算金额：** 差异≤3% 为 20 分；3% ＜差异≤10% 为 19～4 分；差异＞10% 为 3 分
工程	典型案例按情节轻重扣 10～20 分			

需要特别说明的是，户均报事量与报事完结率这两个指标的获取并不容易，在这两个指标的背后还需要一套完善的客户服务管理流程，要能够完整地记录每一单客户投诉（报事）、责任单位以及完成情况，否则无法反映供应商的真实情况。

知识加油站：供应商的评估维度设计要充分考虑对其深层要求

在评估维度的设计上，除了对供应商实力、资质、业绩、价格等基本要求进行评估外，还要充分考虑对供应商的深层要求，即对质量控制、产品交付管理以及服务方面的要求，这三个方面也是合作后重点关注的内容，具体如图7－11 所示。

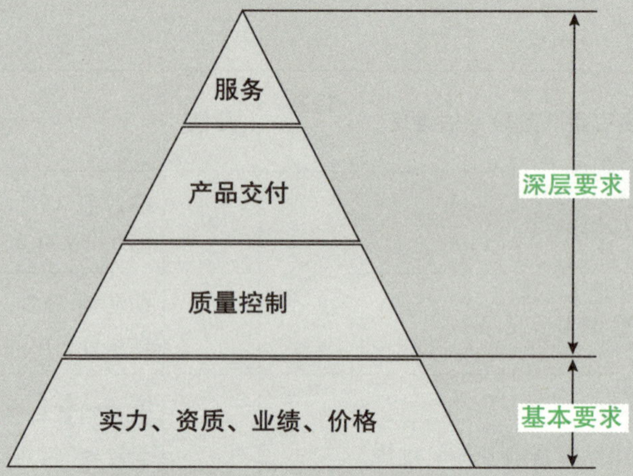

◆ 基本要求：合作前重点评估的内容。
◆ 深层要求：合作后重点评估的内容；签约前需尽可能关注和评估。

图 7－11 供应商评估的基本要求及深层要求

从 B 企业各岗位的评估维度来看，很好地体现了这个原则。特别是质量，关系到企业长期持续发展的根本。

企业在推行供应商评估体系时通常会经历一个反复优化的过程，一开始为了便于执行会追求简化，而在逐步完善的过程中可能会越来越复杂，因为各环节的意见都要融入进来，难免变得复杂。但在运作成熟后又可能会趋向于简化，因为运作成熟后供应商团队也相对稳定，另外考虑到这个事情的边际效益是递减的，所以，未必需要追求精细。例如，对于承包商的过程评估通常为工程质量与服务配合两大维度，质量评估应以工程实测实量（如有）为依据，不要另设维度，避免供应商评估体系与工程管理体系不搭接，各做各的，难以形成合力。

另外需要强调的一点是，一些跨区域分权管理模式下的大型企业对供应商管理是以区域为单位的，在区域化管理模式下每个区域公司管理本区域的供应商库，就算是同一个供应商，在不同的区域，是否入库、合作等级可能不同，即“资源是共享的、信息是公开的，但使用是区域化的、个性化的”。例如，供应商 A，在深圳审核合格并入库后，那也只能在深圳用，广州、上海等其他公司若要用，同样也要经过考察评估才行，而不是任一公司考察合格之后即在全集团通用。同样，在深圳评估为优秀的单位，在广州可能评估为不合格，但广州评估不合格不直接影响在深圳的合作，除非该单位在多个城市都出现不同程度的问题，那就需要集团层面给予重视。因为供应商（特别是施工单位）的区域服务能力会有差别，不能一刀切，也不能逃避责任，所以入库、履约评估的管理都是区域化的，区域之间可以不相互影响，但是要求全集团内资源是共享的，信息是公开的。

三、育——培育供方两步走，实现双方共同发展

供应商的使用很重要，培养供应商更为重要。分类分级后，对于表现优秀的供应商，应该进行有效的激励，而对于那些可能在能力上还有所欠缺，但经营理念与价值观方面值得认同的供应商则可以考虑再给予一定的机会，培育发展，实现共同成长。

1. 基于“分析策略矩阵”找到培育供方

一般来说，开发商对供应商的评价定级是这样一个流程：下发问卷—相关评价部门打分—汇总得分—初步定级（升降级）—最后决策层审批。这种方式的供应商评价流于形式，价值不大，缺少了一个非常重要的环节——深入分析供应商现阶段存在的问题，寻找改善方法。某标杆企业借助“供应商分析策略矩阵”，从“重要性”和“满意度”两个维度分析“有药可救”的供应商。重要性得分即是对服务、交付、质量控制等维度的重要性权重；满意度得分是对于供方

某个方面表现评测人员的感观得分，非常满意为 5 分。最后要重点培育的供应商就是“关键改进象限”内的供应商（如图 7－12 所示）。

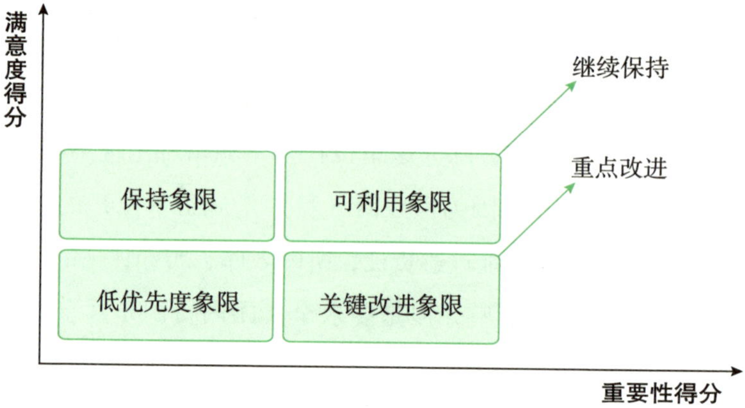

图 7－12　供应商分析策略矩阵

2. 基于“行动指数”找准培育的方向

具体的改进方向根据“行动指数”得出。行动指数 = 重要性得分 ×（1－满意度得分），指数越高表示问题的紧急程度越高，也即重点要改进的方向（具体如表 7－8 所示）。接下来，开发商就可以重点辅助供应商对这些问题进行改进，真正培育属于自己的战略供应商，保证双方共同成长。这种方式培养起来的供应商，能够长期持有而不丢失。

表 7－8　通过行动指数信息表找出重点改进问题后即刻行动

	问卷 1	问卷 2	问卷 3	问卷 4	重要性	满意度	行动指数
问题 1	1	3	3	4	0. 89	0. 4	0. 54
问题 2	3	3	3	5	0. 29	0. 6	0. 12
问题 3	2	2	3	4	0. 54	0. 4	0. 33
问题 4	5	5	5	5	0	1	0

四、留——两大激励方式，留住优质供应商

巧用激励手段有利于提高供应商及其管理人员的积极性，促进供应商自身素质的提升。为了实现激励效果的最大化，标杆企业会按照分级、分类两个维度对供应商进行激励，具体激励措施如图 7－13 所示。

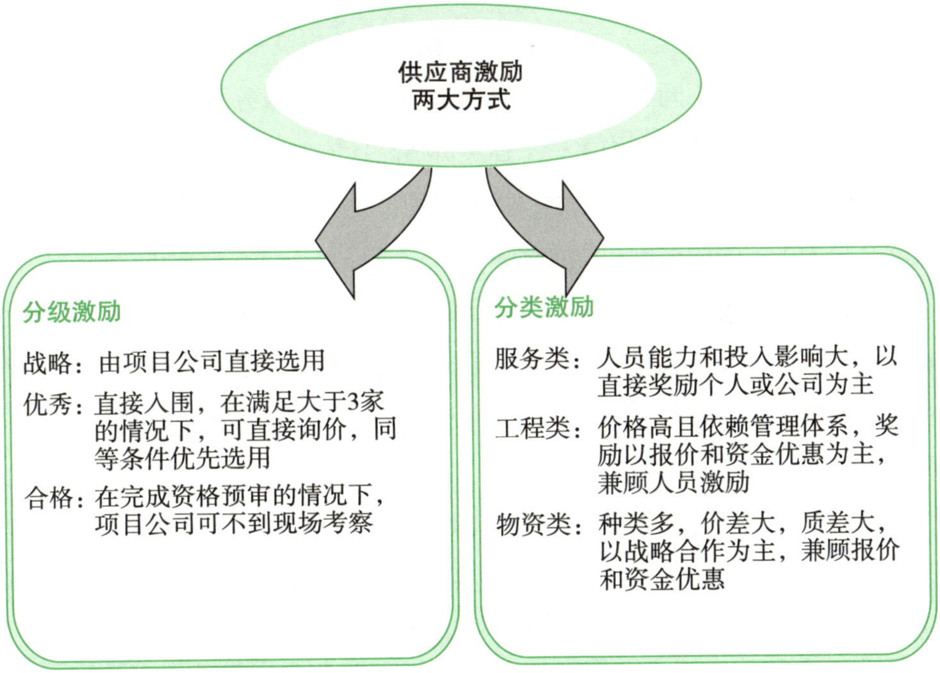

图 7－13　供应商分级与分类两大激励方式

1. 分级激励：战略、优秀、合格不同等级权利差异化

根据供应商的合作等级给予不同的激励措施，一般分为战略、优秀、合格三级，实行高级别优先权及等级权利差异化管理，即在相同的条件下，级别较

高的合作伙伴有中标或承接业务的优先权。比如某企业对供应商分级激励的方式为：在同一领域的合作伙伴，战略合作伙伴可直接入围公司招标或承接公司业务；优秀供应商直接入围，在满足大于3家的情况下，可直接询价，同等条件优先选用；合格供应商在完成资格预审的情况下，项目公司可不到其现场考察。

2. 分类激励：服务、工程、物资不同类别激励差异化

根据供应商不同分类设定不同的激励措施，供应商一般分为服务类、工程类、物资类3类，对不同类别实行差异化激励管理，如服务类对其人员能力影响大，以直接奖励个人或公司为主；工程类价格高且依赖管理体系，奖励一般以报价和资金优惠为主，兼顾人员激励；物资类种类多，价差大，质差大，激励手段以战略合作为主，兼顾报价和资金优惠。

当然，分级分类激励还只是简单通用的供应商激励形式，供应商管理更为系统长远的还是实现战略供应商管理，以形成企业的战略供方资源库，打造强有力的企业供应链，双方建立长期的合作与交流，为企业在产品质量、成本优化上做出巨大贡献。

总之，供应商作为开发商的核心资源，其重要性越发凸显。对于开发商来说，需要建立规范的分类、分级的供应商信息库，并以此为基础实现供应商的选（渠道多元化）、用（有效的过程评估）、育（发现问题并帮助其进行改善）、留（多种激励手段）。长期来看，房地产企业必须重视供应商的培育，建立以房地产企业为核心的供应链体系，供应链管理能力、上下游价值链整合能力是房地产企业的核心竞争力。

第三节　战略供应商圈定

案例：H 企业采购单价成本逐年下降 4.5% 的背后

最令 H 企业材料公司董事长感到自豪的是，在近 3 年 CPI 持续高企的背景之下，H 企业材料设备采购的单位成本却逐年下降 4.5%。H 企业把这一成绩主要归功于“注重培育核心战略合作伙伴”。2012 年，H 企业已与 300 多家供应商建立了持续稳定的战略合作伙伴关系，2015 年达到 500 家，H 企业还尤其注重对核心战略供应商的培育，比如其户内门采购，2 家战略合作伙伴的采购量就占据了 80% 的业务量。在确保质量的前提下，H 企业与合作伙伴一起消除“质量过剩”，有效降低成本。

目前，从塑造品牌形象、提升品质和降低成本的角度出发，战略采购业已成为房地产行业有效整合资源、提高采购工作效率、增强采购专业性、降低开发成本、建立集团化发展规模优势的关键管理措施之一。而如何寻找及圈定战略供应商是战略采购得以实现的有效支撑，通过战略采购创立一种基于战略协作层面的合作伙伴关系，可以使房地产企业与战略供应商从此前的对立关系转向协同、共赢的关系。

一、第一步——识别战略采购范围

如何界定战略采购范围？从房地产企业战略采购的本质目标来看是降低成本、保障质量、保障进度、降低采购风险，因此需要综合考虑供应商人力、财力、物力等外部资源及其地域性特点，分析其对企业各项目目标体系（投资、质量、进度）的贡献程度，结合战略合作的适用因素，量化推导战略采购范围。下面介绍N企业战略采购三维度七要素分析法。

N地产是中国知名的住宅物业房地产企业之一，以优秀的房产品质占据行业领先地位，其提炼形成了“三维度七要素”的产品战略采购分析法，具有很强的可操作性。

三维度是指成本、产品和供应商三个维度，七要素是指成本比重、规模效应、价格稳定性、产品品质、设计与技术、供应商服务和供货半径。每个要素设置相应的权重及直观的评分标准，根据每种产品的最终评分，得出战略采购星级评价，依据星级确定是否适合进行战略采购。具体如图7－14所示。

产品战略采购适用性分析评价表

评价项目	成本（45%）			产品（30%）		供应商（25%）		得分（百分制）
	成本比重	规模效应	价格稳定	产品品质	设计与技术	供应商服务	供货半径	
权重	20%	15%	10%	20%	10%	15%	10%	100%

评价得分	战略采购星级	说　明
≥75分	★★★	非常适合进行战略采购（集团总部）
≥50分	★★	根据自身企业规模和战略发展方向，选择哪些进行战略采购（逐渐提升）
<50分	★	战略采购的价值不大

图7－14　产品战略采购实用性分析评价表及评分说明

除上述筛选维度之外，还可以参考以下具体优选原则：

（1）对项目金额、质量和进度影响重大的，如总包、装修工程，虽然规模效应不明显，但选择战略合作仍有明显益处；

（2）随着采购数量的增加，可以带来明显规模效应、降价空间大的，一般是工厂化生产的材料设备，如电梯、厨卫设备、管线、涂料、入户门、门窗、木地板、墙地砖等，可以开展集中采购；

（3）对供应商人员素质要求较高的，一般是服务提供商，如策划、设计、监理、造价咨询等，主要依靠专业人员的智力，难以量产，对效果、质量、成本影响大；

（4）对供应商资金保障要求较高的，如总包、装修等。

根据行业的总体来看，进户门、铝合金门窗、室内装修、总包、电梯、发电机等材设对供方能力要求高、施工管理难度高、产品质量风险比较大、客户投诉影响大，容易带来较好的成本规模效应，成为众多地产企业进行战略采购的重要选择。

对于地产企业而言，战略采购的施行是一个渐进过程，需要由易到难地逐步推进。企业在战略采购尝试阶段，可以以材料设备为主，优先选择产品标准化成熟、市场价格透明、在行业内已经有广泛应用的材料设备。

知识加油站：战略采购的两种实施方法——集中采购与战略合作

战略采购管理是基于与供应商建立“战略合作模式”的采购管理，是以企业最低总成本建立业务供给渠道的过程。战略采购的具体实施方法主要有两种：一是集中采购，往往针对材料和设备，总部将各个项目的需求汇总，统一招标，明确采购协议，直接签采购合同统一采购，或者到项目上，再签正式的采购合同；二是战略合作，一般由集团公司总部统一与供应商进行洽谈，通过招标方式确定战略合作伙伴，并签署战略合作协议以及战略合同。如图 7－15 所示。

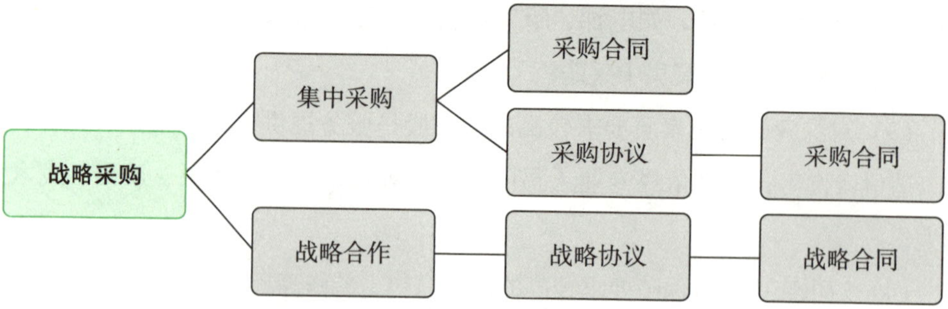

图 7-15　战略采购的两种实施方法

二、第二步——制订战略供方发展计划

为保持竞争性，每类战略合作供应商不宜少于两家。这就需要企业定期盘点现有战略供应商库，并制订相应的战略供应商发展计划。

H 企业为一家年开工面积近百万平方米的上市公司，集团总部招采部门每年年底根据公司战略规划、次年度业务重点，以及现有供方资源库的情况，与相关部门一起编制《战略合作伙伴发展计划》，用来指导企业实现战略供应商管理的具体落地。其内容包括但不限于：

（1）次年度战略合作伙伴的发展范围；

（2）范围内战略合作伙伴的评审标准编制责任部门和评审完成时间；

（3）战略合作伙伴洽谈时间；

（4）战略合作协议签订时间；

（5）战略合作伙伴评审标准。

三、第三步——快速圈定战略供应商

材料设备战略合作伙伴的选择不仅是选择品牌（厂家）的过程，同时也是选择产品的过程。选择品牌（厂家）时，主要分三步走，而产品选择主要分两步实现，具体如图7-16所示。

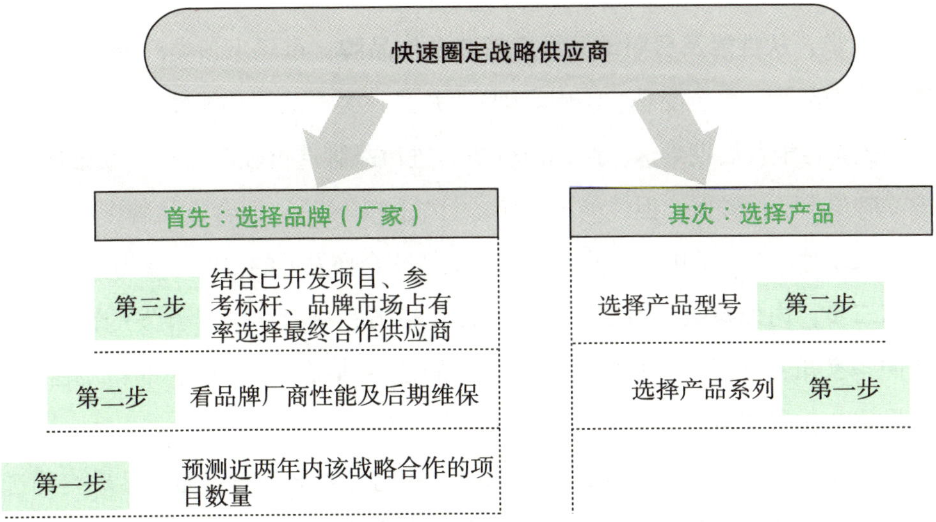

图7-16　快速圈定战略供应商两步走：先选品牌再选产品

1. 选择品牌：内外对标快速圈定品牌战略供方

战略合作伙伴发展过程中，品牌（厂家）的选择是重要环节。对于房地产企业而言，选择优质的战略合作伙伴是企业不断降低成本，创造利润的重要手段之一。但在选择合作伙伴环节，房地产企业通常采用的方法是在数量众多、品牌差异大、产品类型复杂的市场中进行分析及筛选，这往往需要花费大量的时间和人力，工作效率低下。其实，针对某项战略合作的发展，其品牌（厂家）的选择，可以结合房地产企业已开发项目的应用情况，并参照同行业知名企业的选择情况，进行综合选择。

比如，某企业需要选择冷水机组的战略合作供方，但市场上冷水机组的生产厂家近百家，如在此基础上确定最终的合作供方单位，所需时间和人力可想而知。针对此种情况，该企业采取了三步走：

第一步，了解近两年内该项战略合作的项目数量：项目组织相关参与人员共同讨论，确定企业近两年可能用到该项战略合作的项目有 3 个，且均为综合体或大型商业。

第二步，从性能及后期维保维度筛选合作品牌：市场上该类产品可分为三个档次（进口品牌、合资品牌、国内品牌），并且该类产品属功能性产品，使用方最为关注的是性能及后期维保。经调研分析，进口品牌造价较高，且后期维保困难；国内品牌虽然造价较低，但性能不稳定，且故障率较高；而合资品牌则性能稳定，后期维保及时，造价适中。因此，确定本次战略合作发展的主要对象为合资品牌。

第三步，内外参照，圈定最终战略合作供方：结合企业已开发的商业项目，并参照多家知名标杆企业开发的商业项目的选择情况，以及品牌的市场占有率，确定最终合作供方单位为 4 家。

显而易见，该企业与标杆企业在选择产品的目的上是一致的，且最终的选择结果也是一致的。同时，其在选择该类产品品牌时也做了大量的工作，并通过层层筛选才最终确定。该企业在历史项目选择时也经历了相同的过程，并花费了大量的时间。针对本次的选择结果，该企业直接实行拿来主义，这样，既得到了其需要的结果，也提高了工作效率。

2. 选择产品：从产品系列到产品型号层层筛选

例如战略合作之冷却塔的选择，按照系列及型号划分，有近千种，如逐项研究分析，工作效率将大大降低。针对此种情况，可以采用如下方法：

第一步，选择产品系列——结合以往经验，利用排除法选择所需系列

预计近两年使用情况均为综合体或大型商业，并结合以往项目的应用情况，采用排除法先行排除异形冷却塔，原因是其难以确定具体异形结构，且无规律可循；然后排除闭式冷却塔，原因是其造价高、占地面积大、市场占有率低；最后排除逆流式冷却塔，原因是其噪声较大、实际应用中较少采用。经以上排除综合分析后，确定选择开式、横流式冷却塔。

第二步，选择产品型号——依据开发项目需要选择实际采用型号

由于大型冷却塔可由多个小型单元冷却塔组成，再结合企业开发项目的规模，确定冷却塔型号为冷却水量 $600m^3/h$ 以内。最终确定开式、横流式冷却塔，型号为冷却水量 $600m^3/h$ 以内的冷却塔作为企业定价类战略合作产品。经统计，选定的型号数量为 72 个，远低于全系列、全型号产品，实际采用的型号数量为总数量的约 7%，这样既减少了不必要的工作，又提高了工作效率，并得到了满意的结果。在可预计的时间范围内，我们可以选择最适用的产品，即按需选择。

知识加油站：明确战略合作伙伴评审标准，甄选合格战略供方

某标杆企业对战略合作伙伴的评审制定了五大标准，主要从品牌价值、成本优惠、递延服务和服务先进性、质量保证先进性、技术先进性 5 个方面进行考评，每项设置具体的评审标准，有效甄选合格战略供应商。其五大评审标准具体如图 7－17 所示。

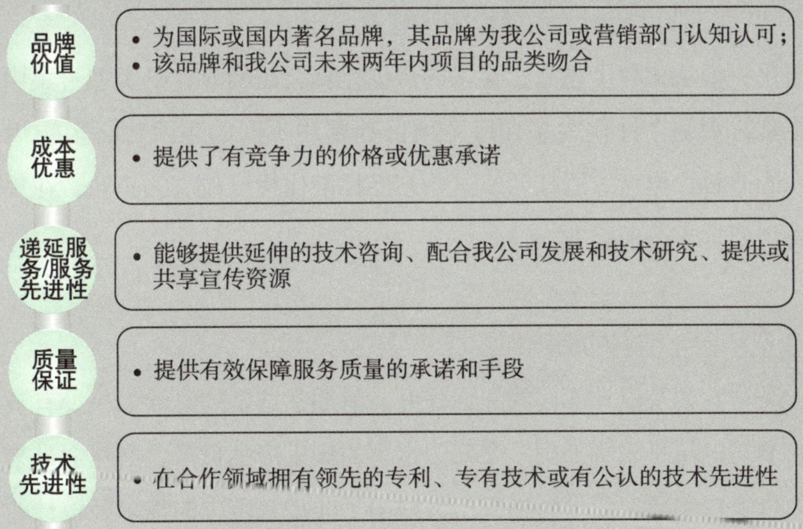

图 7－17　某标杆企业战略合作伙伴五大评审标准

总之，战略合作伙伴的发展，是建立在诚信的基础上，互惠互利，达到共赢的目的。首先是节省交易时间，即相对于招标，在确定每个供应商时，避免了重复考察及筛选；其次是节省交易成本，不仅可以避免不信任带来的恶性竞争，还能够享受规模效应带来的共赢；同时，也有利于促进供应商的社会化生产。针对战略合作伙伴发展，品牌的选择大可实行拿来主义，产品系列及类型的选择可按需选择。这样既可快速地达到目的，也提高了工作效率。

四、集采执行保障

集采的初衷是很好的——以规模化、标准化控制成本与品质，以长期稳定的合作关系提高运营效率，以集中化控制风险。但在实际执行时需要关注很多细节，影响执行效果的因素也有很多，不处理好这些细节和因素就很容易造成战略采购异化为采购部门的单相思，效果大打折扣。以下是需要关注的一些要点：

1. 房地产企业产品标准化或模块化程度

标准化、模块化程度越高，集采的规模化就会越明显，品类型号集中、量更大、价更优，否则个性化太多，每个项目都要用不同的东西势必影响规模化效果。业内的万科、恒大、碧桂园，这些产品标准化程度较高的企业，在集采方面的效果肯定要优于一般企业。

2. 所选产品与型号的适用性

这涉及与营销及设计部门的配合程度，前期在选型的时候如果没有营销与设计部门的参与，仅是采购部门一个部门定下的集采产品目录，必然会带来执行问题，因为可能在实际项目上营销部门又提出了非集采范围的需求，设计的选材也没有考虑是否集采。当然，这并不是说不允许营销、设计创新，而是强调集采产品与型号一定是结合营销的需求、设计的理念、标准化产品配置等因素共同确定的。

3. 一线执行不力的问题及 IT 系统的保障

在实际执行中可能还会碰到这样的问题——项目所需产品属于集采范围，有集采协议，但一线就是不用，或者找各种理由规避走集采协议，然后再单独发起项目采购，这其中不排除有个人私利因素。因为集采在集约化、规模化的同时也是在收权、集权，必然会动到一部分人的奶酪，有抵触也是必然的。笔者就曾亲历某前 20 强企业集团采购总监关于此事的申诉，以至于最终要老板发话并且财务通过付款去卡才得以保障执行，也见过某前 10 强企业集团采购总监在面对集采执行率分析数据时的无语，可见此问题的严重性、普遍性。

因此，企业一定要关注集采的执行，而在跨区域分权管控模式下，即集团只负责集采谈判与框架协议签订，区域自行签订采购合同，监管显然有难度。一方面可以要求区域主动备案，另一方面集团也有必要定期检查。在第一种做法中，集团太过被动，未必能真实反映情况，效果难以保障。而第二种做法能真实反映情况，但集团需要耗费太多人力物力，往往难以执行。这个监督检查的职能可以借助 IT 系统自动实现，管理思路如下：集团在 IT 系统上发布已签订的集采协议及相关信息，一线在发起采购需求的时候系统会自动判断是否属于集采范围，如果是，则必须执行集采协议，走对应的采购流程；否则，需要经过特殊审批。这样一方面对于不执行集采协议的情况可以及时发现，另一方面系统可以统计分析各集采协议的执行情况，比如各公司的执行率及排名、各产品的采购额、各供应商的采购额等，以为下一阶段集采产品优化与采购价格谈判等提供参考依据。

这要求企业的 IT 建设达到一定的高度，要求能实现集采协议与集采产品目录管理，采购立项以及采购招投标的全过程业务都通过 IT 系统进行线上处理，并且要形成一个规范的采购产品库，有完善的分类与编码体系。

第四节 供应商管理的新技术应用

前文介绍了对供应商库的搭建，以及如何通过“选、用、育、留”实现对供应商的有效管控。但在实际的房地产行业采购管理过程中，“知易行难”的情况还是会经常出现，特别是在传统业务模式下，由于渠道不通畅，供需双方经常出现信息不对称的情况，更是成为横亘供需双方之间的一条“信息鸿沟”，如图 7－18 所示：

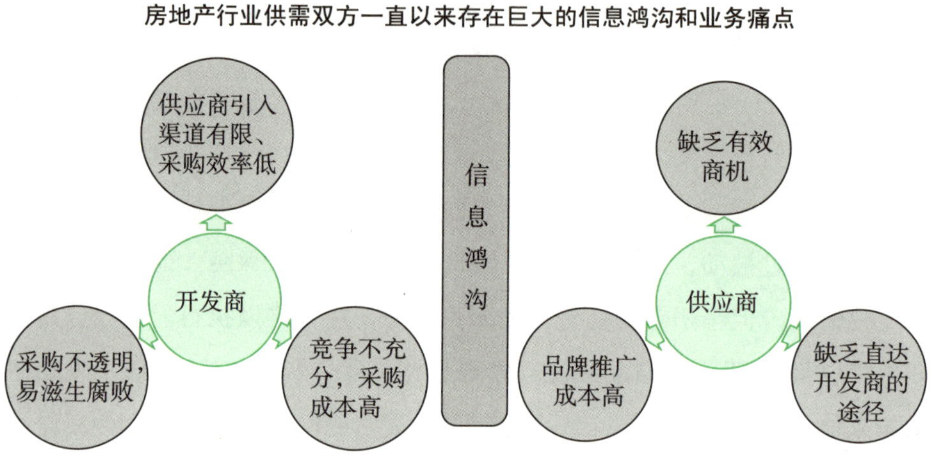

图 7－18 供需双方存在“信息鸿沟”

对于开发商来说，存在如下 3 个业务痛点：

（1）渠道有限，效率低下

实际上，对于供应商获取渠道问题，无论是房企还是供应商，都是一个难题。特别是房企新进入一个城市，如何找到供应商资源？优质伙伴在哪里？房企迫切需要这些信息，也特别希望让所有有实力的供应商知道自己。而传统的业务模式下，大多数房企的做法都是通过大量人力物力进行线下寻觅及后续沟通，渠道面有限，而且效率低下。这些问题都反向对行业采购的信息渠道创新提出了更高的要求。

（2）暗箱操作，腐败丛生

众所周知，在实际的采购业务中，也经常存在不透明的现象，如通过暗箱操作，让自己选定的供应商中标。诸如此类的腐败现象，导致大量有实力的供应商无法中标，而房企也总是得不到优质伙伴的服务。对于这些“潜规则”，不少业内人士深恶痛绝，因为“潜规则”增加了企业的成本，助长了不正之风，也令一些企业逐渐丧失竞争意识，非常不利于企业的长期发展。因此，近年来行业内一直在呼吁阳光采购，希望能为供需双方打造一个公平的采购招标环境。

（3）竞争不充分，采购成本高

由于渠道有限，房企无法获得足够的供应商资源；再加上采购不透明的现象时有发生，导致供应商之间的竞争不充分，房企没有太多选择余地，自然在采购成本上居高不下。如果房企无法在采购成本上进一步下降，将更加难以面对利润逐年下降的趋势，导致亏损甚至退出房地产行业。

对于供应商来说，同样也存在三个业务痛点，即缺乏有效商机、品牌推广成本极高、缺乏直达开发商的途径。为了发现有效商机，供应商会花大量的市场费用进行品牌推广，而在尝试了众多推广渠道之后，发现传统的推广渠道性价比极低，无法直达开发商的关键岗位，也很难带来有效的商机。

因此，一方面是大量房企在抱怨，供应商能不能再多点，选择性能不能再大点，服务能不能再好点，成本能不能再低点；另一方面则是大量供应商在犯愁，无法进入房企视线，特别是优质供应商在感慨“英雄无用武之地”。

而随着移动互联网时代的来临，在行业内出现了大量的新技术、新思路，乃至新方式，能帮助供需双方建立有效的连接途径和沟通渠道，重塑供需连接的业务模式，让“天堑变坦途”，从而促使房企的采购业务能够高效便捷地得以开展。

接下来，我们分别从供需双方直连创新、供需双方协同互动创新，以及房企内部相对应的业务流程创新，这三个角度来进行具体阐述，看看移动互联网技术如何重塑供需连接的业务模式。

一、供需直连创新，从“信息对称”到“信用对称”

时代在进步，社会在发展，互联网的出现和普及，使得房地产的采购管理模式创新成为可能。目前行业内出现了以“明源云采购”为代表的一批基于移动互联网的电子商务采购平台，利用互联网的连接特性和大数据潜能，实现了供需双方的直连，帮助企业实现从“信息鸿沟”到“信息对称”乃至“信用对称”的巨大突破！

1. 信息对称，供需直连，降低采购成本

由于此类采购平台高度聚焦于房地产行业，相当于房地产行业采购人的平台圈；对于迫切需要合作伙伴的房企或供应商来说，无疑是一条高效便捷的连接通道，因此在无形中就聚集了一大批房企与供应商；在平台上的直连，也使得供需双方减少了大量的中间商环节，能进一步降低采购成本。在平台上，房企可将采购招标的信息公开化，所有供应商均可在线注册投标，不但实现从“企业到处找供应商”到“大量供应商主动找企业”的转变，还能够传递、树立企业公开公正的采购管理形象，有利于吸引更多的潜在合作伙伴，在供应商资源的招募上容易形成一定优势。

以 SOHO 中国为例，从 2011 年 9 月以来，就开始将所有项目的招标放在网络平台上，公开采购需求，透明采购流程，通过互联网更广泛地邀请优秀供应商参与。对于想与之合作的供应商而言，无疑是提供了一条便捷的渠道，可以让更多的供应商主动通过平台连接到 SOHO 中国，进一步扩大 SOHO 中国的供应商资

源库。

“云采购”作为新型采购平台中的佼佼者，正是因为具备“多、齐、全、真”四个特点，才得以不断吸引房企和供应商，并成为行业内的首选平台。

（1）多——平台聚集大量的优秀的供应商及房企

从 2014 年下半年发展至今，云采购平台已入驻了 1 500 多家大中型房企和 7 万多家供应商，而且供应商在以每周 1 000 家的速度不断增加，通过供需方彼此的相互吸引和规模优势，已经形成了“滚雪球”效应。

在数量庞大的基础上，其入驻企业质量也非常不错。根据中国指数研究院发布的 2015 年地产销售排行榜，地产百强中，有 62 家房企已入驻云采购。基于品牌房企的强大号召力、吸引力，以及彼此的推荐，供应商层面，也有大量优质企业进驻。例如，全国建筑装饰企业 TOP 20 强中有 13 家，全国建筑防水协会发布的 TOP 20 强中有 16 家，全国涂料品牌 TOP 20 强中有 17 家……具体如图 7－19 所示。

供应商会员质量：部分品类知名供应商齐聚云采购

中国建筑装饰协会评选榜单

序号	获奖企业	是否入驻
1	苏州金螳螂建筑装饰股份有限公司	是
2	浙江亚厦装饰股份有限公司	是
3	深圳广田装饰集团股份有限公司	是
4	深圳市深装总装饰工程工业有限公司	是
5	深圳市洪涛装饰股份有限公司	
6	深圳市科源建设集团有限公司	
7	北京港源建筑装饰工程有限公司	是
8	深圳市晶宫设计装饰工程有限公司	是
9	深圳市宝鹰建设集团股份有限公司	是
10	深圳瑞和建筑装饰股份有限公司	是
11	深圳市奇信建设集团股份有限公司	是
12	北京弘高建筑装饰设计工程有限公司	是
13	深圳市建艺装饰集团有限公司	
14	神州长城装饰工程有限公司	
15	深圳市中装设计装饰工程有限公司	是
16	远洋装饰工程有限公司	是
17	中建三局装饰有限公司	是
18	深圳市特艺达装饰设计工程有限公司	
19	上海新丽装饰工程有限公司	
20	建峰建设集团股份有限公司	

TOP20强13家入驻

中国建筑防水协会知名企业榜单

序号	获奖企业	是否入驻
1	北京东方雨虹防水技术股份有限公司	是
2	北京圣洁防水材料有限公司	
3	北京世纪洪雨科技有限公司	是
4	北京中建友建筑材料有限公司	是
5	常熟市三恒建材有限责任公司	是
6	成都赛特防水材料有限责任公司	是
7	德高（广州）建材有限公司	是
8	格雷斯中国有限公司	是
9	广东科顺化工实业有限公司	是
10	广西金雨伞防水装饰有限公司	是
11	杭州金屋防水材料有限公司	是
12	衡水中铁建土工材料制造有限公司	是
13	湖北永阳防水材料股份有限公司	
14	江苏江苏凯伦建材股份有限公司	是
15	辽宁大禹防水科技发展有限公司	是
16	苏州市月星建筑防水材料有限公司	是
17	山东北方创信防水技术有限公司	是
18	昆明风行防水材料有限公司	
19	上海金夏建筑材料有限公司	
20	上海台安实业集团有限公司	是

TOP20强16家入驻

中国涂料工业协会涂料品牌榜

序号	公司名称	是否入驻
1	阿克苏诺贝尔太古漆油有限公司	是
2	常州光辉化工有限公司	
3	迪古里拉（中国）涂料有限公司	是
4	东莞大宝化工制品有限公司	
5	鳄鱼制漆(上海)有限公司	是
6	富思特新材料科技发展有限公司	是
7	甘肃圣邦布兰卡新材料有限公司	是
8	广东巴德士化工有限公司	是
9	广东杜威涂料科技有限公司	是
10	广东华隆涂料实业有限公司	是
11	广东华润涂料有限公司	是
12	广东华润涂料有限公司	是 是
13	广东美涂士建材股份有限公司	是
14	广东千色花化工有限公司	是
15	海虹老人涂料（中国）有限公司	是
16	杭州法莱利化工涂料有限公司	是
17	河北晨阳工贸集团有限公司	是
18	嘉宝莉化工集团股份有限公司	是
19	嘉乐士集团有限公司	
20	江门市铨胜涂料有限公司	是

TOP20强17家入驻

图 7－19　供应商会员质量

平台上众多的供应商，解决了房企在供应商库的源头问题，起码保证了有足够的数量可供选择。

（2）齐——平台的供应商种类齐全

以某房地产企业为例，自从企业上线采招平台到2015年度，集团的战略采购项目已经多达55项（如图7-20所示），金额近20亿元（还不含总包部分），战采的边界也越来越精细化，甚至细化到门、锁等产品，实现在集团几十个项目直接统一采购，节约了大量的人力物力及采购成本。

序号	材料名称	序号	材料名称	序号	材料名称
1	精装修工程	20	木质入户门	39	开关面板
2	电梯设备供应及安装	21	屋面陶瓦	40	橱柜/浴柜
3	铝合金施工	22	水泵	41	户内门
4	消防工程	23	瓷砖胶/石材胶	42	木地板
5	给排水管材管件	24	钢质防火门	43	批量精装瓷砖
6	智能化工程	25	可视对讲	44	抵押元器件
7	石材安装	26	室内工程灯具	45	园林景观灯具
8	石材供应	27	柴油发电机	46	铝合金型材
9	栏杆工程	28	铝合金电线电缆	47	门窗五金配件
10	防水工程	29	地质勘查	48	入户门锁
11	涂料	30	空调供应及安装	49	苗木
12	通体外墙砖	31	信报箱	50	软装
13	公装瓷砖	32	泳池设备	51	泛光照明
14	预制管桩	33	标识系统	52	围挡
15	铜芯电线电缆	34	停车场划线及交通设施	53	印刷品
16	钢质入户门	35	洁具及五金	54	电脑
17	劈开砖	36	游乐设施	55	清洁开荒
18	变压器	37	淋浴隔断		
19	三箱供货	38	厨房电器		

图7-20　某房地产企业的战略采购项目

这种细化的前提是供应商的数量储备要足够多，且选择种类足够齐。而云采购平台上的供应商不仅仅数量多，而且种类齐全，覆盖工程、材料、设备、服务等各钟领域，从而扩大了房企的选择面，并有效地支撑标杆房企对战略采购边界的细化，使得成本进一步下降。

（3）全——平台的供应商资料全面

在传统的业务模式下，房企需要花费大量的人力物力去收集供应商的各种资料，而且随着市场的快速变化，花费大气力收集的资料很有可能面临失效的风险，如价格水平、合作房企名单等，这些都是令房企采购人员十分头痛的难题。

新型采购平台设置了全面的资料收集流程，除最基本的 3 项企业真实性证明和 1 项法人授权证明之外，还有诸如企业荣誉、品牌证书、服务区域、业绩案例等诸多档案选项，供应商提供的资料越全，在平台上被房企搜索和排前列的机会就越大，通过此类机制反向倒逼供应商，进一步帮助房企实现资料的全面收集和实时更新。

（4）真——平台认真核实供应商所提交资料

在线上平台，除了供应商可以自行提交相关的资料证书之外，采购平台通常也会定期或不定期地对相关资料的真实性进行抽查。

以云采购平台为例，其专门在武汉组建了 300 多人的线下团队，负责对每一个供应商提交的资质证书进行各种渠道的验证，尽可能地确保其资料真实有效，相当于承担了众多房企采购人所需进行的大量前期验证工作，从而为其节约了大量的时间及人力。

通过以上 4 个方面，新型采购平台首先解决了供需双方信息不对称的问题，并提供了大量信息详尽的供应商库，让房企在前期采购初选供应商环节更便捷高效，成本也得以降低。但“信息对称”仅仅只第一步，接下来的“信用对称”则更让房企觉得贴心。

2. 信用对称，诚信共享提升供应商质量

新型采购平台提供的“信息对称”，是基于互联网的连接特性而实现的创新；而互联网在大数据的收集、分析和处理方面的潜能，则能让平台使开发商和供应商“信用对称”。

以云采购平台为例，房企大量的供应商管理动作，都会在平台上进行相应的业务操作并沉淀相关数据，如线上招募入库会沉淀“入库情况”、线下供需对接会沉淀“合作情况”、供应商考察会沉淀“考察报告”、招标邀标会沉淀“中标数据”、供应链金融考察会沉淀“综合资信”等。

（1）大数据帮助开发商找到更优质的供应商，降低决策成本

通过将供应商在平台上的行为信息基于大数据的形式向开发商公开，使得开发商在还没有接触到供应商之前，就得到了足够多的信息，从而可以帮助采购人判断要不要与某个供应商进一步接洽。例如，供应商曾经入了哪几个开发商的库，曾经投了几次标，报名了几次，甚至可以发现它报名的业务范围集中在哪一块，从而找到一定规律，判断其核心能力。

过去开发商寻找供应商，就像是走钢丝，分分钟都可能掉下去，而且还得花钱去买教训，因为信息不对称而导致决策的成本很高。而如今，云采购平台通过大数据管理，降低了开发商的决策成本，在一个行业平台上，众多的开发商与众多的供应商进行大量的业务交互，产生大量的数据沉淀；基于这种大数据，未来将可以让更多的优秀供应商浮现出来，并使得房企的合作伙伴质量更好。

当然，不同的房地产企业对优秀的判断标准是不一样的，云采购平台不设定评判标准，但会确保平台供应商信息的真实有效。不同的房地产企业在看待同一个供应商时有不同的想法，比如说有些企业特别看重的是供应商的垫资能力，因此对于乙方单位的垫资能力要求很高，开发商只付一个首期款，后面楼卖完了才给结算。同样，有些开发商要的是精雕细琢，强调精品工程的施工能力，这也可

以通过大数据去选择最合适的供应商。从某种程度上可以认为，符合开发商招标要求的供应商就是优秀的供应商。

（2）大数据帮助供应商找到更优质的开发商，降低合作风险

对于供应商来说，也可以通过大数据选择合适的开发商作为合作伙伴，降低合作风险。

通过平台数据，供应商可以查看哪些商机是匹配自身的，从而选择合适的开发商伙伴，比如看开发商对供应商垫资能力的要求。某标杆房企对于供应商的垫资能力要求非常强，基本上对于一般的款项两三年才结算完毕，每个月结算 3% ~5%。虽然这家房企不会拖欠款项，但付款周期长，并会保证供应商的毛利。对此，现金流很差的企业就不敢参与投标，但是如果有些企业拥有较强的资金实力就可参与投标。

同时，供应商还可以通过平台查看其他供应商对开发商的一些评价，比如对于开发商付款能力比较差、现场管理比较差等情况，云采购平台会提供一定的反向评价机制，让供应商客观评价开发商的信誉，这样的做法可以让那些优秀的、遵守合同承诺的开发商获得更多的供应商青睐，也降低了供应商的合作风险。

综上所述，新型采购平台的出现，使开发商和供应商跨越了传统的“信息鸿沟”，实现了“信息对称”乃至“信用对称”，优化了未来的供需匹配模式，让彼此都能找到最合适的合作伙伴。

二、新型技术帮助企业实现高效协同与互联

供应商有了，但如何把好的供应商留下，通过互动，增强双方的黏性，这也是传统业务模式下的难题。移动互联网的出现，也对传统的“选、用、育、留”业务流程提出了进一步的创新要求。如何对运作多年的供应商管理模式进行业务

创新，如何利用互联网将供需双方的协同与互动搬到线上，并让信息活动起来，实现双向互联，高效协同呢？云采购平台主要从以下 3 个方面来助力房企进行业务创新：

1. 专属域名的采购门户，让房企直连供应商

为了让供应商更方便地找到房企，以及房企更方便快捷地进行采购招标的一系列业务操作，云采购平台为房企提供了专属域名的采购门户（如图 7－21 所示），从而可以让房企直连供应商。

房企可以将以往的传统业务模式都搬到平台上来，进行相应的线上操作，如发布招标预告、精准推送供方、对供应商报名资格的预审、线上发布标书、线下回标评标、发布中标信息等。

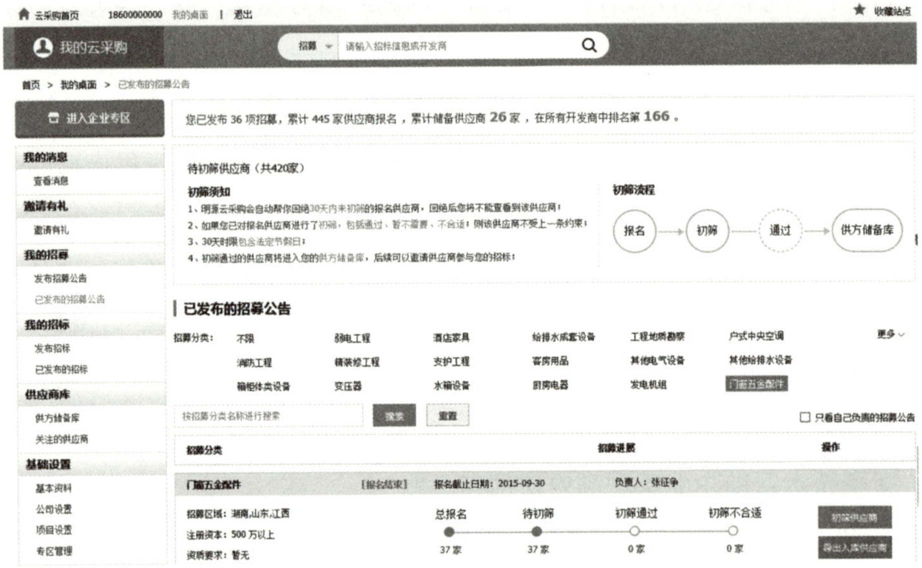

图 7－21　专属域名的采购门户

通过线上平台可以实现信息的及时发布，极大地降低了信息的沟通成

本，避免了传递过程中的人为干预、延时或失误等传统业务痛点；而且无论是房企内部还是其他供应商，都可以看到公布的相关信息，对“阳光采购”的推广也起到了极大的促进作用，从而进一步加强了供应商对房企的合作信心与意愿。

2. 微信采购平台，让供需互动更高效，从此不失联

与此同时，由于移动互联网技术的发达，采购平台得以向移动端进一步延伸，利用微信或 APP（应用程序）的形式（如图 7 – 22 所示），把合作过程中的质量、进度、到货等信息及时推送给双方对接领导或高层领导。千万不要小看这一点，创新虽小，但影响颇大，特别是对于战略合作供方来说，房企希望双方的高层能更多地看到这些信息，并基于战略思维，及时解决一些小问题，从而有助于双方的进一步深入合作。除此之外，也可以在移动端继续补充推送房企的招标信息，如入围、中标等，有效提高互动效率，增加合作黏度。

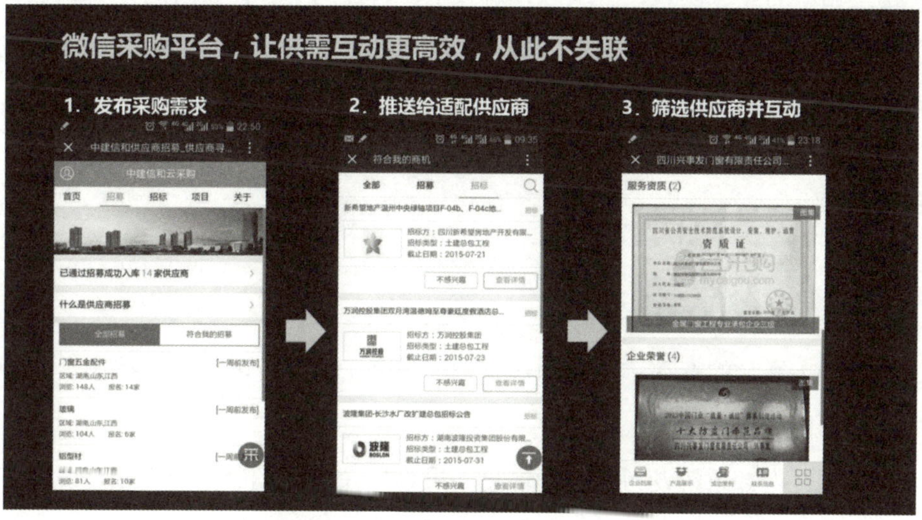

图 7 –22　微信采购平台

3. 利用共享思维，进行联合招募与联合采购，提升采购的竞争性

在房地产行业进入白银时代的当下，如何寻觅到优质且性价比高的产品，降低采购成本，已成为房地产企业越来越关注的问题。为了应对这个行业的普遍难题，云采购平台在行业内大力推广联合采购模式；通过整合采购量，以规模效应换取优质低价的产品，促使供需双方资源互补，提高采购效率。特别是为采购额度小、议价能力低的房企提供了一个提升品质的新机会，为材料应用好、产品质量高的供应商打造了一个新渠道。

三、新型流程帮助企业实现创新业务模式的标准化

新平台、新模式的出现，使得供应商库进一步扩大，数量更多，质量更优，而且过程中的高效协同与互动，让开发商采购人的工作压力骤减。但随之而来的是，这些创新的业务模式，有线上，有线下，有外网平台，有内网 ERP，在面对多平台、多流程并行的新模式下，如何合理地设计业务流程及管理规范，就成为摆在房企采购人面前的另一道难题。

接下来，我们以龙光地产为例，来看看标杆房企在哪些流程环节进行了优化及规范管理：

1. 报名环节的优化及内外协同

由于线上平台的存在，传统的线下招标报名工作就可以转移至线上，实现业务的高效协同处理。

房企通过内部系统发布的招标信息，可直接在外网平台上同步显现。供应商在查询到相关招标信息之后，可以快速在平台上进行线上报名，并按照房企规定的模板格式，提交相关的资质文件。这个过程中的所有往来信息均采用电子化，

且格式全部模板化。

2. 入围环节的优化及内外协同

当供应商提交的报名资料经过房企初步筛选入围之后，房企也可通过内部系统发布入围通知，并同步在平台上或微信端通知供应商，让其第一时间获知入围信息，并做好相关投标准备工作。供应商也可在外网账号中查看本次邀请招标详情，并尽早决策在截止时间之前是否进行报名。

3. 发标环节的优化及内外协同

房企可以在线发标，供应商也可在外网实时下载标书，打破了传统的发标回标业务必须在工作时间的限制，只要求供应商在截标时间之前回标。

在这个过程中，供应商也可以通过平台与房企进行在线答疑及在线回标，从而进一步提高了双方的沟通效率。

4. 开标环节的优化及内外协同

在正式开标前，所有供应商回标文件及价格均通过外部平台回复，并全部进行了加密技术处理，而且供应商的标书均为在线编制，从而可以有效防止篡改，进一步规避了人为干预的风险。在房企所有开标小组成员均确认允许开标后，文件方可公开，这一点也取代了以往限制颇多的会议开标模式。

5. 评标环节的优化及内外协同

在传统的评标过程中，由于各方对招标文件的理解以及房企对供应商回标文件的疑问，都需要来回反复地进行沟通和澄清，沟通成本极高，而且很有可能产生人为干预及传递偏差，从而影响评标的公平性。通过在线平台，房企内部评标小组所有成员均可看到供应商的澄清与回复，从而确保了沟通的高效及评标过程的公平公正。

6. 定标环节的优化及内外协同

传统的定标环节，均是房企内部操作，供应商根本无从得知评判标准及真正结果。创新模式后的评标，不仅可及时在外部平台上同步发布中标单位通知，而且若供应商对评标结果有异议，可进行在线投诉。该投诉消息可及时传递至房企内部评标小组及相关监管部门，从而有利于房企维护品牌形象，及时暴露不规范现象，防止滋生腐败，吸取意见并及时改进。

通过以上 6 个流程的优化及规范，龙光集团的采购中心实现了从招标预告—招标—定标的全过程电子流程化；通过各业务标准模板的梳理完善，规范了甲乙双方的供需合作行为；通过搭建供需双方的采招内外网平台，实现了高效的内外协同和过程透明。

综上所述，传统的采购模式已经很难有效地管理供应商资源。在未来的白银时代，只有搭建更大的合作架构，善用移动互联网平台，实现信息透明、资源共享、合作共赢，才能真正为房企减少采购成本，真正捍卫房企的利润。

本章小结： 给成长型房企供应商资源管理的实战建议

供应商资源管理在不少房地产企业中是一个重要话题，有些房地产企业将供应商管理升级为供应链管理，提升到企业的战略层面，但是在不少成长型企业中，供应商管理还处于无序、散点管理的状态。因此针对成长型的企业，我们对供应商资源管理提出如下建议（如图 7 – 23 所示）：

1. 建立公司的供应商台账

很多时候，房地产企业的供应商往往掌握在个人手上，比如重要的总包单位

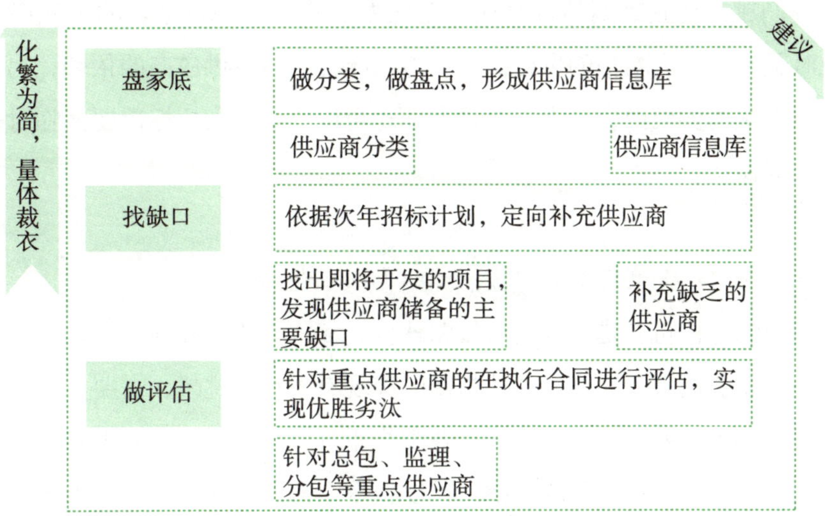

图 7－23　给成长型房企供应商资源管理的实战建议

往往是中小型企业老总的重要资源，其他的供应商资源也往往都掌握在各个经办人手上，多处在自发的对供应商进行管理、维系的阶段。有些企业甚至连供应商的台账都存在很多缺失，基本采用部门骨干手写、脑记的方式，经常出现供应商的联系人已经变了，而企业内部的人员都不知晓的情况。因此我们的第一个建议是在企业内部建立企业级的供应商管理台账，并根据合作的频度定期进行供应商资料的刷新，避免优质的供应商资源因内部管理人员、经办人员的变动而流失。

2. 持续优化供应商资源库

企业的业务在不断发展，往往伴随着跨区域的拓展，企业开发的业态也会发生较大变化，而且随着新材料、新技术的不断采用，企业原有的供应商未必能够完全满足企业发展的需求。比如最近两年，营销方面的供应商发生了巨大变化，传统的营销单位的效果开始下降，新型的营销推广单位不断兴起。再如，随着房价的不断高涨，精装修已经成为很多企业产品标准配置，原有的供应商无法满足需要。我们建议企业定期结合行业、企业发展的趋势制订企业的供应商发展计划，及时更新、补充新型的供应商。一方面降低对原有供应商的依赖，另一方面也获得更多优秀供应商，在内部管理方面也可以降低因为招标需要而临时进行供应商考察的概率。

3. 逐步发展供应商的优胜劣汰机制

供应商的评估机制是实现发展战略伙伴、淘汰劣质供应商的有效手段，但是对于成长型企业而言，完整的评估机制的实现有不小的挑战，需要平衡由此带来的管理成本和工作效率。我们建议企业围绕重难点合同所对应的供应商建立履约评估机制。对于重难点合同的选择，可以根据金额占比的二八原则来界定，也可以直接根据企业的情况来制定，比如土建总包、机电安装、精装修、园林景观。我们从实践中发现，采用付款节点绑定的方式进行履约评估是成本最低、效率最高的一种方法。

第八章

第 2 库：成本数据库

一个成功的决策，等于 90% 的信息加上 10% 的直觉。

——美国企业家 S · M · 沃尔森

千万别让不靠谱的直觉左右了你的决策！科学决策，必须建立在准确的信息和数据分析基础之上。对于地产企业领导来说，拿地就是一个非常关键的决策，拿不拿？怎么拿？这不能凭空拍脑袋，必须依托科学精准的目标成本测算，而科学精准的成本测算，又离不开成本数据库里相关指标的支撑。

案例：领导的决策难题

某知名地产领导在瞄准一块地皮后，马上要求自己的投资智囊团给出“测算成本”，结果出人意料的是，4 位专家给出了迥然不同却各自有理的 4 种结果，这可急坏了马上就要拿地的领导，究竟谁更专业？到底该信谁？领导犯愁了……

伴随房地产市场竞争日趋激烈和房地产企业多项目、规模化的发展，科学理性拿地做项目成为房地产效益管控的重要环节。拿地就要做测算，可企业的困惑是总“测”不准，不是测高就是估低。测算部门也是有苦说不出，前期的成本测算，没有施工图纸作为依据，工程量估算难，单价估算也难。怎么“测”？虽然项目做了很多，但在新项目实施中成本管控依旧感觉无章可循，缺乏参考性……

其实，很多房地产企业对成本测算都普遍存在如图 8－1 所示的三大困惑：一是施工图没出来很难做出成本测算；二是测算时工程量估算不准；三是单价估算不准。

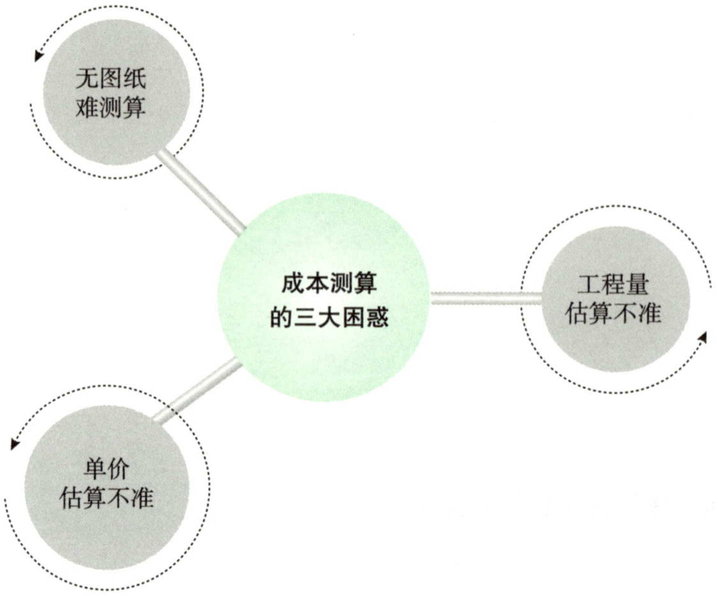

图 8-1　成本测算的三大困惑

快速构建成本数据库体系，将日常经验积累下来，形成丰富的知识库，作为成本策划的基础，是支撑企业快速、健康发展的有效手段。

第一节　企业需要什么样的成本数据库

如今，很多企业都想建立成本数据库，但实际操作起来却发现很难！到底怎么建？需要沉淀哪些数据指标？是不是指标沉淀得越多越好？沉淀后又怎么用？这一系列问题成为建立成本数据库时面临的难题。

一、成本数据库的积累，以满足应用为导向

成本数据库的构建，我们强调“以终为始”的思路，即需要用到哪些数据

就沉淀哪些数据。我们先看看房地产开发的各个阶段，会用到哪些类型的成本数据。

在房地产开发的各个阶段，成本数据库主要有四大应用场景：在投资决策阶段，通过成本数据库的产品单方建安成本、当地的地方性规费，结合地块的属性，实现高效拿地决策；在项目设计阶段，需要借助成本数据库中沉淀的经验数据，进行成本策划，将形成的目标成本作为项目成本控制的基线，依据含量指标进行限额设计；在招标采购环节，主材价格、同类产品的分部分项工程的综合单价作为标底编制的重要参考依据；在施工过程中，材料价格库则是现场材料价格认定的重要依据。梳理出成本数据库四大应用场景的主要信息需求，依此就很容易推导出成本数据库需要沉淀的指标数据。具体如图8－2所示。

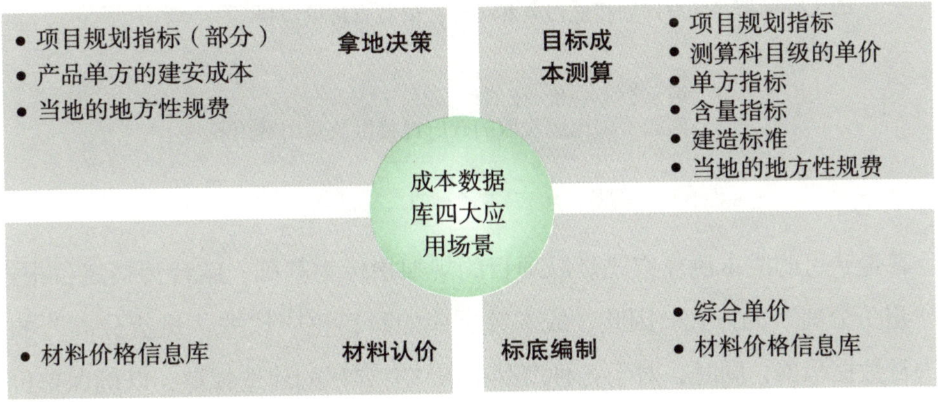

图8－2　成本数据库四大应用场景与主要信息需求

二、成本数据库的积累，以支持测算为目标

成本数据库的四大应用场景中，最为重要的是目标成本测算，也即建立成本数据库的主要目的是为了总结经验，为新项目成本测算服务。因此，成本数据库

的建立，应该以便捷高效地满足新项目成本测算为目标。这就要求成本数据库的沉淀科目与成本测算科目（测算模型）保持一致。

在谈测算模型之前，需要提醒的是，我们一般会将项目成本划分为建安和非建安两大类。建安部分按产品维度进行测算，而对非建安部分，按项目维度进行测算。

测算模型是成本数据库中的基础公式，根据成本科目和成本特性可将测算模型划分为三类，此模型基本囊括了项目的各项科目成本。具体如图 8－3 所示。

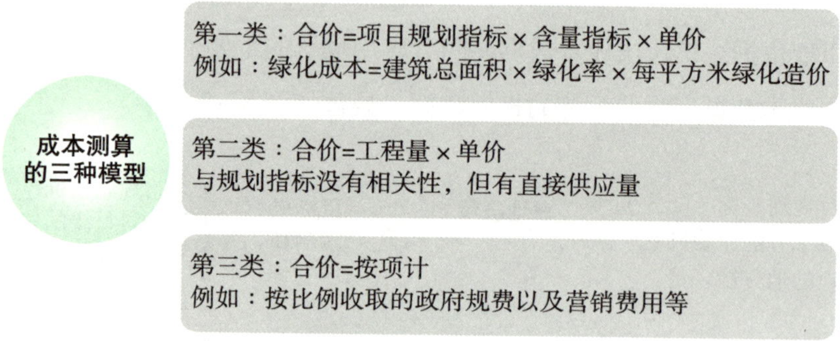

图 8－3　成本测算的三种模型

普遍认可的成本测算方式是以项目的规划指标为基础，结合营销定位报告，按“量价分离”的方式。因此，成本数据库的科目也应该按“量价分离”的模式进行数据积累，同时，对于各种产品都应该有详尽的建造标准，以确保单价具有可参考性。

在进行历史项目成本总结时，需要将整个项目的详细规划指标、产品的建造标准、产品特征沉淀下来，作为成本数据库沉淀的基础。对于不同产品，根据项目后评估计算出来的测算科目级别的合价，按“量价分离”的思路，沉淀测算科目级别的“工程量”“单价”，再结合产品的规划指标，沉淀测算科目级别的“含量系数”。

案例：L 企业的成本测算总结模板

在成本测算时，主要根据产品组合、建造标准、规划指标（如果前期不明确的可由研发部进行预判），从成本数据库查找可供参考的产品，引入含量指标与单方指标（如果已经建立企业标准成本库，则直接引入产品限额含量指标及单方指标），再根据项目具体情况进行适当调整，形成测算方案，经多维度评估后择优实施。

L 企业在项目结算完后进行成本总结分析，项目研发经理提供各产品的规划指标、产品特征、建造标准，项目成本经理填写各核算科目的合价、工程量，最终形成各核算科目的综合单价（单方造价指标）、系数含量（含量指标）。具体如图 8 –4 所示。

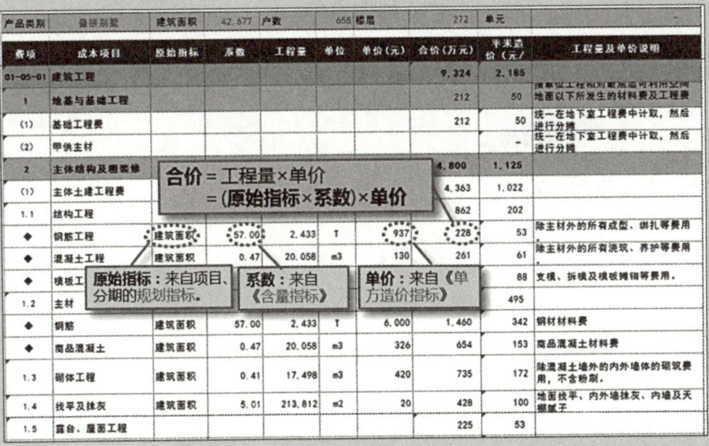

产品类别	叠拼别墅	建筑面积	42,677	户数	655	楼层	272	单元	-	
费项	成本项目	原始指标	系数	工程量	单位	单价（元）	合价（万元）	平米造价（元/	工程量及单价说明	
01-05-01	建筑工程						9,324	2,185		
1	地基与基础工程						212	50	…地面以下所发生的材料费及工程费	
(1)	基础工程费						212	50	统一在地下室工程费中计取，然后进行分摊	
(2)	甲供主材							-	统一在地下室工程费中计取，然后进行分摊	
2	主体结构及粗装修						4,800	1,125		
(1)	主体土建工程费						4,363	1,022		
1.1	结构工程						862	202		
◆	钢筋工程	建筑面积	57.00	2,433	T	937	228	53	除主材外的所有成型、绑扎等费用	
◆	混凝土工程	建筑面积	0.47	20,058	m3	130	261	61	除主材外的所有浇筑、养护等费用	
◆	模板工							88	支模、拆模及模板摊销等费用。	
1.2	主材							495		
◆	钢筋	建筑面积	57.00	2,433	T	6,000	1,460	342	钢材材料费	
◆	商品混凝土	建筑面积	0.47	20,058	m3	326	654	153	商品混凝土材料费	
1.3	砌体工程	建筑面积	0.41	17,498	m3	420	735	172	除混凝土墙外的内外墙体的砌筑费用，不含粉刷。	
1.4	找平及抹灰	建筑面积	5.01	213,812	m2	20	428	100	地面找平、内外墙抹灰、内墙及天棚腻子	
1.5	露台、屋面工程						225	53		

图 8 –4　L 企业成本测算总结模板

在成本测算环节应用时，由项目研发经理明确项目的产品形态、规划指标、产品特征，成本经理从成本数据库中找到可供参考的产品，从“含量指标库”中引入系数含量，从“单方造价指标库”中引入单价信息，并根据项目具体情况进行适当调整。

第二节　如何沉淀成本数据库

含量指标、单方指标、材料价格信息是项目开发各阶段重点关注的内容，也是成本测算的重要依据，成本数据的积累重点就是从这三大核心指标的有效积累着手。成本数据库的三大核心指标如图 8 – 5 所示。

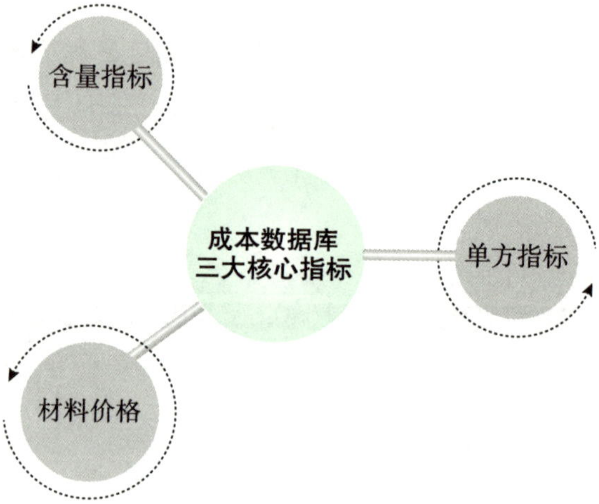

图 8 –5　成本数据库的三大核心指标

一、建立“含量指标库”，精准测算工程量

1. 什么是含量指标

含量指标是指项目结构、外装、内装等几大类上的一些经济技术标准，如钢筋含量、砼含量、模板含量、砌体含量、窗地比、精装面积比、防水面积比等，共四大类 20 项，具体如图 8 – 6 所示。

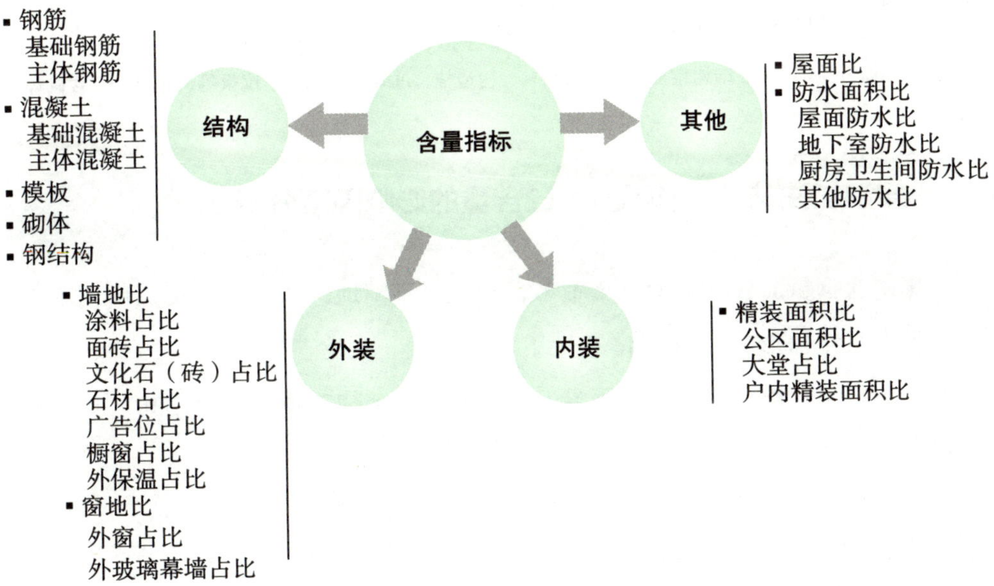

图 8－6　含量指标常见的四大类 20 项

2. 如何沉淀含量指标

（1）从含钢量、砼含量入手积累含量指标数据

对于大部分企业，难以在短时间内建立完整的含量指标库，以及对所有含量指标都进行积累与限额控制。而含钢量、砼含量是产品建造成本中最敏感的两个指标，行业内的标杆企业其含量指标的控制大多是从控制“含钢量、砼含量”入手。因此，对于大部分企业而言，“含量指标库”的建立，也可先考虑如何准确有效地积累含钢量及砼含量这两个关键的含量指标。

在沉淀这两大指标时，需要公司内部统一含量指标的计算口径，避免因指标范围定义不清，导致各地标准在内涵上的差异。例如，标准层含钢量的具体计算如下：

$$含钢量 = \frac{上部标准层所有钢筋}{①容积率面积 + ②不计面积部分}$$

（注：钢筋为所有标准层结构钢筋，包含梁板柱、构造柱、过梁、女儿墙、拉板等的钢筋，不含砌体的钢筋。）

知识加油站：含钢量、砼含量的影响因素分析

影响含钢量、砼含量的因素很多，比如：不同地区抗震烈度及风压、不同产品形态及结构形式（如主体或地下室含钢量、砼含量各不相同）等。整体而言，影响含钢量、砼含量的因素有地区差异、结构方案、建筑结构几类，具体如图 8－7 所示。

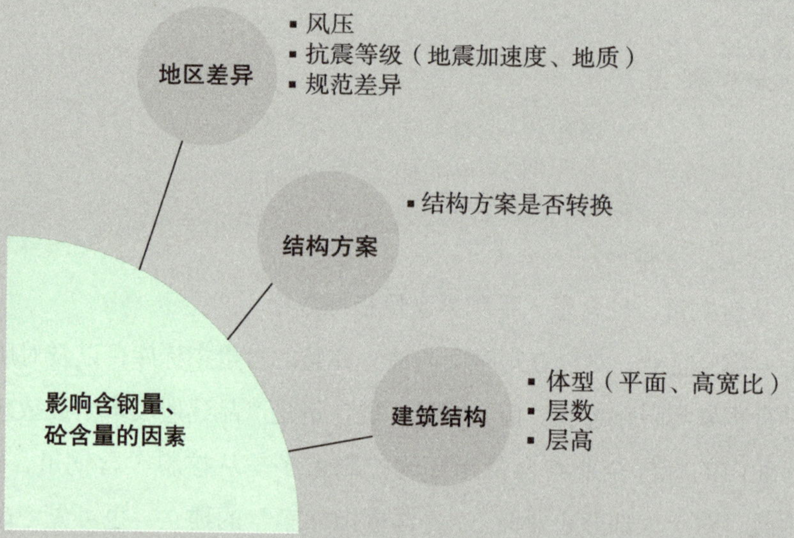

图 8－7　影响含钢量、砼含量的因素

这些因素中，体型、高度、结构转换对含钢量、砼含量的影响最大，特别对含钢量影响非常明显。体型因素对每平方米含钢量影响最大，设计时需要确保高宽比不超过 6；层高对钢筋含量的影响次之，在 60 米、80 米两个临界高度，

差异非常大；是否转换对钢筋含量影响也非常明显，通常一个转换层相当于三个标准层，所以对结构方案中是否转换需要重点关注；另外，层高对钢筋含量影响也非常明显，通常层高每增加10厘米，含钢量要增加1千克/立方米，整体成本约增加20元/平方米。具体如表8－1所示。

表8－1　J企业钢含量影响因素排序

影响因素排序		影响程度	
		影响相对值	影响绝对值（kg/m²）
1. ×2 体型	不规则平面需超限审查	10%～15%	5～7.5
	高宽比超过6～7	10%～15%	5～7.5
2. ×3 层数（高度）变化	60～80米→80～100米（20～25层→26～33层）（底层6米，层高3米计）	10%（东莞、长沙3%）	5.0（东莞、长沙1.5）
	60米以下→60～80米（12～19层→20～25层）（底层6米，层高3米计）	3%	1.5
3. ×6 结构方案（是否设转换）		4%～5%	2～2.5
4. ×4 层高（每增加10cm）		2%	1
5. ×5 建筑构造（拐角窗）		1%	0.5
6. ×7 结构方案（局部厚板）		接近0	0
7. ×1 地区（风压和抗震等级）		10%～20%	5～10.0

（2）分城市、按建筑类别积累含量指标

因含量指标受地区、建筑类别、层高影响较大，含量指标库的积累，需要综合考虑这些因素，另外，地下室的含钢量、砼含量与主体部分差异较大，因此也需要单独进行指标积累。下面以 L 企业含钢量、砼含量的积累为示例，具体如表 8－2 所示。

表 8－2　19～28 层高层住宅地上部分含钢量、砼含量（H≤80）

层高（m）	开间小于等于 4.8（m）		开间大于 4.8 且小于等于 7.2（m）	
	含钢量（kg/m^2）	砼含量（m^3/m^2）	含钢量（kg/m^2）	砼含量（m^3/m^2）
2.8	39.6	0.33	40.6	0.34
2.9	40.8	0.34	41.8	0.35
3.0	**42.0**	**0.35**	**43.0**	**0.36**
3.1	43.2	0.36	44.2	0.37

注：1. 抗震设防烈度为 6 度，建筑场地类别为 II 类。
2. 含钢量中，HPB235 占 20%，HRB335 占 15%，冷轧带肋钢筋、HRB400 占 65%。
3. 假定无转换层、无挑空。
4. 开间宽度是指相邻两道墙之间跨度、墙与梁之间跨度或相邻两道梁之间的跨度。

（3）逐步完善，建立相对完整的“含量指标库”

随着企业开发的项目增多，积累的经验逐步丰富，管理水平提升，可以将“含量指标库”的范围逐步扩大到结构、外装、内装、层面等部分。但指标的积累不应追求“大而全”，而应该以有效、可参考为目标。需要根据当前管控重点进行“量体裁衣”，选取适当指标进行积累与管控。可参考表 8－3 示例。

表 8－3　L 企业含量指标数据库示例

分类	序号	含量指标	指标说明	指标单位	产品
结构	1	钢筋	包括措施筋、二次结构筋	kg/m^2	
	1.1	其中基础钢筋	包括措施筋（若为筏板基础，整个筏板量放到基础里）	kg/m^2	
	1.2	其中主体钢筋	包括措施筋、二次结构筋	kg/m^2	
	2	混凝土	包括圈梁、过梁、构造柱等二次结构	m^3/m^2	

续表

分类	序号	含量指标	指标说明	指标单位	产品
结构	2.1	其中基础混凝土	包括垫层（若为筏板基础，整个筏板量放到基础里）	m^3/m^2	
	2.2	其中主体混凝土	包括圈梁、过梁、构造柱等二次结构	m^3/m^2	
	3	模板	包括二次结构模板	m^2/m^2	
	4	砌体	包括外墙和内墙的砌体，不区分砌体材料	m^2/m^2	
	5	钢结构	含量按合同清单的工程量计算规则计算，按钢结构的实际建设面积（分层） 钢雨棚、楼梯等小型构件不统计在钢结构范围内	kg/m^2	
外装	1	墙地比	外墙（含外窗、外玻璃幕墙、广告位、单元门、室外入户门等）展开面积/实际建设面积	m^2/m^2	
	1.1	涂料占比	涂料展开面积/实际建设面积	m^2/m^2	
	1.2	面砖占比	面砖展开面积/实际建设面积	m^2/m^2	
	1.3	文化石(砖)占比	文化石(砖）展开面积/实际建设面积	m^2/m^2	
	1.4	石材占比	石材展开面积/实际建设面积	m^2/m^2	
	1.5	广告位占比	广告位展开面积/实际建设面积	m^2/m^2	
	1.6	橱窗	橱窗展开面积/实际建设面积	m^2/m^2	
	1.7	外保温占比	外保温（含水平、立面）展开面积/实际建设面积	m^2/m^2	
	2	窗地比	（外窗 + 外幕墙展开面积）/实际建设面积	m^2/m^2	
	2.1	其中外窗占比	外窗展开面积/实际建设面积	m^2/m^2	
	2.2	其中外玻璃幕墙占比	外玻璃幕墙展开面积/实际建设面积	m^2/m^2	

续表

分类	序号	含量指标	指标说明	指标单位	产品
内装	1	精装面积比	公区及户内面积精装面积/实际建设面积	m^2/m^2	
	1.1	其中公区面积比	大堂、电梯厅、走道（包括地下室电梯厅）等/实际建设面积 （走道很小或与电梯厅不好区分的，可以与电梯厅合并统计）	m^2/m^2	
	1.1.1	大堂占比	大堂面积/公区面积	m^2/m^2	
	1.2	其中户内精装面积比	户内精装面积/实际建设面积	m^2/m^2	
其他	1	屋面(含露台)比	屋面展开面积/建筑占地面积	m^2/m^2	
	2	防水面积比	防水展开面积/实际建设面积（多层防水只按一层面积计算）	m^2/m^2	
	2.1	屋面（含露台）防水比	屋面防水展开面积（不算搭接）/建筑占地面积（多层防水只按一层面积计算）	m^2/m^2	
	2.2	地下室防水比	地下室防水展开面积（不算搭接）/地下实际建设面积（多层防水只按一层面积计算）	m^2/m^2	
	2.3	厨房、卫生间防水比	厨房、卫生间防水展开面积（不算搭接）/实际建设面积（多层防水只按一层面积计算）	m^2/m^2	
	2.4	其他防水比	其他部位如防潮等防水（不算搭接）/实际建设面积（多层防水只按一层面积计算）	m^2/m^2	

注：表中彩色指标单位的分母为实际建设面积。

3. 含量指标的应用——快速测算工程量，指导限额设计

（1）“含量指标”与“项目规划指标”结合，快速测算工程量

项目测算时，含量指标 × 规划指标 = 工程量。

规划指标是反映房地产开发项目的特征，用于描述项目规划的一系列属性，一般分为总体指标、产品类型、景观指标、水电气、土方 5 类。项目测算时，利用“含量指标库”中各产品的“含量系数”乘以本项目的项目/产品的“规划指标”，就能快速测算出项目各分部/分项工程的工程量。

（2）依据“含量指标库”，指导新项目限额设计

企业在积累了一定的“含量指标库”之后，于新项目设计过程中，就能以此为基础，作为限额设计的参考依据。

在企业内部不同区域、不同产品中选择标杆，设计新项目时，对于同类产品的指标含量需要与标杆进行对比分析，要求设计单位在保证结构安全和产品品质的前提下，不得超过标杆的指标含量，引导设计院在方案及扩初阶段、施工图设计阶段采用更优化、更合理的结构方案来降低工程结构成本。

二、建立“单方指标库”，合理控制单方造价

成本数据库的另一个重要内容是如何将历史项目的单方造价信息进行有效积累，为新项目测算及招标采购进行对标服务。

1. 什么是单方指标

单方指标即单位平方米（吨）的价格，一般分为建安总成本、结构成本、外装材料价、外装其他项、一般项、内装、机电七大类，具体如图 8－8 所示。

建安总成本	建筑及安装工程费
结构成本	钢筋安装、钢筋平均材料单价、混凝土浇注、混凝土平均材料单价、模板、砌体、钢结构
外装材料价	面砖、文化石、文化砖、石材、屋面瓦
外装其他项	涂料、保温、外窗、幕墙、橱窗、广告位
一般项	土护降、地基处理、总包措施费、机电分包措施费、弱机电工程单独分包
内装	大堂精装、走道精装、电梯厅精装、户内精装
机电	室内给排水、室内电器、消防、室内采暖、空调与通风、电梯、弱电

图 8 –8　单方指标的七大类沉淀

2. 如何建立单方指标

（1）明确建造标准是建立有效“单方指标库”的前提

建造标准是指对项目建设中各类产品的结构、门窗工程、装修、室内等设计规范及需要协调统一的事项所制定的标准。同一产品，采用不同的建造标准，单价差异很大。因此，在历史成本数据沉淀时，需要详细描述本产品的建造标准，成本测算参考时，也只能参考类似建造标准的单价信息。而统一“建造标准”模板，是确保“单方指标库”的数据真实可靠的前提条件。可参考图 8 –9 示例。

（2）单方指标积累不求大而全，但求可靠、有效

与“含量指标库”的建立类似，一个项目涉及的“单方指标”非常多，初步建立成本数据库时，不适合要求将所有指标都积累下来，应“量体裁衣、渐进完善”，首先对成本造价影响较大/市场价格变动较大的关键指标进行积累。可参考表 8 –4。

产品建造标准							
		超高层(>100m)	高层(18层以上，但<100m)	小高层(10～18层)	花园洋房（9层以下）	叠拼别墅	院落别墅
结构及粗装修	结构形式	混凝土框架	混凝土框架剪力墙	混凝土框架剪力墙	混凝土框架（楼电梯间为剪力墙）	混凝土框架（楼电梯间为剪[illegible]）	混凝土框架（楼电梯间为剪力墙）
	层数\层高	2/5.3/3.7	34/2.9	34/3.0	3.0×22+3.7×1	3.0×22+[illegible]	(-[illegible]~6F)5.4/5.5/4.8/[illegible]/5.1/4.8
	基础形式	独立柱基	阀板基础/桩基础	阀板基础/桩基础	独立柱基	独立柱基	[illegible]
	平屋面\斜层面	平屋面	平屋面	平屋面	平屋面	平屋面	平[illegible]池及覆土屋[illegible]
	户内平层\错层\复式	户内平层	户内平层	户内局部300高错层	户内平层	户内平层	户内平层
	单元间有高差\无高	无	无	无	无	无	无
	外墙	页岩空心砖	页岩空心砖	页岩空心砖	页岩空心砖（楼电梯间剪力墙部分为钢筋混凝土）	页岩空心砖（楼电梯间剪力墙部分为钢筋混凝土）	页岩空心砖
	内墙	混合砂浆抹灰	混合砂浆抹灰	混合砂浆抹灰	混合砂浆抹灰	混合砂浆抹灰	混合砂浆抹灰
	屋面防水	3mm厚APP卷材+1.2mm厚JS水泥聚合物防水涂料Ⅱ型	3mm厚APP卷材+1.2mm厚JS水泥聚合物防水涂料Ⅱ型	结构层：现浇屋面板清理后纯水泥浆掺5%防水剂清扫填毛细缝 找平层：20厚1：3水泥砂浆 防水层：4厚SBS改性沥青防水卷材一道 保温层：30厚聚苯板 找平层：40厚C20细石混凝土随捣随抹 屋面瓦防水层：挂瓦条30*30，顺水条40*30@500，陶土瓦 注：屋面瓦应该从檐沟部位往上的顺序排版，保证屋面瓦深入檐沟至少120mm。(参照已定标做法)	3mm厚APP卷材+1.2mm厚JS水泥聚合物防水涂料Ⅱ型	3mm厚APP卷材+1.2mm厚JS水泥聚合物防水涂料Ⅱ型	3mm厚APP卷材+1.2mm厚JS水泥聚合物防水涂料Ⅱ型
	厨卫防水	1.2mm厚JS水泥聚合物防水涂料Ⅱ型	1.2mm厚JS水泥聚合物防水涂料Ⅱ型	(1) 现浇楼板清理结构面用水泥浆封堵毛细缝 (2) 底板与墙体交接处做弧长25mm小圆角 (3) 25厚1:2水泥砂浆找平层(内掺建筑胶)原浆收光(4) 1.5厚聚氨酯涂膜防水层三道（四周上翻350）	1.2mm厚JS水泥聚合物防水涂料Ⅱ型	1.2mm厚JS水泥聚合物防水涂料Ⅱ型	1.2mm厚JS水泥聚合物防水涂料Ⅱ型
	底板防水						4厚APP防水卷材
	外墙防水						
	屋面隔热	30厚聚苯板	30厚聚苯板	30厚聚苯板	30厚聚苯板	30厚聚苯板	30厚聚苯板

虚拟数据示例

图 8－9　L 企业的建造标准示例（数据为模拟数据）

表 8－4　Z 企业成本测算审核时选择的 20 个单方指标

项目	钢筋工程	砼工程	模板工程	钢材	砼	砌体工程	找平及抹灰	厨卫防水	屋面及露台防水	外立面门窗
单位	T	m^3	m^2	T	m^3	m^3	m^2	m^2	m^2	m^2
单价说明	定额测算单价：除主材外的所有成型、绑扎等费用	定额测算单价：除主材外的所有浇筑、养护等费用	测算单价：支模、拆模及模板摊销等费用	采购及成型费	采购单价	内外墙体的砌筑费用	按建造标准	按建造标准	按建造标准	材料及安装费
单价										

续表

项目	外墙百叶	文化石	涂料	幕墙	外墙保湿	阳光栏杆	楼梯扶手	屋面瓦	土方	外墙面砖
单位	m^3	m^2	m^2	m^2	m^2	m	m	m^2	m^3	m^2
单价说明	材料及安装费	材料及施工费	材料及施工费	材料及施工费	材料及施工费	材料及安装费	材料及安装费	材料及施工费	施工费	材料及施工费
单价										

（3）单方指标过程积累与更新

单方指标过程积累与更新贯穿了项目启动、施工图预算、招标以及项目结算四个阶段，具体如图 8－10 所示。

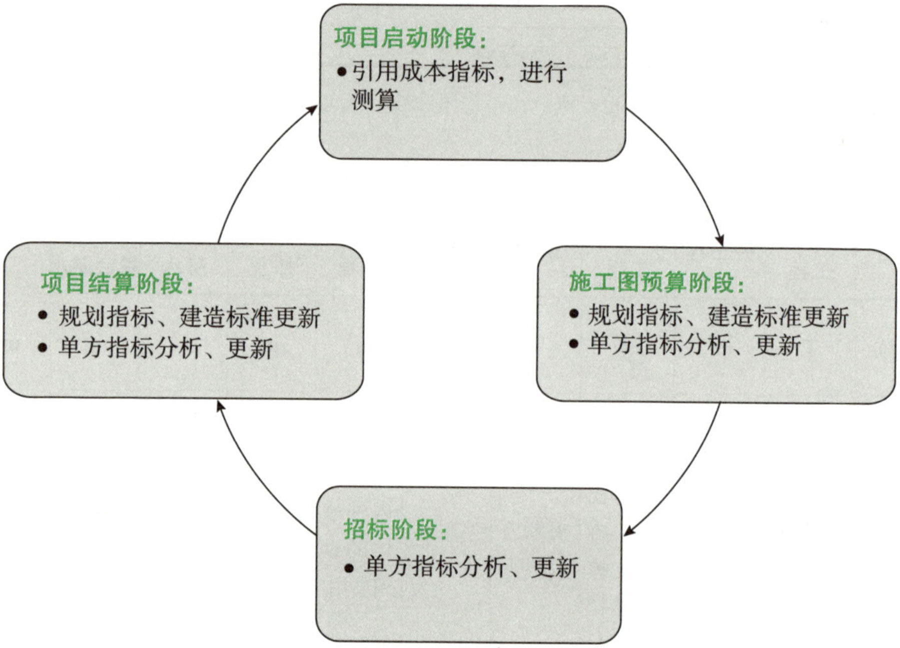

图 8－10　单方指标的过程积累与更新

项目启动阶段，引入历史项目的含量指标、单方指标，结合市场情况适当修订后进行成本测算。本阶段有很多不确定性，因此，本阶段形成的含量指标、单方指标等不是非常精准。

施工图预算阶段，设计进行了细化，相应的规划信息基本确定，需要依据最新的施工图更新建造标准、重新计算工程量、综合单价，更新含量指标及单方指标。

招标阶段，乙方中标后，根据合同约定情况，更新相应的含量指标、单方指标。

项目结算后，根据结算资料更新项目的规划指标、建造标准，同时更新含量指标及单方指标。

三、建立“材料价格库”，把握招标采购主动权

1. 建立材料价格库的意义

在施工项目成本组成中，材料成本所占的比重达到60%～70%，控制好施工过程中的材料成本，提高企业材料管理部门及相关人员的管理水平，对于控制施工项目成本、实现项目利润最大化具有非常重要的意义。

材料设备的市场价格受到包括供求规律、通货膨胀、技术进步、政府宏观调控政策和区域发展程度等在内的多种因素的影响，变化速度快且程度不一。如果企业没有一个实时的材料价格库，则会在招标过程中处于非常被动的处境。

2. 如何建立材料价格库

（1）多渠道采集材料价格信息

材料价格的来源主要有市场询价、甲指乙供材料的核价、材料实际采购价三种，三种价格有不同的主责部门。其中，市场询价可由采购中心负责，主要通过采购专员市场询价、近期乙供材核价、近期实际采购价获得，并形成内部指导

价，定期发布，用以指导成本测算、招标采购以及乙供材的核价；对于甲指乙供材料的核价可由成本中心负责，核价结果一方面作为合同结算的重要依据，另一方面，也为采购中心形成市场指导价提供参考；采购中心负责实际采购价的出具，并更新至材料价格信息库，作为采购合同结算的重要依据。具体如图 8－11 所示。

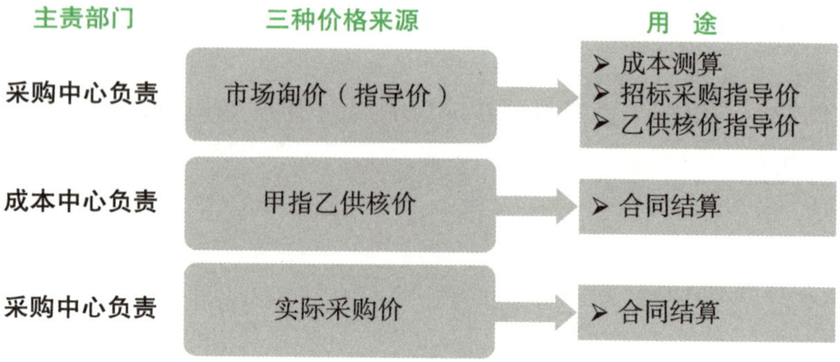

图 8－11　材料价格的来源及用途

（2）材料指导价定期发布机制，确保材料价格的有效性

通常，一个项目的钢筋成本约占项目建安成本的 20%～40%，混凝土费用约占项目建安成本的 10%～20%，铜、铝等建筑材料费用和人工费等分项成本占项目建安成本的比例也较大。因此，材料价格库的建立，可以重点选择钢筋、混凝土、铜、铝等这些对成本影响非常大的主材或市场价格波动大的材料。

对于材料价格的采集，应考虑如下三点：一是对于材料品牌的选择，应为项目所在地中常用品牌；二是对于每种材料价格的市场调查，需选择同等档次的 2～3 种品牌的价格进行对比；三是对于材料、设备市场价的报价，前提是货到工地价，即工地入库价格，含运输、装卸及税金等费用。

对于入库的材料价格，需要有入库审核机制，确保价格的真实可信，并定期形成指导价在集团内发布，指导新项目成本测算、招标采购核价及乙供材核价。具体如图 8－12 所示。

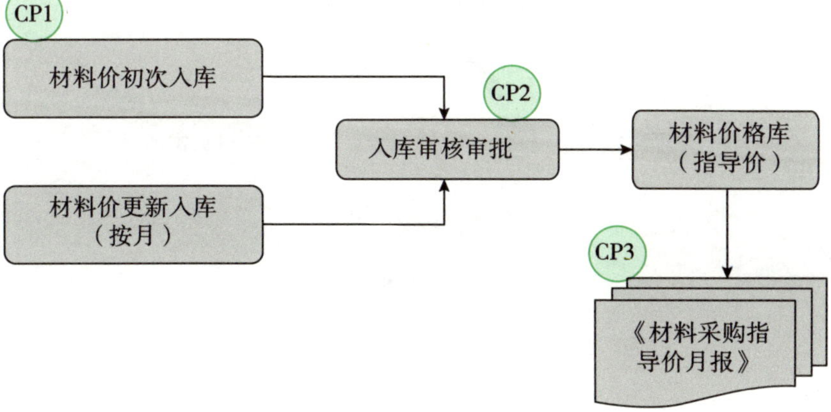

图 8－12　材料指导价的管理程序

第三节　成长型房企如何构建“简易型”成本数据库

成本数据库的沉淀需要一定的时间积累，对于一些项目个数不多、开发经验不太丰富的企业，直接积累综合含量指标、综合单方指标对成本管理指导意义不太明显。对于这些企业，用什么方式来建立符合本企业实际应用需要的成本数据库？有没有一个比较容易落地的方法？

对于成长型企业，可以考虑建立“简易型”的成本数据库，从专项工程成本指标及主材价格入手，快速构建适合企业需要的成本数据库，并应用到日常工作中，具体如图 8－13 所示。

一、抓难点，七大专项工程数据库快速构建成本数据库

专项造价数据库主要是将企业成本测算和控制过程中最容易出问题的地方挑出来，设为专项数据库进行沉淀，比如幕墙工程、大堂电梯厅公共走道装修、园建绿

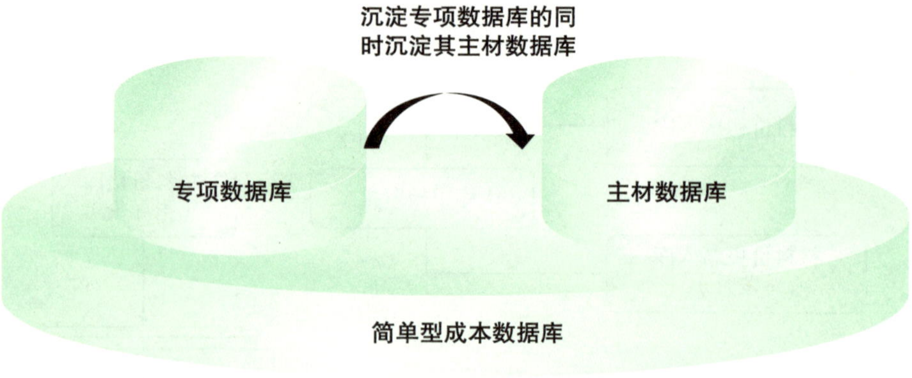

图 8－13　简易型成本数据库的构建

化、高低压变配电、智能化消防工程、空调工程、室内精装修工程等，如图 8－14 所示。当然，专项库可以根据企业的特点自行选择。在历史数据积累阶段，需要积累各个专项的总工程量、专项总造价、综合单价及本专项的详细说明。

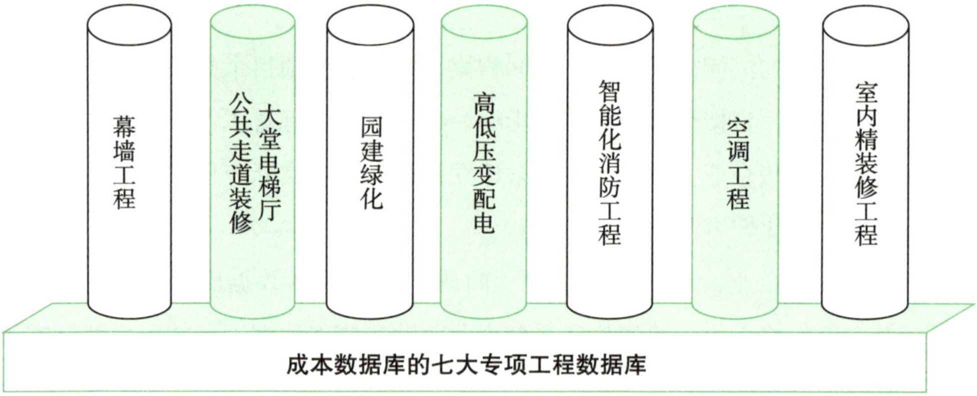

图 8－14　成本数据库的七大专项工程数据库

二、强关联，专项数据库与主材数据库绑定沉淀

每一专项下都会包含多个不同类型、不同型号的主材，因此，在沉淀专项数

据库的同时把本专项下的主材信息也进行沉淀，形成主材数据库。

主材数据库沉淀的信息包括主材工程量、综合单价、主材单价、规格、型号、品牌、产地、区域、供应商、技术参数等信息。比如在建立幕墙工程专项数据库的同时，会绑定相应的主材，如瓷砖、木砖、面板、玻璃等，同时沉淀主材库。这样的话，数据库就会大大压缩，只用做 7 个专项库，在测算整个目标成本时，以这 7 个专项库为基准，通过调整主材单价来修正专项造价。通过专项造价来修正科目级的单方造价，也即只需要在这个层面上做成本微调，就可以快速地实现目标成本的测算（如表 8 – 5 所示）。这是目前业内成本数据库沉淀最简便也是最有效的一个模型。

表 8 –5　专项指标列表及主材料列表

专项指标列表

序号	代码	名称	单位	专项总工程量	专项总造价	综合单价	说明
1	01	[–] 所有指标					
2	01.01	外立面					
3	01.02	门窗					
4	01.03	大堂电梯厅精装修					

主材料列表

序号	代码	名称	单位	主材总工程量	综合单价	主材单价	主材规格	主材型号	品牌	产地	备注说明
1	01	[–] 所有主材									
2	01.01	外墙涂料									
3	01.02	石材									
4	01.03	砖									
5	01.04	百叶									

在进行新项目的成本测算时，根据专项名称从专项数据库中查找同类专项的综合单价；从主材数据库中根据主材的名称、规格、型号、品牌等信息查出同类主材的综合工程量及主材单价，快速进行成本测算。

三、专人日常维护，实现数据库“零存整取”

“专项及主材数据库”积累的成本数据信息非常精细，数据量非常大，因此，需要专人负责维护，为了确保数据的有效性及完整性，成本经理需要对录入的专项及主材数据进行审核后，才能正式进入“专项及主材数据库”中。

数据积累与更新需要结合日常工作同步进行，比如完成一批招标，则需要更新本次招标相关的专项及主材信息；项目竣工结算后更新专项及主材信息。

第四节　规模化房企如何构建标准成本数据库

历史成本数据库积累的是已开发项目的指标含量及单价，新项目成本测算时只能借鉴参考，无法起到非常明确的指导作用。当企业有了多个项目的成本数据库积累后，需要考虑以历史成本数据为基础，提炼构建适合自身发展需要的企业标准成本库。

“含量指标、单方指标、主材价格”是历史成本数据库积累的关键内容，企业标准成本库的建立，可以从这三类指标入手重点考虑，具体如图 8－15 所示。

由于材料价格不同区域差异较大，因此适合各地区造价采购部自行建立与维护，定期发布《材料采购指导价月报》。在这里，我们主要介绍“含量指标”的“限额指标库”沉淀以及“单方指标”的“指标价格库”沉淀。

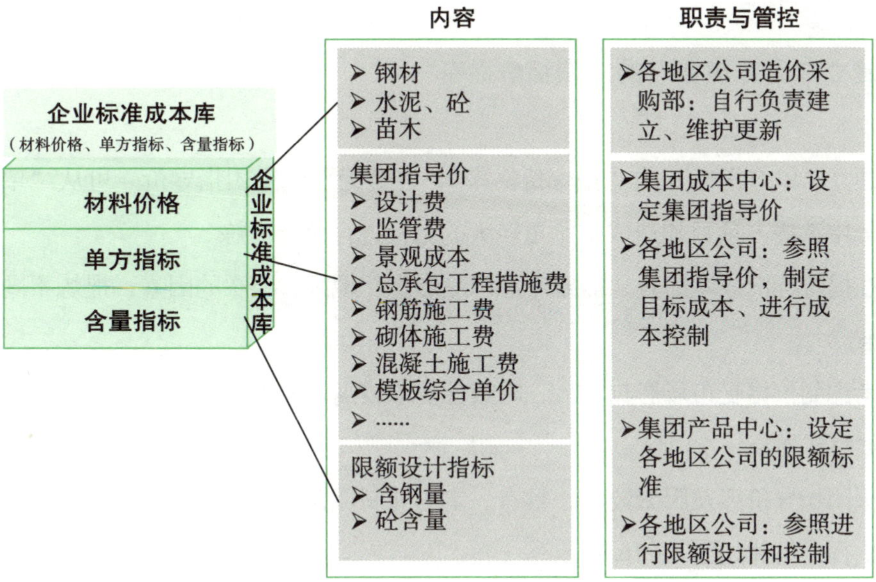

图 8－15　企业标准成本库建立的范围

一、建立“含量指标”的“限额指标库”

建立“含量指标”的“限额指标库”主要目的是为限额设计服务。建议从含钢量、砼含量这两个指标入手。针对不同地区、不同产品，由集团产品中心基于当地历史项目的含量指标库进行分析，综合考虑各种因素的变化可能后取一个合理值。

确定的含量指标作为各地区公司一般工程结构含钢量及砼含量的上限值。各地区公司在设计管理时，可以通过合同要求及流程化管理来要求设计院按限额指标进行设计。

由于必要的特殊结构特征（如结构体系抗震超限、建筑造型复杂等）导致最终设计结果超出限额指标时，地区公司设计部应要求设计院在含钢量统计表完成之后一定时限内提交《结构含钢量超限分析报告》给地区公司设计部及成本部审核，集团设计及成本职能部门审定。报告应定量地阐明结构含钢量超限的原因及必须采用导致超限的结构特征或体系的理由以及该特征所导致的成本超限的数量。

二、建立“单方指标”的“指标价格库”

建立“单方指标”的“指标价格库”，主要为形成集团指导价。可从“单方指标库”中选择占项目建造成本比重较大的指标进行分析提炼。

在提炼标准成本库时，需要考虑产品形态、地区、档次的因素，提炼不同的企业标准。

考虑到价格受市场影响较大，时效性要求较高，要求单方指标的集团指导价至少需要每年更新一次。

集团指导价涉及因素较多，具有一定的强制性，需要有详尽措施以保证能顺利落地执行，具体如图 8－16 所示。

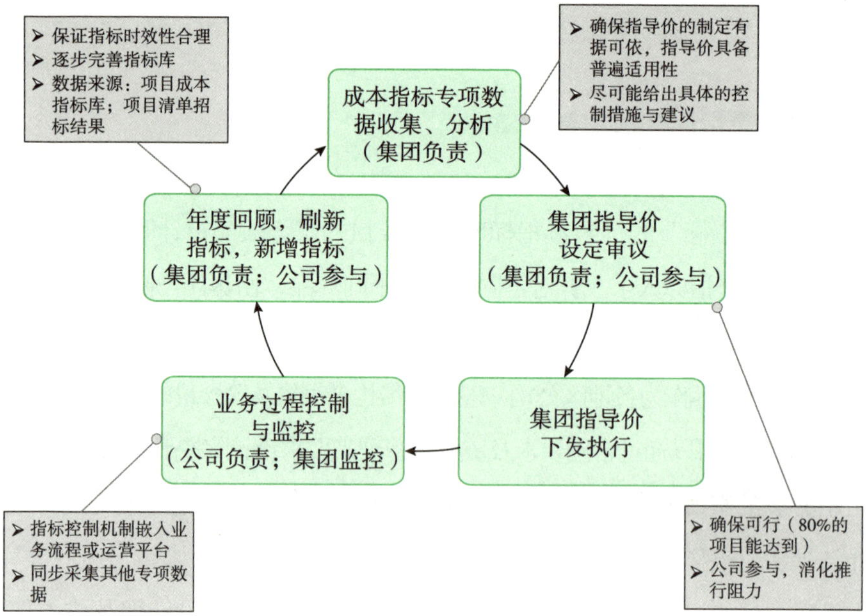

图 8－16　集团指导价的应用机制

集团成本部成立专项，定期收集各地区、各产品的成本指标数据并分析，以确保指导价的有据可依且具有普遍适用性。在指导价的分析时，需要尽可能给出具体可操作的控制措施建议。

集团成本部召集专题会议，公司成本人员参与，详细分析讨论各类指标设定的合理性，确保80%的项目能达到，统一思想，以消化推行的阻力，集团指导价专项审议通过后下发各公司执行。

各业务在业务执行过程中，需要及时将成本指标与集团指导价进行对比分析。对于实际成本指标超过集团指导价的，需要详细说明原因，集团成本部需要审查具体原因。如果属于指标设置不当或未考虑特殊因素的，采集信息，作为年度回顾的依据。

每年年底，集团成本部召集专项会议，公司成本人员参与，对当年集团指导价的执行进行回顾，逐步完善指标库，保证集团指导价的时效性。

本章小结：给成长型房企构建成本数据库的实战建议

给成长型房企构建成本数据库的实战建议，总结如图8－17所示。

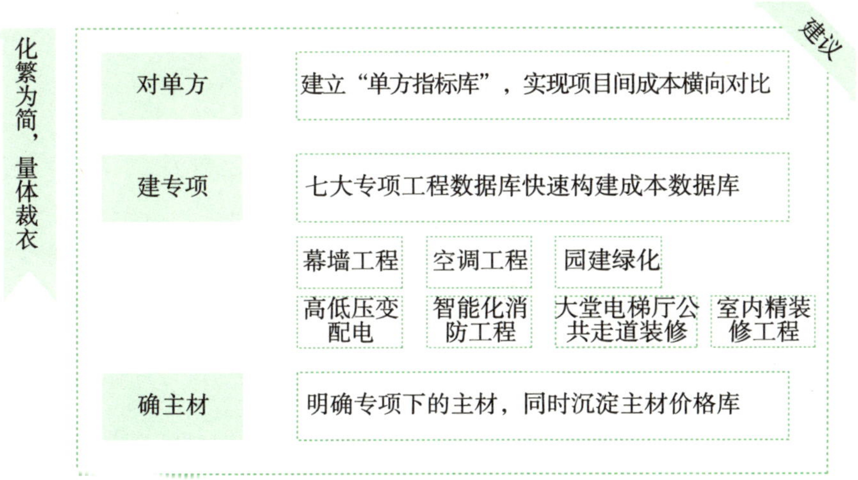

图8－17 给成长型房企构建成本数据库的实战建议

|第四部分|

成本保障篇

第九章

成本管理的铁三角——组织、流程、绩效

如果有一个项目，首先要考虑有没有人来做。如果没有人做，就要放弃，这是一个必要条件。

——联想控股有限公司董事长柳传志

市场在不断完善,竞争也越来越激烈。作为企业,要想生存发展,应该时刻牢记人是企业最重要的资源、最宝贵的财富,通过充分开发培养人才、合理使用人才、有效激励人才,打造企业的精良部队。

组织分工、流程管控、绩效考核（KPI）构成了成本管理的铁三角，是成本提速的有效保障。管理无定式，不存在最优和标准的管理模式。同样，组织结构也没有最好，当公司战略、管控模式、组织定位发生变化时，需要对组织职责边界、业务流程、绩效指标及时进行审视和调整。本章将围绕成本管理的组织分工、流程与管控、绩效考核三方面展开介绍（如图 9－1 所示）。

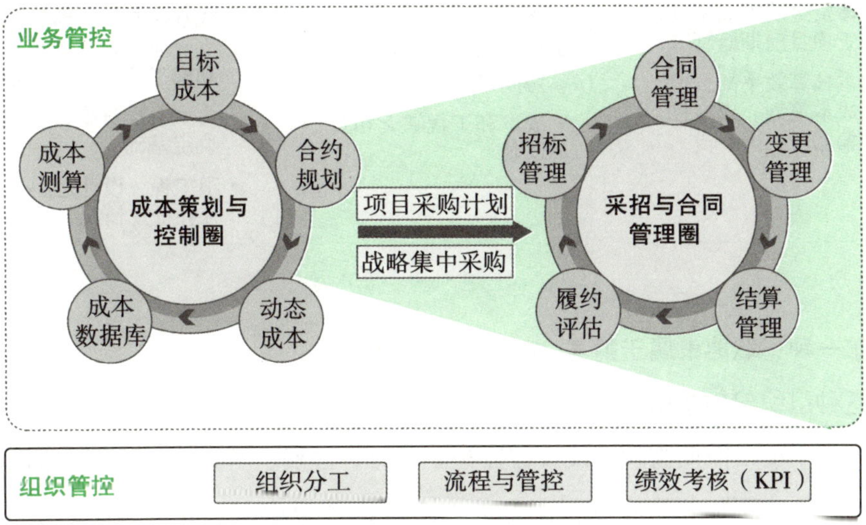

图 9－1　成本管理的支撑与保障

第一节　组织——界定清晰的组织分工与权责边界

一、组织分工的基础——匹配企业管控模式，满足企业管理诉求

1. 三种常见的成本管理组织架构

成本部门到底设在组织的什么位置合适？组织分工的设计思路，毫无疑问应该受到企业管控模式的约束，应该匹配企业的管理诉求。目前，业内常见的成本部门组织架构设置模式有三种，如图 9－2 所示。

职能隶属于财务	职能隶属于工程	成本部独立
• 适用于财务管控型的公司,便于收益监控 • 整体资金统筹效率高，利于项目前期监管 • 成本核算效率高，但是成本策划、成本控制偏弱	• 对建安成本的控制强 • 合同、变更、结算效率高 • 采购招标、工程进度协同好 • 成本和工程缺乏相互监督	• 成本策划：基于项目全生命周期视角的全成本策划 • 成本控制：能够以中立专业视角平衡品质和施工阶段成本控制 • 为项目投资收益管理奠定基础 • 跟工程、设计之间会存在扯皮情况

图 9－2　三种组织架构对比

第一种：职能隶属于财务

这种组织架构适用于财务管控型的公司，整体资金统筹以及成本核算效率非常高，利于项目前期监管以及收益监控。同时，三费、利息、税金等数据都很容易从财务处拿到，非常容易得出全成本。但这种架构由于成本管理的专业性限制，在成本策划、成本控制方面会有偏弱。

第二种：职能隶属于工程

成本部隶属于工程部强调的是为工程的进度服务，成本和设计处于配合角色，较为容易实现工程进度目标的达成。此外，这种组织模式对建安成本的控制非常强，尤其是合同、变更、结算效率高，采购招标、工程进度协同性也非常好。但随着企业规模的扩大，成本、采招、工程三权分立比较难实现，会带来监控漏洞，这种模式在企业发展早期尚可，但需要有更高一级的领导（分管副总）来管控这个部门，保证三权分立。

第三种：成本部独立

目前大多数地产企业采用了此种模式。成本部独立出来可以基于项目全生命周期视角进行全成本策划管理，同时在成本控制过程中能够以中立专业视角平衡品质和施工阶段成本控制，会站在品质甚至收益的整体视角进行成本的审视。此种模式下，成本部一般会设置合约组、造价组两个组，合约组更多由复合型人才组成，来支撑企业从成本控制到成本策划的过渡。另外，成本部门独立模式利于专业建设，但是也会带来成本、工程、设计、营销等部门间的扯皮现象，怎么去应对这一问题呢？这就引出了一种新的组织架构模式——成本隶属于运营部。

2. 未来成本组织设置趋势

成本部隶属于运营部，以运营目标来统筹成本、设计、工程，这是成本部组织架构设置的未来趋势。这种组织架构便于运营部站在企业运营的整体视角，将成本、设计、工程等多个部门协同起来，一定程度上解决了部门间扯皮的问题。但此种模式对运营管理水平要求甚高。该种组织模式架构具体如图 9 - 3 所示。

以上 4 种组织架构都有其存在的空间，不能一概而论哪种最好。管理无定式，不存在最优和标准的管理模式。同样，组织分工的设计也没有最好，只有最合适。组织设置的关键是要能够匹配企业的管控模式，满足企业的管理诉求。根据企业的不同、阶段的不同，以及企业的发展及管理需求或瓶颈，采用适合的组

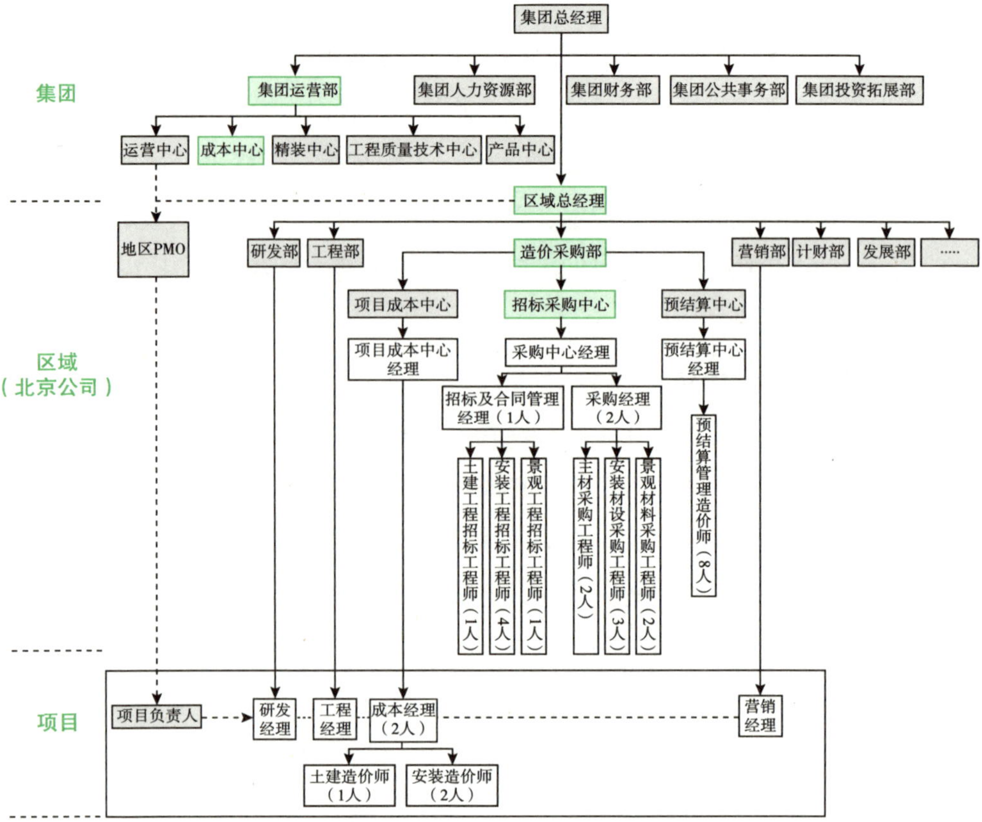

图 9－3　未来成本组织设置趋势

织架构。比如在现阶段，企业更为关注项目成本的财务核算，统一成本和财务的管理语言，那么就需要加强与财务的配合，可以考虑将成本部放在财务部下面的模式；如果是为了把建安成本控制好，将成本部放在工程部下面就是最优模式。总之，在企业发展的不同阶段，可能会选择不同的组织模式。

二、职责设计的依据——基于当前管理水平，满足成本发展目标

业务部门的职责重点需要基于企业当前的成本管理水平和成本提升目标去明

确。从成本管理的发展阶段来看，主要分为核算型、控制型与策划型三个阶段。企业成本发展目标处于这三个不同的阶段时，对于成本部的职能设计也会有所不同。

1. 成本控制阶段——重点关注七大核心职责

当成本发展目标从“核算型”向“控制型”转变时，成本部主要有七大核心职责，具体如表 9 - 1 所示。

表 9 - 1　成本控制阶段成本部的七大核心职责

七大核心职责	详　述
1. 系统建设	（1）组织建立分管系统的管理体系，健全各项管理流程、制度与标准，并组织实施 （2）指导下属部门制订、实施部门年/季/月度工作计划，指导、培训、激励、考核下属 （3）协调系统内外的工作关系
2. 成本管理体系	（1）组织建立和完善公司成本控制体系，对项目的整体成本进行控制和管理 （2）组织建立项目目标成本责任体系，并组织落实与考核 （3）组织建立成本监控预警机制
3. 合同管理	（1）参与权限范围内的合同谈判 （2）组织对合同履约情况的检查和监督
4. 造价咨询单位选择与管理	（1）负责公司造价咨询机构的选择考察、合同签订工作 （2）负责造价咨询费用支付审核与履约评估管理工作
5. 项目建造成本管理	（1）在项目拓展阶段，协助财务部门进行投资成本估算 （2）负责在方案设计阶段进行建造成本的测算，负责制定项目目标成本 （3）负责收集、整理项目建造成本信息数据，组织建立成本信息库

续表

七大核心职责	详　述
6. 动态成本管理	（1）组织对项目建安成本进行监控，对超出预期成本变动范围的情况启动预警程序 （2）审查项目超出目标成本控制范围内的支出，控制目标成本的非预期超支 （3）组织审核权限内项目工程、技术服务、涉及工程施工的营销类合同进度款结算申请 （4）组织审核权限内项目的设计变更、工程签证费用，提出成本控制意见 （5）组织编制项目竣工结算成本分析报告
7. 成本后评估组织	（1）组织收集、分析已完工项目的成本指标，并纳入成本信息库管理 （2）组织总结分析项目成本管理的经验和不足，完善成本管理体系 （3）组织开展项目成本管理经验交流活动，提升成本管理人员的专业能力

2. 成本策划阶段——关注前期策划和后期沉淀

当成本管理从“核算型”向“策划型”发展时，职能进行了简化，更加关注前期的策划和后期的沉淀。在前期策划方面，一是参与项目的拓展工作，在项目可行性研究阶段进行成本匡算，确定拓展阶段目标成本；二是负责在方案设计阶段进行成本估算，形成项目初步目标成本，也就是说成本不再是跟在后面做核算，而是要前置到设计阶段，提出初步设计的限额设计的控制建议。在后期沉淀方面，主要是成本信息库的建立，比如成本数据库、供应商库、材设价格库等。在“策划型”阶段，成本部的主要职责具体如表 9 - 2 所示。

表 9 –2　成本策划阶段成本部的主要职责聚焦前期策划及后期沉淀

主要职责	详　述
1. 成本管理体系的建立	(1) 建立和完善公司成本管理体系，管控项目整体成本 (2) 建立公司的项目目标成本责任体系，组织落实并提供考核依据 (3) 负责建立公司的项目成本监控预警机制 (4) 组织造价咨询公司的选择与管理工作
2. 成本策划	(1) 参与项目拓展工作，在项目可行性研究阶段进行成本估算，确定拓展阶段目标成本 (2) 负责在方案设计阶段进行成本匡算，形成项目初步目标成本；提出初步设计的限额设计成本和控制建议 (3) 审核项目公司编制的项目正式目标成本及成本计划（施工图阶段） (4) 审核项目公司提出的成本计划调整申请（工程类及非工程类）
3. 成本信息库的建立	(1) 组织收集、整理有关成本信息，建立成本信息库 (2) 组织研究材料造价方面信息，建立公司材料、设备价格信息库 (3) 指导、监督项目公司建立动态成本信息台账

3. 成本职能转变的“微笑曲线”

总之，从发展趋势来看，成本职能转变呈现典型的“微笑曲线”，即曲线两端的成本策划和成本信息库的建立是以后成本管理的价值核心所在。成本策划强调的是成本前期的策划和限额设计，成本数据库强调指标的沉淀及成本后评估。具体如图 9 –4 所示。

三、A 企业成本职责边界的设置案例

在稳定的组织架构下，需要规划不同层级的成本管理职责。当公司的规模发展到一定的程度后，成本管理如何分权和放权？这需要在企业管控模式的基础上

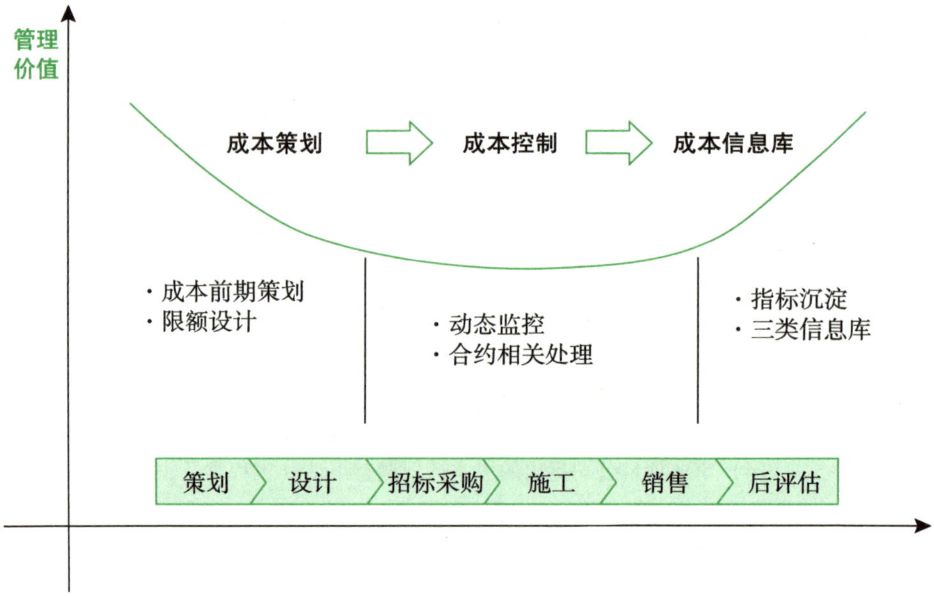

图 9-4 成本职能转变的“微笑曲线”

去划分业务部门的范围边界。

下面我们以标杆房企 A 企业的成本管理模式为例，了解成本与采购职责边界在“集团—公司—项目”之间的平衡。

A 企业为上市公司，创建于 1994 年，成长于某一线城市，从 2004 年起，通过实施“区域聚焦、多业态”战略，进入全国化扩张的发展阶段。从 A 企业的组织架构图（如图 9-5 所示）不难看出，A 企业是典型的“集团—区域（城市公司）—项目”三级管控模式，其组织架构偏向于操作管控，即母公司通过绝对控股子公司，取得子公司的控制权。母公司直接任命子公司的管理层，对子公司的财务、人事、运营等采取直接控制的管理方式。

1. 成本与采购在“集团—公司—项目”之间的职责边界划分

在 A 企业中，成本和采招部门被定义为专业管理部门，通过协调设计、工程

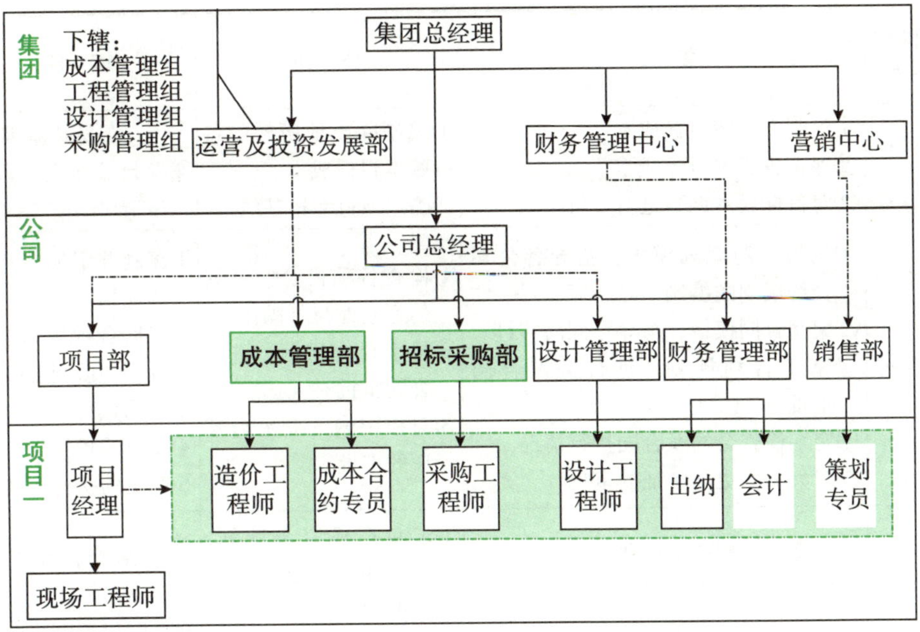

图9－5　A企业的组织架构图

等部门，实现对项目开发的直接有效支撑。而在其项目公司中，则是典型的平衡矩阵制，相关专业职责主要由所在城市公司的职能部门归口管理。A企业成本与采购管理在“集团—公司—项目”之间的具体职责边界划分如表9－3及表9－4所示。

表9－3　成本管理在“集团—公司—项目”之间的职责边界

管控要点	集　团	公　司	项　目
成本管理体系的建立	建立成本控制体系（制度、流程、绩效考核体系、模板与指引，模板包括：控制科目模板、核算科目模板、合约规划模板等），定期更新维护	执行与反馈	执行与反馈

续表

管控要点	集 团	公 司	项 目
控目标成本	①编制土地版目标成本 ②评审各版本目标成本 ③对目标成本调整进行审批	①编制除土地版外的各版本目标成本 ②确定项目考核基线	①参与目标成本编制 ②发起目标成本调整申请
控合同	①编制合约规划模板，指导各公司合约规划的编制 ②编制合同模板，指导合同的签订 ③基于合约规划，进行关键合同审批 ④定期检查合约及合同执行情况 ⑤对大额变更与签证的审批	①检查各项目合约规划的完整性与可操作性 ②基于合约规划，进行合同审批 ③对权限内的变更与签证的审批	①编制并定期修订合约规划 ②依据合约规划进行合同的谈判与签订 ③合同执行 ④变更的预估与申报 ⑤变更的执行与确认
控付款	①平衡与分配资金计划 ②资金计划达成情况检查与考核 ③计划外付款审批	①汇总形成资金计划，内部评审后提交集团审批 ②计划内付款审批	①编制合同的付款计划 ②合同付款申请
控动态成本	①审阅成本月报 ②实时关注项目成本状态，成本超标时介入管理	①在项目运营会议中对成本月报进行审批 ②达到成本预警线时，及时进行预警	①定期回顾与编制成本月报，并上报 ②成本异常时，及时汇报与处理

表9-4　采购管理在“集团—公司—项目”之间的职责边界

管控要点	集 团	公 司	项 目
采招管理体系建立	建立采招控制体系（制度、流程、绩效考核体系、模板与指引，模板包括：标准产品分类，标书/合同模板，项目招标计划模板，供方评估问卷等），定期更新维护	执行与反馈	执行与反馈

续表

管控要点	集团	公司	项目
控计划	①制定项目总体招标计划模板 ②审批《项目总体招标计划》 ③编制集团战略采购计划 ④执行集团战略采购计划（形成战略采购协议） ⑤定期回顾与刷新战略采购计划	①审核《项目总体招标计划》 ②组织项目采购计划执行 ③定期回顾与刷新项目采购计划（采购计划达成率） ④执行集团战略采购计划（形成战略采购合同）	①项目总监牵头编制《项目总体招标计划》 ②提交采购需求
控风险	①制定采购原则和管理办法 ②定期更新标书文件和合同范本 ③定期对采招过程记录进行审计 ④对区域重大合同进行审批 ⑤投诉监控与处理 ⑥招标方式与责任主体变更审批	①基于管理办法，编制实施细则 ②定期更新区域公司标书文件和合同范本 ③保证采招执行过程合规、记录完整 ④反馈和跟进投诉事件 ⑤招标方式与责任主体变更申请	
控成本	①设立战略合作、集中采购范围和目标 ②签订战略协议 ③重大采购定标审批 ④目标成本变动率监控	①签订战略合作、集中采购合同 ②基于合约规划，明确采购限额 ③商务谈判 ④合理低价中标比率 ⑤重大采购定标审核 ⑥采购成本偏差分析 ⑦定标价格沉淀	①进行应付进度款的审定

续表

管控要点	集　团	公　司	项　目
管供方	①制定供方管理（包括定级、激励）制度 ②供应商发展计划审批 ③集团采购所属范围合作伙伴管理 ④供方定级及排名审批 ⑤战略供方评定	①执行供应商发展计划（考察、招募） ②供方评估管理（资质、履约、年度） ③项目过程中对供方进行培训 ④组织供方后评估 ⑤供方定级与排名建议 ⑥组织合作伙伴满意度调查	①参与合作伙伴评估管理 ②合作异常情况反馈 ③参与合作伙伴满意度调查

2. A 企业成本及采购职责边界划分的两大特点

（1）成本和采购部门彼此融合协作

在集团由集团运营与投资发展部统筹；在城市公司由总经理统筹，保障了两个业务部门相互协调，分工明确，消除了部门之间的盲区。

（2）成本和采购管控主体差异明显

成本的管控主体是在项目上，集团更多地只是标准、规范的制定者。该管控点和 A 企业推行产品标准化相关，其大多数产品形成了标准化的产品系列，因此集团管控项目总成本，具体的成本执行主要由项目成本人员负责即可。而采购业务呈现了两级分工的特点：集团主要管控战略采购、战略采购供应商评估；城市公司则主要负责项目的采购、城市公司供应商的评估。

目前，A 企业的成本和采购管控模式已经成为绝大多数“集团—公司—项目”型地产企业学习的榜样。当然，由于不同企业操作管控的重点存在着差异，因此在具体的集团、公司与项目三级之间，其组织分工的范围边界存在或多或少的差异。

第二节　流程——成本流程优化的三大依据

案例：睡大觉的流程文档

F 企业历时半年对企业的流程进行了一轮梳理，形成了一系列的流程文档。但半年下来，大多数流程文档的查看次数却只有三四次，更多的文档在“睡大觉”。其实，F 企业的这种情况在业内很普遍，我们很多企业花了很大的精力来做流程的梳理，却没有真正落地。也就是说走了 99 公里，最后 1 公里却“撂挑子”。

在确定好成本的组织分工之后，需要根据组织的权限边界、业务的管控要点设计一系列业务流程。从目前业内流程管理的现状来看，并不理想。很多企业花了很大的精力来做流程的梳理，形成了一系列的流程文档，但最终要么是大多数流程文档都在“睡大觉”，成为摆设；要么就是每天我们都处于流程环节之中，却总会觉得流程效率低、管控不力。

为什么流程会沦为摆设？流程启用之后并非一劳永逸，对流程进行优化和提升应该是一项长期且重要的工作。成本管理流程的优化主要考虑三大依据：一是以业务增值为流程优化的核心，二是重点解决集分权的风险与效率平衡问题，三是解决决策质量问题。具体如图 9 –6 所示。

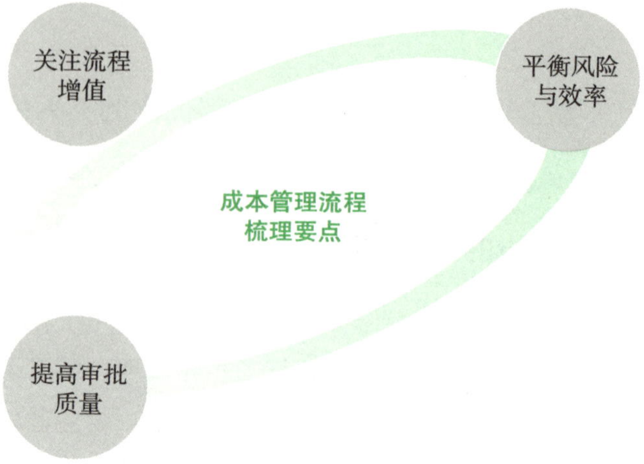

图 9 –6　成本管理流程梳理要点

一、以业务增值为流程优化的核心

案例：一个需要 28 人签字的合同，有多少人是在“打酱油”？

X 企业的一个工程合同的签订经过了 28 人之手，流程非常之多，效率十分低下。为什么流程决策环节要设置这么多，因为怕决策失误，而实际结果是并没有真正解决决策失误的问题，因为这种流程只有发起人和最后审批人负责，中间很多环节，用当事人的话描述，就是“打酱油的”。

一个合同需要 28 个人签字，本质问题是什么？其实就是流程每个环节的关键的决策目标不清晰！如何衡量一个流程的优劣？流程并非要多么的复杂，关键是要以业务增值为核心，并能够回答这样两个问题：一是各流程审批环节需要想清楚自己参与流程中的主要工作事项是什么，二是对流程的审批贡献了什么。基于这两点，并结合 X 企业成本管控的要点，我们对其现有流程按照四个步骤进行了梳理优化，包括对部分流程的步骤简化、顺序调整（以前是各条线审批到集团，然后再启动另外一个条线，现在改为项目到区域再到集团）、明确管控点和管控责任，后面两点尤为重要。

如何实现上述四方面的优化呢？其实流程梳理有相应的工具可应用，比如应用“龟背图模板”可以帮助我们梳理流程中的责任主体、管控要点，规范每个岗位在流程中应完成的工作事项、流程中步骤开始的输入文件以及流程中步骤结束的输出文件，从而明确各流程审批岗位核心关注的内容、各审批岗位需要哪些“输入”才能做决策、各审批岗位做决策之后的输出是什么。具体如图 9－7 所示。

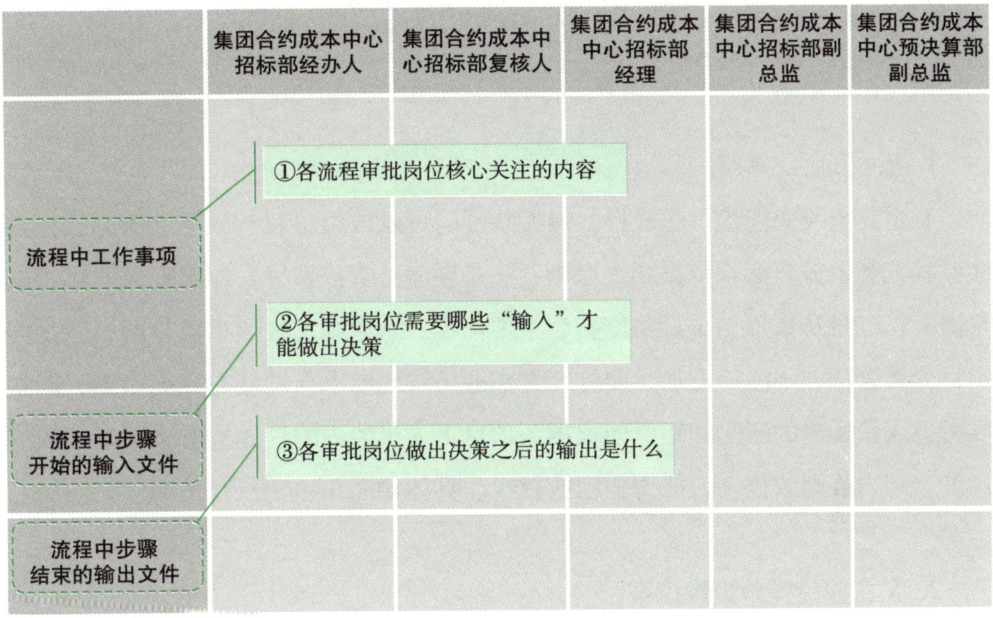

图 9－7　X 企业采购文档审批流程梳理的“龟背图模板”

二、解决集分权问题，平衡效率与风险

案例：X 企业的集权分权运动

X 企业在刚开始进行全国布局时，开发一个项目就成立一个项目部，项目部的权力较大，运营一段时间后，企业出现了较大的财务风险。在关乎企业生死存亡的时刻，董事长毅然决定采取集权管控方式，几乎将所有权限都收归集团进行控制，比如合同审批方面，全国项目公司金额 5 万元以上的所有合同都要寄回集团审批，收权运动大概一年后，虽然规避了风险，但效率极其低下，导致集团各职能部门及高层绑定在全国各个项目的合同审批上。如何能够在有效管控风险的前提下放权，成为 X 企业新的课题。

1. 放权的四大原则

X 企业想改变现状，想放权，但哪些合同可以放给项目？放了之后怎么控得住？我们强调放权必须依据四大原则：一是要满足管控目标，即实现风险可控效率提高；二是从数量与金额维度看，主要依据二八原则，聚焦重点合同；三是要实行分类管控，不能一刀切，要综合考虑业务管理要求与地域差异等因素；四是要考虑人员能力的匹配问题，即根据各项目上人员能力的具体情况来平衡放权的尺度，能力强则放权多，能力弱则放权少。具体如图 9－8 所示。

2. X 企业合同分级管控案例

基于放权的四大原则，借助 X 企业信息化建设项目推动，我们对其集团和项目公司之间的合同管控进行了梳理，总结出符合企业现阶段发展特色的合同分级

图 9-8　合同管理放权的四大原则

管控管理方法，最终形成了可执行的方案，并完善企业的合同管理办法。

（1）二八原则——只要管住 10% 的合同就可以管住 96% 的成本

从合同审批的具体情况着手，我们走访了 X 企业各业务部门，搜集了两个大型项目的所有合同的真实数据，并从合同数量、数量占比、金额占比方面进行了统计分析，发现 X 企业 100 万元以下的合同数量占比多达 89%，金额占比却仅为 3%；而 100 万元以上的合同数量占比仅 10%，金额占比却高达 96%。由此可见，按照二八原则，只要管住这 10% 的合同就可以管住 96% 的成本（如图 9-9 所示）。而之前严控模式下，集团花了 90% 的时间，却只管了 4% 的成本，这是十分低效的。因此，放权成为 X 企业流程优化的关键之举。

只要管10%的合同就可以管住96%的成本

金额区间	1 000W以上	500~1 000W	100~500W	50~100W	30~50W	10~30W	1~10W	1W以下
合同数量	4	2	1	12	9	41	66	13
数量占比	2.53%	1.27%	6.96%	7.59%	5.70%	25.95%	41.77%	8.23%
金额占比	90.12%	1.80%	4.66%	1.18%	0.55%	1.17%	0.52%	0.01%
数量累计	4	6	17	29	36	79	145	158
数量占比累计	2.53%	3.80%	10.76%	18.35%	24.05%	50.00%	91.77%	100.00%
金额占比累计	90.12%	91.92%	96.58%	97.76%	98.31%	99.48%	99.99%	100.00%

100万以上：
数量占比：10.76%
金额占比：96.58%

100万以下：
数量占比：89.24%
金额占比：3.42%

50万以上：
数量占比：18.35%
金额占比：97.76%

50万以下：
数量占比：81.65%
金额占比：2.25%

（备注说明：以上数据经过类比处理，非真实数据反映。）

图9－9　只要管10%的合同就可以管住96%的成本

（2）分类管控——集团、项目间的合同分类、分级管控

如何放权？原则之一是不能一刀切，要进行合同的分类管理。X企业的合同共有12类，我们这里以其两类重点合同——A类的勘探、设计、监理类合同以及B类的工程类合同为例，介绍其分类管理原则的应用，具体如图9－10所示。

A类合同包括勘探、设计、监理三类，考虑项目品质及企业管理特色要求的情况下，X企业针对设计类合同进行集团强控，而非设计类合同依据二八原则，集团只控制影响80%成本的20%合同，其他合同则由项目公司负责控制。例如勘探类合同的地质勘探类合同由项目部经办，集团设计研发中心审批，而其他合同由项目公司经办及审批，报成本中心、工程管理总部备案即可。

B类合同为工程类合同，也是最大的一类合同，以前的现状是5万元以上的都要集团审批。统计分析显示，50万元以下的合同，数量占比67.39%，金额占比11.27%，其中89%为集团强控；30万元以下的合同数量占比58.69%，金额占比6.78%，其中93%为集团强控；10万元以下的合同数量占比19.56%，金

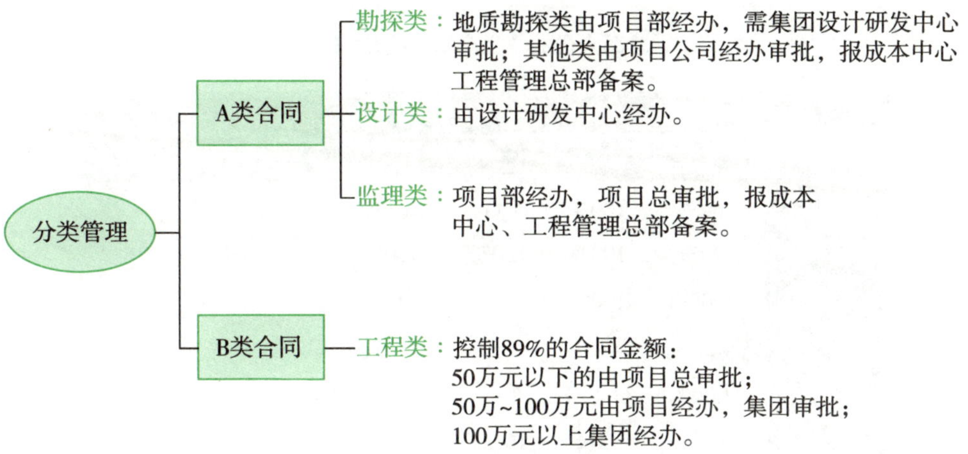

图 9－10　A、B 类合同的管理原则应用

额占比 3.77%，集团强控 96%。X 企业的放权思路是逐步放权，50 万元以下的合同由项目总审批，50 万～100 万元的由项目经办、集团审批，100 万元以上的集团经办，也就是说总部主要控制 89% 的合同金额。

另外，集团制订合同管控方案的同时，如何预防项目公司采取拆分合同的方法破坏这个“游戏规则”？这就需要集团总部的成本管理部门在合同规划（合约规划）上进行控制，避免合同范围和金额的异常变化，作为合同管控方案的有效控制方法，并利用信息化工具实现合同分级管控，从而有效控制风险及提高效率。

（3）分级管理效果——总部人员生产率提升 1.5 倍

总合同审批量减少了 41%，而集团审批的金额只减少了 10%。换句话说，也就是以前一个人要管 10 份合同，现在只需管 6 份，精力得以节省来管另外的项日。通过优化前后的集团经办合同的数量和金额对比分析，统计合同经办差异数量作为效率提升的比例得出合同分级管控使总部效率提升了 1.5 倍，意味着以前一个人管 1 个项目的现在可以管 1.5 个左右（如图 9－11 所示）。

总部人员的“生产率”提升1.5倍

类别	集团经办（前）		集团经办（后）		合同管理业务工作量减少	集团直管合同业务金额降低
	数量占比	金额占比	数量占比	金额占比		
勘探	100%	100%	33.33%	74.32%	41.09%	10.98%
设计	100%	100%	100%	100%		
监理类	100%	100%	50%	50%		
施工类	54.35%	96.23%	32.61%	88.73%		
材料采购类	41.00%	73.43%	20%	63.17%		
营销类	100%	100%	100%	100%		

图 9－11 合同分级管理的效果

总之，集分权优化主要通过集团经办合同的数量和金额两大维度，找到企业的成本结构，进而结合企业的管理特色和要求，找到相应的管控比例来做好分级管控，而这种分级比例的设置一定要满足风险可控、效率提升的管理总目标。

三、从决策视角提供科学数据，解决决策质量问题

对于领导决策审批来说，不应受前面审批环节的“绑架”，而应是每个环节有其对应的决策分工。那么，领导决策的依据是什么？决策的质量如何保证？这就需要我们从领导的决策视角出发，提取让其关注的科学数据，或者提供其经常主动关注的数据，进而通过审批表单进行固化。

拿总包合同的审批表单来说，领导主要看三类数据：一是自己要审批的信息，如合同范围、合同付款约定（包括首付款、过程付款、尾款的付款条件、时间及金额）、与目标成本的比较信息（若超标要提供原因说明）、看合约边界是

否有变化；二是支撑决策的相关附件信息，如集团指导价附件，包括本合同招标价格展示以及超集团指定价标准的原因说明；三是其他部门的意见。领导决策的时候基本需要看这些数据即可，当然，由于每家企业领导的管理精细程度不一样，决策数据也会有所差异。但从决策视角出发为决策者提供科学的数据这一方向不变，只有找到这些数据，才能解决决策质量的问题。

总之，从当前行业的发展趋势来看，通过流程管理实现战略的执行和落地已经逐步成为主流共识，当前很多企业也正在基于战略视角对流程进行调整、优化甚至重构。

从未来趋势来看，流程管理的应用已经真正开始和企业的运营密切相关，流程管理将深入持续地优化企业的关键业务流程，为企业的战略选择提供重要的经营分析参考，最终流程的运营将直接影响企业核心竞争能力的高低。

第三节　绩效——重点聚焦成本及采购关键 KPI

相信加强成本管控、提升战略采购比例等内容，对于众多具有远大理想的优秀地产企业而言已经成为共识。但是绩效管理作为战略的最直接的有效支撑，该如何去设计和构建呢？企业应该选择哪些 KPI？绩效指标可以分为关键业绩指标、职责评价、行为态度等不同维度。而其中关键业绩指标是来自对企业总体战略目标的分解，反映最能有效影响企业价值创造的关键驱动因素，侧重考察当期绩效、最终经营成果以及对经营成果有直接控制力的业务运作。因此，毫无疑问，制定具有针对性的绩效考核指标体系是绩效管理工作的重难点。成本和采购作为房地产企业中的重要专业部门，其关键业绩指标的设定无疑是重中之重，因此关键业绩指标的制定在支撑企业战略、应对企业面临的挑战的同时，应该直指成本和采购的业务核心，让关键业务绩效指标发挥一针见血的直接效用。

一、标杆房企成本与采购的常用 KPI

1. 风险监控——成本关键业务绩效指标选择的核心依据

成本管理的核心是什么？

我们回顾一下整个房地产企业成本管控的过程：在项目开发的关键环节设定目标成本，过程中系统实时自动统计动态成本；通过对目标成本与动态成本的比较，检查、发现和解决问题，从而达到管控项目成本的目的。成本管理涉及成本预测与决策、成本分解与计划、成本执行、成本控制、成本分析和核算等职能，在业务过程中往往需要涉及对设计、工程、采购等业务部门的成本控制。

因此，成本管理部门的实质是风险监控者，利润底线的支撑者。成本管理部门的主要职责是保障和监控目标成本的执行控制。行业内常见的成本管理部门关键业务绩效考核指标具体如表 9－5 所示。

表 9－5　行业内常见的成本管理部门关键业务绩效考核指标

序号	KPI 指标	考核周期	指标定义/公式	标杆企业参考
1	目标成本变动率	季/年度	（动态成本－目标成本）/目标成本 注：其中扣除地价	≤3%
2	设计变更比率	季/年度	设计变更累计金额/累计动态成本	≤1%
3	工程签证比率	季/年度	工程签证累计金额/累计动态成本	≤0.5%
4	月度资金计划偏差率	季/年度	（月度资金计划总额－月度资金计划内实际支付的款项）/月度资金计划总额	≤25%
5	合同成本达成率	季/年度	（当期已发生合同价－目标成本相应合约规划额度）/目标成本合约规划额度	≤0%

续表

序号	KPI 指标	考核周期	指标定义/公式	标杆企业参考
6	成本数据库建设	季/年度	根据不同阶段，逐步完成不同阶段的成本基础数据库的建设	—
7	预结算编制计划完成率	季/年度	预结算实际完成数/预结算计划量	—
8	工程预算费用达成率	季/年度	实际工程费用/工程预算费用	—
9	工程预算按时达成率	季/年度	规定时间内完成的工程预算数/应完成工程预算总数	—
10	工程概算误差率	季/年度	（内审审减额＋外审审减额）/施工方送审额	—
11	工程成本降低率	季/年度	工程成本降低额/工程成本额	—
12	工程决算与预算的差异	季/年度	工程最终决算与预算的成本差异	—
13	成本利润率偏差	季/年度	动态成本利润率－目标成本利润率 其中： 动态成本利润率＝（最新预计销售收入－动态成本）/动态成本 目标成本利润率＝（目标销售收入－目标成本）/目标成本	≥0

2. 资源整合——选择采购关键业务绩效指标的核心依据

采购管理的核心实质是什么？

房地产是一个综合性的产业，同时也是一个资源整合性的行业，从项目前期的产品规划、项目策划、设计、勘察、施工、材料、设备到广告宣传、园林绿化、装饰等均需要采购。因而采购活动在地产企业占据了重要的位置，对采购活动管理的成熟度，直接影响到产品的品质和成本，直接影响项目的开发进度，企业因采购环节管理不到位、迟迟不能交房的案例屡见不鲜。

因此，采购管理的核心实质就是资源的整合者，强调的是资源整合的质量和效率。采购管理的关键绩效指标可以从多快好省四个维度构建（如图 9 – 12 所示），行业内常见的采购绩效考核指标如表 9 – 6 所示。

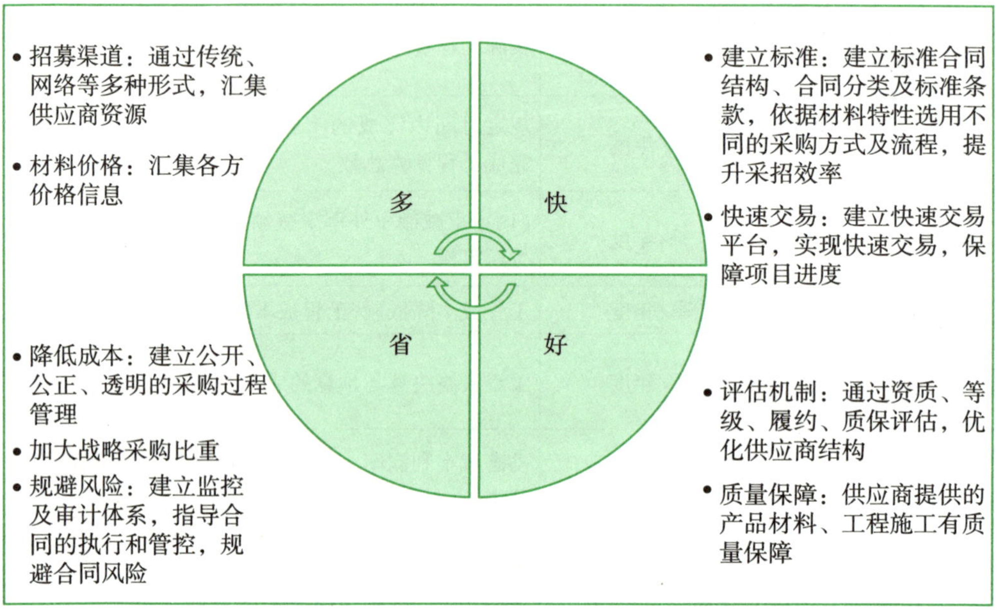

图 9 – 12　采购管理关键绩效指标的构建维度

表 9 –6　行业内常见的采购绩效考核指标

序号	指标名称	计算公式	标杆企业参考
1	招标采购达成率	招标采购达成率 = 实际完成采购数 / 计划完成采购数 × 100%	关键节点要求 100% 完成，累计≥80%
2	采购及时率	采购计划及时项目数/全部采购项目数量 × 100%	≥85%

续表

序号	指标名称	计算公式	标杆企业参考
3	供应商评估率	按规定时间实际完成的评价、沟通次数/应完成的评价、沟通次数	≥85%
4	工程系统投诉率（供应商对招标部门的投诉）	工程系统投诉率 = 投诉种类/采购种类×100%	—
5	招标比率	项目实际招标数/项目总体采购数×100%	建安类合同要求97%，累计要求≥80%
6	（总包）清单招标比率	实际（总包）采购清单招标数/总包数量×100%	≥90%
7	其他部门投诉次数	内部其他部门对采购部门的投诉	—
8	采购材料合格率	采购材料的合格数量/采购材料总量	
9	入围单位充足率	入围数量符合管理办法要求的招标项目数/全部招标项目数×100%	≥90%
10	战略供应商数量	战略供应商数量	—
11	战略采购率	战略采购率 = （全国 + 区域）战略采购额/（建安、配套及室外工程类）合同额	—
12	战略采购执行率	战略采购执行率 = 全国战略采购已实施项/全国战略采购应实施项 其中：全国战略采购已实施项：以各公司对下属各项目分期按季度进行汇总统计； 全国战略采购应实施项：以各公司对下属各项目分期按季度进行汇总统计	100%
13	低价中标率	低价中标数/总招标采购数 注：为建安、配套及室外工程类采购	—

续表

序号	指标名称	计算公式	标杆企业参考
14	评估执行率	合同履约过程实际评估项/合同履约过程实际评估项应评估项	100%
15	直接委托率	直接委托项合同额/主体建安合同总额	—

当然，上面只列出了成本及采购常见指标。在不同的企业，对于成本和采购管理关键业务绩效指标的选择各有差异，那企业该如何选择上述指标呢？下一节我们重点介绍。

二、如何选择匹配企业自身的 KPI

1. 原则一：指标的选择通常是为了应对企业面临的挑战

企业应该选择哪些绩效指标，是不是别人考核了自己就应该考核？绩效指标选择的依据是什么？我们从如下两个案例来找答案。

案例 1：Z 企项目总“按时结算”考核指标的背后

Z 企对项目总的考核指标中，成本管理指标仅三项，而“按时结算”就是其中一项，要求完工结算项目数据准确归集及时率达 100%。为什么“按时结算”对 Z 企这么重要？这其实是 Z 企有感于前车之鉴而采取的举措。Z 企早期发展粗放，一个项目完了以后按动态成本来算年度绩效考核。某项目总负责的一个项目按这种模式考核，绩效非常好。项目总拿了一笔丰厚的奖金，第二年又离职去了别的公司。但直到项目结算时，集团才知道原来该项目存在 2 000 多万元的亏损！因此，集团决定将“按时结算”作为集团未来的管控关键点，并放到了项目总的考核指标里。

案例2：D企解决拆东墙补西墙的绩效考核

大多数企业都会考核“目标成本变动率”，D企自然也不例外。但上有政策下有对策，为了保证目标成本不超，D企项目总采取了跨科目腾挪的办法。比如结构性成本控制不达标，就将后期园林绿化成本数据挪过来用，前期来看整体目标成本确实没超，但到项目最后却被发现超出目标成本一大截。为了控制这种拆东墙补西墙的现象，D企将目标成本的变动率细化到二级科目来考核，防止科目间的成本腾挪。比如其建安下的二级科目共11个，包括基础工程、结构及初装、门窗、公共部位装修、室内装修、室内水暖电气、设备安装、弱电工程等。

从以上两个案例可知，绩效指标的选择通常是为了应对企业面临的挑战，并非要大而全。当然，还要依据企业自身的策略，如当年的主题或者成本管理的要求等去选择管理的目标以及绩效指标。

2. 原则二：指标的下达要循序渐进

（1）按年度分解成本管理目标，指标下达匹配目标循序渐进

企业按照这个体系应用一段时间后就发现不好用。那么我们指标的下达应遵循怎样的思路？下面以F企业的指标下达方式为例来阐释。

案例：三年，从倒数第一到正数第一的突变

2011年，F企业集团考核爆出了冷门——2008年排名全集团倒数第一的成本部门此次跃升为了正数第一！要知道，在2008年的时候，F企业的成本管理还相当粗放，没有目标成本，没有动态成本回顾，战略采购为0。而经历三年的时间洗礼，F企业的成本管理实现了战略采购从0到19家的突破，变更率控制在2.8%左右，在行业都属较高水平，其总包合同已全部实现清单招标。

F 企业的成本部为什么能在三年的时间里从集团倒数第一跃升为正数第一？2008 年，F 企业的成本经理可谓临危受命。在接管这个在集团倒数第一的成本部后，经理确定了本部门的三年总体目标，并以年为单位进行了分解，实行“三年三步走”策略。相应地，为了匹配和支撑成本管理目标，以循序渐进的方式下达绩效指标。比如对目标成本管理的考核，2009 年的总体考核目标是目标总成本突破率 <6%，而 2010 年和 2011 年逐步将这个考核数值提升为 < 4% 及 <2%。同样，工程量清单招标达成率的考核也是从 70%、85% 到 100% 逐年加码。总之，F 企业成本管理绩效指标的下达都采取了这种循序渐进的方法。具体如表9－7所示。

表 9－7　F 企业绩效指标下达遵循循序渐进原则

序号	主要考核内容	2009年总体目标	2010年总体目标	2011年总体目标
一	项目考核内容			
1	目标成本管理	目标总成本突破率<6%（增加项目收益的情况除外）	目标总成本突破率<4%（增加项目收益的情况除外）	目标总成本突破率<2%（增加项目收益的情况除外）
2	工程量清单招标执行度	工程量清单招标率达到70%	工程量清单招标率达到85%	工程量清单招标率达到100%

（2）关注成本的专业能力提升

当然，F 企业要达到成本管理的 3 年总体目标，无法靠一个制度一个流程就能实现，还必须依赖成本人员的专业能力。因此，F 企业非常关注成本人员专业能力的提升，除了梳理一些作业指导、报告体系外，还增加了大量成本专业能力提升的考核指标。如成本月报—动态成本偏差率、施工图预算及标前估算的及时性与质量、审算作业质量、目标成本编制准确度以及建立成本数据库等指标。

总之，我们都知道，“乘数效应”是指经济活动中某一变量的增减所引起的经济总量变化的连锁反应程度。例如国家财政投入 4 万亿元人民币，就可以带动全社会数十万亿元的投资。这种以小博大、四两拨千斤的效果，就是乘数效应在起作用。关键 KPI 就是企业管理中“乘数效应”的原动力，关键 KPI 选择的好坏，往往可以影响一条甚至多条业务线对企业战略的有效支撑。所以说，选好关键业务绩效 KPI，是对战略最好的落地和执行！

本章小结：给成长型房企的成本管理组织、流程优化的实战建议

对于成长型房企的成本管理组织、流程的优化，我们的实战建议具体如图 9－13 所示。

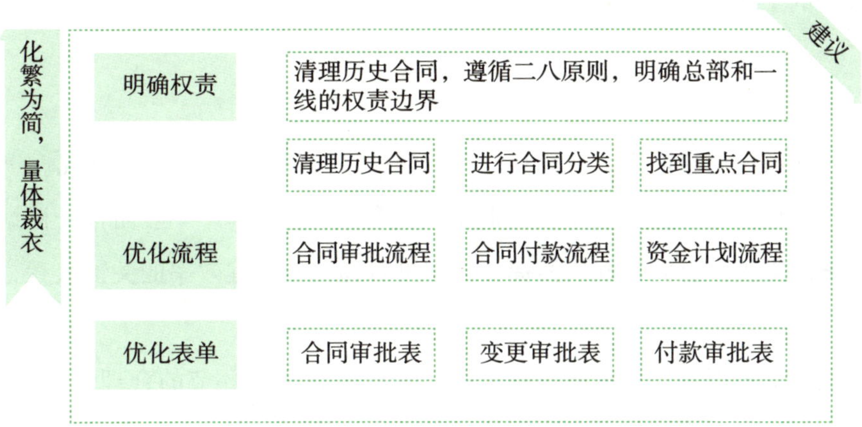

图 9－13　给成长型房企成本管理组织、流程优化的实战建议

1. 明确权责

对于成长型房企而言，管控界面往往不清晰，授权力度不好拿捏，容易陷入一放就乱一统就死的怪圈，为此，建议遵循二八原则，对目前合同进行清理，明确总部和一线的权责边界，主要是三板斧：

第一板斧，清理历史合同。对历史合同进行全面清理，特别是对合同数量、数量占比和金额占比等方面进行统计分析，了解合同结构，一般而言，管住合同

的10%就可管住90%的成本，在大大加快管控效率的同时，也控制住了风险。

第二板斧，进行合同分类。放权不能一刀切，要进行合同的分类管理。比如分成勘察类、设计类、工程类、监理类，针对不同类型合同，确定分级管控标准。

第三板斧，找到重点合同。重点识别出金额占比大、对业务影响大等关键合同，对这些合同做重点管控，而其他合同可相应授权，以提升项目操作效率。

通过规范各层级权限，明确了集团项目公司各层级的管理界面，以及各个重大事项的决策权限，结束以前那种混乱无序的状态，从而减少不必要的沟通，降低管理者的工作强度。

2. 优化流程

对于成长型房企而言，普遍存在流程缺失、流程控制不到位的情况。

根据管控的要求，首先需要识别哪些流程是“瓶颈”。一般而言，根据统计数据，合同审批、合同付款、招标文件审批等是制约流程效率的关键流程，需要重点优化。

其次，对于识别出的关键流程，要系统梳理各审核环节的合理性和科学性，不同专业条线需要审视的点是不同的，既不能越俎代庖，又不能缺位，需要仔细梳理各专业在流程中的审核点，尤其避免重复评审，防止影响整体流程效率。

通过系统性的流程建设，各类经营管理活动基本都可以变得有据可依，路径明确，标准清晰，从而实现效率与风控的均衡。

3. 优化表单

对于成长型房企而言，还存在流程和表单不统一，总部审核、审批标准难以统一，流程的控制点不明确等问题，从而导致流程形式化，风险难以控制等。

因此，需要针对流程中待审核的点，提供决策数据支撑，并且将审批要点表单化，给决策层提供充分的决策信息，便于快捷准确地判断事项的合理性，从而又快又好地做出决策。流程表单完善后，各种经营管理活动也变得有据可查，各个流程环节的审核、审批标准较为明确，关键环节的控制力度大大加强，从而有力地控制住企业风险。